以人为本的轻罪治理：
理论、实践与展望

YIRENWEIBEN DE QINGZUI ZHILI:
LILUN\SHIJIAN YU ZHANWANG

袁小玉◎著

中国政法大学出版社

2024·北京

图书在版编目（CIP）数据

以人为本的轻罪治理：理论、实践与展望 ／ 袁小玉著. -- 北京：中国政法大学出版社，2024. 7. -- ISBN 978-7-5764-1681-7

Ⅰ. D924.134

中国国家版本馆 CIP 数据核字第 2024QF9972 号

出 版 者	中国政法大学出版社
地　　址	北京市海淀区西土城路 25 号
邮寄地址	北京 100088 信箱 8034 分箱　邮编 100088
网　　址	http://www.cuplpress.com (网络实名：中国政法大学出版社)
电　　话	010-58908285(总编室) 58908433（编辑部）58908334(邮购部)
承　　印	固安华明印业有限公司
开　　本	720mm×960mm　1/16
印　　张	14.75
字　　数	240 千字
版　　次	2024 年 7 月第 1 版
印　　次	2024 年 7 月第 1 次印刷
定　　价	68.00 元

四秩芳华，似锦繁花。幸蒙改革开放的春风，上海政法学院与时代同进步，与法治同发展。如今，这所佘山北麓的高等政法学府正以稳健铿锵的步伐在新时代新征程上砥砺奋进。建校 40 年来，学校始终坚持"立足政法、服务上海、面向全国、放眼世界"的办学理念，秉承"刻苦求实、开拓创新"的校训精神，走"以需育特、以特促强"的创新发展之路，努力培养德法兼修、全面发展，具有宽厚基础、实践能力、创新思维和全球视野的高素质复合型应用型人才。四十载初心如磐，奋楫笃行，上海政法学院在中国特色社会主义法治建设的征程中书写了浓墨重彩的一笔。

上政之四十载，是蓬勃发展之四十载。全体上政人同心同德，上下协力，实现了办学规模、办学层次和办学水平的飞跃。步入新时代，实现新突破，上政始终以敢于争先的勇气奋力向前，学校不仅是全国为数不多获批教育部、司法部法律硕士（涉外律师）培养项目和法律硕士（国际仲裁）培养项目的高校之一；法学学科亦在"2022 软科中国最好学科排名"中跻身全国前列（前 9%）；监狱学、社区矫正专业更是在"2023 软科中国大学专业排名"中获评 A+，位居全国第一。

上政之四十载，是立德树人之四十载。四十年春风化雨、桃李芬芳。莘莘学子在上政校园勤学苦读，修身博识，尽显青春风采。走出上政校门，他们用出色的表现展示上政形象，和千千万万普通劳动者一起，绘就了社会主义现代化国家建设新征程上的绚丽风景。须臾之间，日积月累，学校的办学成效赢得了上政学子的认同。根据 2023 软科中国大学生满意度调查结果，在本科生关注前 20 的项目上，上政 9 次上榜，位居全国同类高校首位。

上政之四十载，是胸怀家国之四十载。学校始终坚持以服务国家和社会需要为己任，锐意进取，勇担使命。我们不会忘记，2013 年 9 月 13 日，习近平主席在上海合作组织比什凯克峰会上宣布，"中方将在上海政法学院设立中国–上海合作组织国际司法交流合作培训基地，愿意利用这一平台为其他成员国培训司法人才。"十余年间，学校依托中国–上合基地，推动上合组织国家司法、执法和人文交流，为服务国家安全和外交战略、维护地区和平稳定作出上政贡献，为推进国家治理体系和治理能力现代化提供上政智慧。

历经四十载开拓奋进，学校学科门类从单一性向多元化发展，形成了以法学为主干，多学科协调发展之学科体系，学科布局日益完善，学科交叉日趋合理。历史坚定信仰，岁月见证初心。建校四十周年系列丛书的出版，不仅是上政教师展现其学术风采、阐述其学术思想的集体亮相，更是彰显上政四十年发展历程的学术标识。

著名教育家梅贻琦先生曾言，"所谓大学者，有大师之谓也，非谓有大楼之谓也。"在过去的四十年里，一代代上政人勤学不辍、笃行不息，传递教书育人、著书立说的接力棒。讲台上，他们是传道授业解惑的师者；书桌前，他们是理论研究创新的学者。《礼记·大学》曰："古之欲明明德于天下者，先治其国"。本系列丛书充分体现了上政学人想国家之所想的高度责任心与使命感，体现了上政学人把自己植根于国家、把事业做到人民心中、把论文写在祖国大地上的学术品格。激扬文字间，不同的观点和理论如繁星、似皓月，各自独立，又相互辉映，形成了一幅波澜壮阔的学术画卷。

吾辈之源，无悠长之水；校园之草，亦仅绿数十载。然四十载青葱岁月光阴荏苒。其间，上政人品尝过成功的甘甜，也品味过挫折的苦涩。展望未来，如何把握历史机遇，实现新的跨越，将上海政法学院建成具有鲜明政法特色的一流应用型大学，为国家的法治建设和繁荣富强作出新的贡献，是所有上政人努力的目标和方向。

四十年，上政人竖起了一方里程碑。未来的事业，依然任重道远。今天，借建校四十周年之际，将著书立说作为上政一个阶段之学术结晶，是为了激励上政学人在学术追求上续写新的篇章，亦是为了激励全体上政人为学校的发展事业共创新的辉煌。

党委书记　葛卫华教授
校　　长　刘晓红教授
2024 年 1 月 16 日

前 言 / PREFACE

近年来，我国犯罪圈不断扩大、轻罪案件不断增加，这引发了学界以及实务界对于刑法在现代社会的功能的讨论。究竟如何兼顾回应社会关切与刑法谦抑、如何兼顾刑罚的惩罚与预防功能？主张刑法应对社会积极干预的积极刑法观一派，与反对刑法过度介入社会生活的一派展开了激烈较量。

伴随轻罪案件而来的犯罪附随后果，引起了学界和实务界的广泛关注。轻罪治理成为近年来的热点名词。按照学界目前的主流讨论来看，轻罪治理，不仅在于法定刑的配置应当轻缓，还在于出罪机制应畅通，以及应完善前科制度、降低犯罪附随后果等。我将这些讨论称之为"针对轻罪的治理"，因为这些讨论都建立在一个共同的基础之上，即我国刑法近些年所增设的大量的轻罪罪名。换句话说，这部分讨论是用"治理"的框架应对刑法上的这些轻罪，试图对过去一味关注"治罪"的模式进行纠偏。然而，这里的治理依然没有脱离"管理"的窠臼，因为依然强调的是由刑事司法机关对轻罪案件进行管理，根据罪行轻重、人身危险性的大小实施分层处理、繁简分流、前科消灭等。

本书从社会治理的视角审视我国对轻微危害行为的安排和处置，在此过程中，传统的国家主导的管控模式让位于国家与社会的多元共治。本书赖以讨论的个案——毒品戒治，应该说，是不属于目前"针对轻罪的治理"的讨论范畴的，本书将其纳入轻罪治理的范畴进行讨论，主要基于两点考虑。第一，毒品滥用作为全球性、历史性的问题，在处置上存在不同的理念框架，诸如"作为犯罪进行打击""作为疾病进行治疗""作为穷困进行救助"等。各国因时因地制定不同的政策。第二，在我国，毒品滥用虽然不作为犯罪处理，我国在 2008 年《中华人民共和国禁毒法》确立了对吸毒人员进行矫治的根本目标，但是我国强制隔离戒毒这一处遇措施的严厉程度不亚于刑罚，学界亦有观点认为应当将剥夺人身自由的处罚流程进行司法化改造。基于这两点，本书赖以的个案与"针对轻罪的治理"的讨论对象有所不同，在此向读者做一说明。

轻罪治理以追求犯罪治理效益最佳化为功利目标。正如储槐植教授所指出的，刑事一体化之要在于犯罪治理机制之间的深度融合。刑事一体化的治理效能的发挥，要求以全流程的视角看待轻罪治理。更重要的是，"刑事一体化的根据在于犯罪人"。以犯罪人为中心的思考，不仅能够统一协调多学科的知识，并能将刑事治理的机制深入融合。我国的轻罪治理建立在对过去着眼于犯罪问题的政策反思基础上，当下的实践要解决的仍然是"人"的问题。这反映在"针对轻罪的治理"文献中，要解决犯罪附随后果的问题，实质上要降低乃至消除该后果对担受者——犯罪人及其家庭——的影响。因而，轻罪治理实质上是人本主义的治理，是党的十八大以来推进国家治理体系和治理能力现代化的逻辑起点，是以人民为中心的法治观的生动体现。

本书以我国的戒毒治理与未成年人违法犯罪治理为两个个案，揭示了我国的社区处遇制度与实践存在的问题。具体来说，毒品戒治对象即便处于社区的环境中，教育和帮扶上没能很好地回应对象的实际需求，随意执法的风险也随时存在；戒毒人员的自我转变的意识和动机及其社会资本在当前的戒毒实践中没有得到应有的重视。可以说，我国在对毒品吸食行为的规制方面存在着"严厉过剩而柔性不足"的色彩。行为人的社会关系以及行为人的自我改变的动力机制在当前的规制体系中均未得到应有的重视，而这部分力量或许是实现转变的重要基础。以未成年人的社区处遇为例，对未成年人的社区处遇存在于公安机关对严重不良行为的矫治教育，附条件不起诉的监督考察以及适用刑事和解后的宽缓化处理。然而，与戒毒治理存在相似诟病，我国对未成年人的处遇还严重依赖污名化的机构性处遇（专门学校），这种处遇尽管定位在教育保护，但实际上已经异化为对未成年人的惩罚。

通过两个个案的分析，不难看出，"社区"这个场域及以社区为基础的非正式社会控制，在我国的轻罪治理中没有发挥应有的作用。当前的轻罪治理要求我们重新审视违法犯罪人，尊重其主体性，并将其看成社会共同体的一员。这就需要我们转变视角，将违法犯罪看作是行为人对被害人和社区的侵害，因而在违法犯罪行为发生后，动用社区的力量，对其进行谴责、教育，由行为人及其家庭成员通过自我纠错、和解恢复实现自我更新，实现行为人、受害人和社区的全面复原。这恐怕能够在"又严又厉"的轻罪立法趋势下，给予行为人和社区自我纠错和复原的空间，对我国的轻罪治理善莫大焉。也恐怕只有这样，我们才能实现从"治罪"到"治理"的思维和路径的根本转变。

目 录 /CONTENTS

第一编　轻罪治理的理论源流

第二编　域外轻罪治理的实践

第三编　我国社会治理的实践悖论：以戒毒模式为例

第四编　社会治理的实践困境：青少年的社区处遇

附　录

第一编　轻罪治理的理论源流

————◇————

轻罪治理：背景、概念与源流

近年来，随着我国犯罪结构发生重大变化，轻罪案件已成为刑事司法的中心。2023 年 2 月 15 日，最高人民检察院召开"做优新时代刑事检察"新闻发布会。最高人民检察院党组成员、副检察长孙谦在会上介绍："2022 年起诉杀人、抢劫、绑架等暴力犯罪人数为近二十年来最低，严重暴力犯罪起诉人数占比由 1999 年 25% 下降至 2022 年 3.9%。各种犯罪中，判处有期徒刑三年以下的轻罪案件占 85.5%。人民群众安全感指数由 2012 年的 87.5% 上升至 2021 年的 98.6%。我国已成为世界上犯罪率最低、安全感最高的国家之一。"[1] 根据 2023 年的《最高人民检察院工作报告》2022 年受理审查起诉杀人、放火、爆炸、绑架、抢劫、盗窃犯罪为近二十年来最低。

卢建平断言"轻罪时代已经来临"，他通过近年的犯罪统计发现，近年来八类严重暴力犯罪的犯罪率逐年下降，在全部犯罪总量中的占比也在下降，判处 5 年以上有期徒刑、无期徒刑和死刑的罪犯在所有罪犯中的比率（重刑率）也在持续下降。[2] 与此同时，轻微犯罪大幅度上升，轻刑率稳步提升。人民法院审理的故意杀人、强奸、抢劫、绑架、放火、爆炸、投放危险物质等严重暴力犯罪案件，从 2013 年的 7.5 万件 9.57 万人，下降到 2022 年的 4.5 万件 5.28 万人[3]；此外，2021 年被判处三年以下有期徒刑的罪犯人数占判

---

〔1〕《最高检举行"迎两会·新时代检察这五年"首场新闻发布会》，载 https://www.spp.gov.cn/zdgz/202302/t20230216_ 602010.shtml，最后访问日期：2023 年 5 月 23 日。

〔2〕参见卢建平：《轻罪时代的犯罪治理方略》，载《政治与法律》2022 年第 1 期。

〔3〕《2023 年全国两会〈最高人民法院工作报告〉解读系列全媒体直播访谈第二场》，载 https://topics.gmw.cn/2023-03/08/content_36415246.htm，最后访问日期：2023 年 5 月 23 日。

决生效总人数的比例已经达到 84.6%。〔1〕从犯罪结构来看，盗窃类、诈骗类犯罪占据我国犯罪的榜首。〔2〕

学界所认为的"轻罪时代"，还体现在立法层面。近年来的我国刑法修订，将醉酒驾驶、高空抛物、妨害安全驾驶等一度成为社会热议话题的行为纳入刑法规制的范畴，法定量刑较轻犯罪在整个犯罪体系中的比例不断增加。法网"编织"日益严密化以及部分违法行为入罪成为刑法修订过程中的一大显著特点。犯罪圈的不断扩大、轻罪案件的不断增加，引发了学界以及实务界对于轻罪治理如何兼顾回应社会关切与刑法谦抑、如何兼顾刑罚的惩罚与预防功能等方面的困惑，甚至是对刑法过度介入社会生活的担忧。这在刑法学界也形成了以"积极刑法观"为标签的一派学者，如付立庆、周光权、张明楷等人〔3〕，以及与反对"积极刑法观"、警惕"过度刑法化"的一派学者的观点对立。尽管在应否增设轻罪以扩大犯罪圈还存在观点上的分歧，但是积极的刑事立法观以及犯罪结构的轻罪化已经成为客观事实，且在很多学者看来是"大势所趋"。

在这种背景下，轻罪治理成为近年来的热点名词。尤其是伴随轻罪案件的犯罪附随后果引起了学界和实务界的广泛关注。轻罪治理，不仅是要求配置较轻的法定刑，还要求畅通出罪机制、完善前科制度、规范附随后果。〔4〕在这个意义上说，即便轻罪在刑法上存在度较高，依然需要能够通过实体或程序出罪。这又将"轻罪时代"与我国刑事司法改革的图景联系起来，表现在通过认罪认罚从宽制度进行轻缓化处理。认罪认罚从宽制度的改革试点自 2016 年 9 月开始，对认罪认罚的被告人特别是轻罪、初犯、偶犯被告人，依法从宽、从简、从快处理。"试点中，检察机关对认罪认罚案件依法提出从宽量刑建议，其中建议量刑幅度的占 70.6%，建议确定刑期的占 29.4%，法院对量刑建议的采纳率为 92.1%。认罪认罚案件犯罪嫌疑人、被告人被取保候审、

---

〔1〕 参见《中国法律年鉴》（2022 卷），中国法律年鉴社 2022 年版，第 1499 页。

〔2〕 参见中国犯罪学学会组织编纂：《中国犯罪治理蓝皮书：犯罪态势与研究报告：2019》，法律出版社 2020 年版，第 43 页。

〔3〕 参见付立庆：《论积极主义刑法观》，载《政法论坛》2019 年第 1 期；周光权：《论通过增设轻罪实现妥当的处罚——积极刑法立法观的再阐释》，载《比较法研究》2020 年第 6 期；张明楷：《增设新罪的观念——对积极刑法观的支持》，载《现代法学》2020 年第 5 期。

〔4〕 参见陈兴良：《轻罪治理的理论思考》，载《中国刑事法杂志》2023 年第 3 期。

监视居住的占42.2%，不起诉处理的占4.5%；免予刑事处罚的占0.3%，判处三年有期徒刑以下刑罚的占96.2%，其中判处有期徒刑缓刑、拘役缓刑的占33.6%，判处管制、单处附加刑的占2.7%，非羁押强制措施和非监禁刑适用比例进一步提高。"[1] 2018年，认罪认罚从宽制度写入《中华人民共和国刑事诉讼法》（以下简称《刑事诉讼法》），正式成为我国的一项刑事诉讼制度。根据2022年最高人民检察院工作报告，认罪认罚从宽在化解矛盾、促进和谐、实现社会内生稳定发挥了重要作用，2021年全年认罪认罚从宽适用率超过85%，量刑建议采纳率超过97%。[2]

学界和实务界皆对"轻罪治理"给予了高度关注，大量以"轻罪治理"为主题或关键词的论文应时而生。其中，尤为关注对于刑罚附随后果制度的完善，[3] 该类研究聚焦轻罪时代下越发严重的犯罪附随后果并寻求制度层面的解决之道。从根本上来讲，刑罚附随后果是对犯罪人乃至其他人施加了不当的恶害，这种恶害不仅违反了刑法的处罚原则，更与犯罪人（受过刑罚处罚的人）的社会回归背道而驰。既然整个社会都对犯罪人负有拯救、改造和接纳的义务，那么就有必要正视现行不合理的制度、规范，加以改变或改革，从而给予受过刑罚的犯罪人以出路。这一逻辑显然戳中了当下犯罪治理的痛点。

一、从"治罪"到"治理"

传统犯罪治理以国家权力机关为核心主体，遵循以"打击"犯罪来"防控"犯罪的运行逻辑，国家权力机关对犯罪的打击越有力，就越能通过威慑

---

〔1〕 周强：《最高人民法院、最高人民检察院关于在部分地区开展刑事案件认罪认罚从宽制度试点工作情况的中期报告——2017年12月23日在第十二届全国人民代表大会常务委员会第三十一次会议上》，载 http://www.npc.gov.cn/zgrdw/npc/xinwen/2017-12/23/content_2034499.htm，最后访问日期：2023年4月16日。

〔2〕 参见张军：《最高人民检察院工作报告——2022年3月8日在第十三届全国人民代表大会第五次会议上》载 https://www.spp.gov.cn/gzbg/202203/t20220315_549267.shtml，最后访问日期：2023年4月16日。

〔3〕 参见王瑞君：《我国刑罚附随后果制度的完善》，载《政治与法律》2018年第8期；彭文华：《我国犯罪附随后果制度规范化研究》，载《法学研究》2022年第6期；罗翔：《犯罪附随性制裁制度的废除》，载《政法论坛》2023年第5期；王志远：《犯罪控制策略视野下犯罪附随后果制度的优化研究》，载《清华法学》2023年第5期。

作用来防控未然犯罪。这种模式与其说是"治理"，不如说是"治罪"。治罪注重的是刑罚的惩治和报应功能，通过刑事诉讼程序对犯罪人施加刑罚，让其承受犯罪之后的后果与评价。这种后果甚至超越了刑罚，于是有了上述所称的刑罚附随后果。

新的时代召唤科学治理。党的十八届三中全会首次提出"推进国家治理体系和治理能力现代化"重大命题，把"完善和发展中国特色社会主义制度、推进国家治理体系和治理能力现代化"确定为全面深化改革的总目标。具体到犯罪问题上，从传统的"治罪"到当下的"治理"，不仅是模式转换，更是理念的更新。

治理，相较于过去的治罪，具有以下几个特征：

第一，治理强调发挥刑罚的预防功能和社会矫治功能。[1]这对于减少社会对立面，降低刑罚的负面效果，恢复被破坏的社会关系，进而维护社会稳定有重要意义。所谓社会矫治，强调的是以人为本，遵循个人的犯因性需要实施有针对性的矫治。我国于2019年底颁布的《中华人民共和国社区矫正法》（以下简称《社区矫正法》）将针对受刑罚处罚之人的权利和需求放在了重要位置，并强调社会回归作为犯罪人的一项基本权利。《中华人民共和国预防未成年人犯罪法》（以下简称《预防未成年人犯罪法》）也同样针对未成年人的罪错行为，根据不同的行为程度实施分级矫正。这体现了我国的司法理念由过去的打击，走向现代的矫治和预防并重。

第二，治理更重视化解矛盾纠纷，将纠纷化解在初始、源头，避免演变成对社会的恶。"枫桥经验"是我国的独创，是我国政府针对矛盾纠纷化解机制的重要探索。"枫桥经验"强调在多元解纷理念下综合治理社会矛盾，将社会风险防范在前面的端口。[2]诉源治理是对新时代"枫桥经验"的坚持和发展，是推进国家和社会治理现代化的重要抓手和有效机制。在犯罪治理中，通过认罪认罚从宽制度，鼓励和促进被追诉人认罪悔罪、洗心革面；通过公开听证，增加公众参与，引导当事人和解；通过发出社会治理检察建议，对办案过程中发现的共性问题督促相关部门进行纠正整改。这些都是犯罪治理

---

〔1〕 参见王守安：《以轻罪治理现代化为切入点 在推进国家安全体系和能力现代化中强化检察担当》，载《人民检察》2022年第23期。

〔2〕 参见牛正浩：《新时代"枫桥经验"视域下诉源治理现代化路径构建》，载《学术界》2023年第9期。

在化解矛盾纠纷、推动诉源治理所做的探索和努力。

第三，治理强调发挥多方主体力量，推动多元共治。多元共治意味着国家和政府不再是单一的治理主体，社会组织和民众也要成为国家和社会治理的重要力量，实现多方主体参与。治罪模式下的一元治理，主要依赖包括公安机关、检察机关和法院在内的国家机关。资源的有限性造成治罪成为终局性后果，而对犯罪之外的因素以及定罪之后的一系列负面后果视而不见。所造成的局面往往是"一罚了之"，罔顾犯罪人在整个刑事诉讼过程中的感受和想法，更对犯罪人在社会回归过程中面临的障碍无从解决。多元治理意味着寻求社会力量和第三方部门加入到犯罪治理中来。在认罪认罚从宽制度中，推行值班律师制度，在律师的见证下签署认罪认罚具结书。这些无不体现出我国在犯罪治理过程中积极探索社会参与的多种方式。此外，我国的《社区矫正法》和《预防未成年人犯罪法》是多元共治的典范。具体来说，社区矫正将罪犯置于社区由国家和社会力量共同矫正其心理和行为偏差，而未成年人罪错行为的矫正强调司法社工介入和社会观护。

对犯罪的科学治理，首先需要正视我们对待犯罪人的态度。在过去，我们对待犯罪深恶痛绝，对待犯罪人也往往落入严惩甚至唾弃的路数。更有甚者，有意或无意秉持一种"血统论"，认为罪犯的后代一定也是罪犯。这些落后的理念，与司法文明格格不入，也与法治道路背道而驰。习近平总书记指出："推进全面依法治国，根本目的是依法保障人民权益。"[1]近些年，我国刑事司法的理念发生了重要转变，体现在少捕慎诉慎押刑事政策的出台、认罪认罚从宽制度的落地、对社区矫正和社会回归的重视，等等。只有治理理念的变迁才能带来治理实践落至"以人为本"。

二、"轻罪治理"这一命题能否成立

当学界大呼"轻罪时代已经来临"，依然有不同的声音指出"轻罪时代"与"以宽为主的政策"之间不能画等号。[2]基于的理由是：对真正的轻罪在依法从宽的时候要有限度，要充分考虑轻罪的深层机理，特别是理性选择理论对犯罪治理的意义，如果对所谓的轻罪很轻的处罚可能会使刑法失去威慑

---

[1]　习近平2020年11月16日在中央全面依法治国工作会议上的重要讲话。

[2]　参见汪明亮：《"轻罪"理论研究中若干观点的商榷》，载《犯罪研究》2023年第6期。

力；"刑罚轻缓化是世界刑法发展趋势"这一说法并不能得到例证；"犯罪化"跟刑法谦抑性是两回事。因而，这一观点认为，轻罪时代与刑罚宽缓化，二者之间不能等同。

那么首先一个问题是：什么是轻罪？

（一）什么是轻罪

长期以来，重罪的概念深入人心，"治乱世用重典"的经典命题普遍为法科生所熟知。与重罪相适应的重刑，更被冠之以"重刑主义"，成为概括中国自"严打"政策以来的处刑特征的名词。"轻罪"自被提出，亦不过区区近十年的时间。至今，围绕"什么是轻罪"，亦缺乏严格、合乎逻辑的界定。正如陈兴良教授所言，"我国刑法并没有区分轻罪和重罪的传统，而且现行刑法中也并不存在轻罪和重罪的区分。因此，我国刑法理论对轻罪的探讨具有较大的随意性。换言之，目前我国刑法中的轻罪和重罪概念都是学者界定的，并不存在法定标准。"[1]

在刑法学界，普遍被接受的观点是以犯罪的法定刑作为区分轻罪和重罪的标准。张明楷教授认为应以法定刑为标准区分轻罪与重罪，犯罪的不法构造、责任形式等都不影响轻罪的判断。[2]陈兴良教授认为，除了最高法定刑为3年有期徒刑以下的犯罪作为轻罪外，那些最高法定刑超过3年有期徒刑，但包含有3年以下有期徒刑的量刑幅度的犯罪，也可以归为轻罪。他将前者称之为"纯正的轻罪"，后者称之为"不纯正的轻罪"。对我国的轻罪的界定，是在立法环节完成的，目前尚没有通过司法环节来实现轻罪筛选的通道。因而，从程序角度去界定轻罪，在我国还行不通，尽管在程序上可以实现对轻罪的优化处理。

对轻罪的另一种认识，不在于界定轻罪，而在于对轻罪范围的圈定。围绕扩大轻罪范围抑或限制轻罪扩张，也形成了刑法观的分野。积极刑法观主张犯罪圈应当扩大，增设新的轻罪不会带来刑法过度干预的系统风险，通过积极的刑事立法扩大刑法处罚范围能使刑法满足不断变化的社会生活事实的需要。[3]这一观点的代表学者有周光权、付立庆等人。与之相对的消极刑法

---

〔1〕 参见陈兴良：《轻罪治理的理论思考》，载《中国刑事法杂志》2023年第3期。

〔2〕 参见张明楷：《轻罪立法的推进与附随后果的变更》，载《比较法研究》2023年第4期。

〔3〕 参见张明楷：《增设新罪的观念——对积极刑法观的支持》，载《现代法学》2020年第5期。

观，则反对立法机关通过刑事立法增设新罪，并批判近年来不断增设新罪所带来的"过度刑法化"的现象。持消极刑法观的学者有何荣功、黎宏、刘艳红等人。由此可见，学界较为关注轻罪立法所反映的刑法介入社会生活的广度和深度。轻罪范围的圈定其实是轻罪刑事政策需要讨论的内容。

（二）轻罪刑事政策

在中国知网以"轻罪刑事政策"为主题进行检索，截至 2023 年 11 月 30 日共有 34 篇学术期刊文章。最早阐述"轻罪刑事政策"，或者说轻罪刑事政策第一次见诸学界，是在刘中发 2005 年的《和谐社会视野中的轻罪刑事政策——侧重于检察业务的思考》以及 2006 年的《和谐社会视野中的轻罪刑事政策》。这里的轻罪刑事政策更多指的是我国的轻罪案件处理模式存在畸重现象，认为未来的改革目标应当是实现"轻罪轻处，轻罪轻罚"。2010 年前后，学界迎来了对轻罪刑事政策研究的"小高峰"，此时主要是对轻罪刑事政策的理论渊源、结构或关系进行解读，或是探讨如何在立法和司法层面贯彻轻罪刑事政策。2015 年之后，偶见若干将轻罪刑事政策的探讨与个罪（如收买被拐卖妇女罪）或者速裁程序结合起来的研究。另见若干本以轻罪刑事政策研究为主题的学术专著，如凌萍萍的《轻罪刑事政策研究》、郭理蓉的《轻罪刑事政策研究》等。

总的来说，关于轻罪刑事政策的研究尚没有形成气候，研究视角单一、讨论内容亦亟待与当下的犯罪特征、法治模式结合起来。轻罪刑事政策有待解决的问题还很多。由于我国对刑事政策与刑法的关系远未形成统一的认识，我国长期以来从入罪方向上根据刑事政策解释刑法，那么，是否应在建设法治国家的前提下摒弃刑事政策的入罪功能，对此还未进行明确的讨论。对刑事政策的功能和思考方式亦缺乏清晰的界定。这些均为我们讨论轻罪刑事政策埋下了"隐患"，我们到底要通过轻罪刑事政策实现什么？若通过轻罪刑事政策来实现出罪，如何通过教义学的通道来实现？

（三）对轻罪治理的阐释

在轻罪刑事政策尚未得到充分研究的前提下，轻罪治理一跃成为学界热捧的对象。但经上述梳理不难发现，我国在轻罪问题上远没有形成足够的讨论。首先，将轻罪界定为以法定刑为基础的技术型概念，实质上就将轻罪治理简化为围绕轻罪的一系列刑罚处置程序、结果或后果。但这些刑罚处置程序或结果，并非轻罪独有的，甚至在重罪（有期徒刑三年以上）的处理上依然存在相似问题。我们无法切割出轻罪程序或后果的独特性，就像我们不能明白，轻罪之"轻处"的源流或法理根基到底在哪里。

这里当然无意消解轻罪这一概念之于刑法学理论研究的重要性，毕竟它将人们的眼光聚焦于此——在刑法学的视野中，对于一部分社会危害性不太严重的行为，我们如何将其犯罪化，又是如何对其进行处置的。但刑法学界同时认为，轻罪治理，不仅是要求配置较轻的法定刑，还要求畅通出罪机制、完善前科制度、规范附随后果。[1] 因而，轻罪治理的范畴实质上包含了非犯罪化、非刑罚化的内核。一方面，轻罪进入刑法，表面上扩大了犯罪圈、严密了法网；另一方面，轻罪通过实体或程序出罪，彰显了司法体系人性化的一面。因而，轻罪治理或许是我国刑法教义学与刑事政策进行贯通的最好的例证。

但是，这仍然没有回答究竟什么是轻罪治理。

1. "针对轻罪的治理"

本书严格划分"轻罪治理"与"针对轻罪的治理"。在刑法学的视野下，由于轻罪罪名大量进入刑法，所带来的刑罚配置问题、出罪机制问题、前科制度以及犯罪附随后果，当然地成为学界的关注。这里，我将其称之为"针对轻罪的治理"。因为这些讨论都建立在一个共同的基础之上，即我国刑法近些年所增设的大量的轻罪罪名。换句话说，这部分讨论是用"治理"的框架应对刑法上的这些轻罪，试图对过去一味关注"治罪"的模式进行纠偏。由此，这里的治理依然没有脱离"管理"的窠臼，因为依然强调是由刑事司法机关对轻罪案件进行管理，根据罪行轻重、人身危险性的大小实施分层处理、繁简分流、前科消灭等。

学界都关注到劳动教养废除所带来的处罚空隙，也认识到行政处罚所存在的弊端，尤其是行政制裁对程序公正、人权保障的违反，试图寻求另一种可能的出路。此外，重罪与轻罪的划分为我国学者所关注，并提出我国也应对轻罪与重罪进行分层。有学者提出我国应制定《轻犯罪法》，对于轻罪的成立范围、处罚范围（包括是否处罚预备犯、未遂犯等）、处理程序、追诉标准等明确加以规定。[2] 也有学者提出应建构我国独立的微罪体系（法定最高刑

---

〔1〕 参见陈兴良：《轻罪治理的理论思考》，载《中国刑事法杂志》2023 年第 3 期。
〔2〕 参见张明楷：《刑事立法的发展方向》，载《中国法学》2006 年第 4 期。

为一年有期徒刑以下，包括拘役）[1]，并认为法益保护原则以及比例原则是微罪的正当性基础[2]。也有学者认为，微罪行为在不同时期，都会遭受法律制度或道德规范否定性评价，但是否构成犯罪、犯罪程度强弱以及刑罚轻重，受到国家治理理念、公众对行为性质的判断以及社会整体法律观念、道德伦理的影响。[3]

如果说轻罪立法的预期效果是建立起"严而不厉"的犯罪网络，那么"轻罪不轻"的现象理应引起关注。我国的罪名体系虽然在法定刑的层面上（通说以三年有期徒刑为重罪与轻罪的划分界限）实现了轻重之分，但刑罚的附随后果却成为"不能承受之重"。《中华人民共和国刑法》（以下简称《刑法》）第 100 条规定的前科报告制度成为学界诟病，并试图对其进行改革。学界指出，我国的前科评价实则对犯罪人的诸多权利进行了不当限制或剥夺，前科的株连效应也冲击到犯罪人的家庭成员，这是对现代罪责自负原则的破坏。[4]

刑罚附随后果这一概念在中文学界被提出以来，已被大量讨论，与此概念相类似的还有"刑罚附随性制裁""犯罪附随后果"等。那么这些概念与犯罪前科到底什么关系，始终缺乏清晰的阐释。根据王瑞君的界定，"刑罚附随性制裁"是指"与犯罪人直接关联的，基于其所受的刑罚惩罚所发生的职业限制与排斥、落户积分和考试资质的限制、社会评价的减损、义务负担增加等负价值与不利益。"[5]

有学者对大陆法系和英美法系的犯罪附随后果分别加以考察，发现大陆法系如德国是在刑法中规定了附随后果，该附随后果属于犯罪的法律后果，在性质上不同于刑罚和保安处分。与之相对应，在英美法系的美国，附随后果是在正式判决范围之外对个人施加的制裁，通常比直接形式的刑事处罚具有更严重、更持久和更广泛的影响。该学者发现我国对犯罪附随后果制度的

---

[1] 参见孙道萃：《微罪体系的构建：从依附向独立》，载《政法论坛》2023 年第 6 期。

[2] 参见李翔：《论微罪体系的构建——以醉酒驾驶型危险驾驶罪研究为切入点》，载《政治与法律》2022 年第 1 期。

[3] 参见王华伟：《社会恢复视域下微罪治理的检视与重塑》，载《中国法律评论》2023 年第 4 期。

[4] 参见梁云宝：《我国应建立与高发型微罪惩处相配套的前科消灭制度》，载《政法论坛》2021 年第 4 期。

[5] 参见王瑞君：《"刑罚附随性制裁"的功能与边界》，载《法学》2021 年第 4 期。

定位和建构与美国等英美法系国家相似，但存在着"编外性"、确立和适用的随意性以及惩罚性的特征。[1]

由此，针对轻罪的治理始终需要破解严厉的犯罪附随后果这一难题。学者们也多建言献策，例如有步骤、分阶段地建立前科消灭制度[2]，删除非刑事领域有关犯罪的终身性附随后果的规定，同时将现行法律、法规中的附随效果变更为刑法上的资格刑内容[3]。

"针对轻罪的治理"讨论的另一重要内容是出罪机制的畅通。轻罪所编织起来的严密法网并非要对所有轻罪犯罪人施加刑事制裁，那样只会造成我国的刑法的口袋越来越鼓，社会上的犯罪人越来越多。轻罪出罪应当是与消解犯罪附随后果同等重要的问题，遗憾的是刑法学界对这块的讨论还非常少。杜文俊指出，应以消极主义司法消解积极主义立法的客观隐患，换句话说，即是要实现轻罪的"严进宽出"。他还特别注意到重刑化的司法现状和轻罪主导的犯罪率形成了明显反差，轻罪重刑的现状与犯罪化的初衷严重背离。进而主张轻罪出罪机制的建构成为一项兼具政策逻辑、实践逻辑和学理逻辑的必然选择。具体来讲，激活《刑法》第13条《但书》的出罪功能，《刑法》第37条免予刑事处罚，以及发挥我国《刑事诉讼法》中的"不予立案""撤销案件""酌定不起诉""附条件不起诉""和解不起诉"等程序上的阀门，让更多的轻罪被告人得到名副其实的轻罪处理。[4]

2. 本书所称的"轻罪治理"

在犯罪学的视野下，轻罪不是某些罪名，而是一种值得社会关注的刑事纠纷。这些纠纷可能进入刑事司法系统，成为那些最底端的、不严重的一类犯罪。但如果这些纠纷能在刑事司法系统外得到和平解决，那么这才是治理的应有之义。因而，采用社会学上的治理的概念，轻罪治理应当是借助社会上的各种纠纷解决机制对刑事冲突及时化解。

---

〔1〕 参见彭文华：《犯罪附随后果制度的体系定位与本土设计》，载《中国刑事法杂志》2023年第4期。

〔2〕 参见何荣功：《我国轻罪立法的体系思考》，载《中外法学》2018年第5期；郑丽萍等：《违法行为犯罪化对刑法体系的建构与影响》，载《人民检察》2018年第7期；钱叶六：《审时度势，加快构建轻罪记录消除制度》，载《上海法治报》2023年5月26日，第B7版。

〔3〕 参见张明楷：《轻罪立法的推进与附随后果的变更》，载《比较法研究》2023年第4期。

〔4〕 参见杜文俊：《论我国轻罪案件出罪机制的逻辑与路径》，载《华东师范大学学报（哲学社会科学版）》2023年第5期。

值得注意的是，我国的犯罪圈跟国外法律上所认为的犯罪有着本质区别。由于我国"定性加定量"的构罪模式，进入刑法圈的通常是社会危害性比较严重的犯罪行为。这就意味着那些社会危害性没有达到刑法所要求的程度的行为，实质上没有通过刑法调整，而是由我国的《中华人民共和国行政处罚法》（以下简称《行政处罚法》）或《中华人民共和国治安管理处罚法》（以下简称《治安管理处罚法》）进行调整，抑或通过《刑事诉讼法》所规定的调解、和解等渠道予以消解。对这些蕴含了冲突与矛盾的伤害他人或危害社会秩序的行为，通过刑事诉讼以外的手段予以化解，我认为这种化解在三重意义上实现了治理的目标与路径。

首先，刑事司法机构从传统的职能中摆脱出来。检察机关不再是我们所认为的"追诉"或"法律监督"机构，而是变身为社会治理的"观察员"，通过检察建议、公益诉讼的方式促进社会矛盾化解。检察机关在办理个案的同时，研析个案、类案之间的问题，追根溯源，发挥对社会治理的参与。检察机关在这些矛盾的调处中，不仅"把脉"，更是提供了"药方"。在 2023 年 7 月 7 日最高人民检察院发布的生态环境保护检察公益诉讼典型案例中，检察机关运用磋商、诉前检察建议、召开圆桌会议、联席会等多种方式，在诉前解决问题。[1] 柔性司法指的是法官在行使司法权的过程中对群众感情等加以考量的一种司法能动性。柔性意味着法官的面孔背离过去的坚硬、无情，而是运用多种手段有效地化解纠纷。在这种意义上，刑事司法机构借助治理的手段实现了治理的目标。

其次，从过去的重打击的犯罪理念，转变成依靠矫正、帮助犯罪人的治理模式。通过不起诉的审前分流或者在审判阶段判处缓刑，实质上为犯罪人避免遭受"标签效应"提供了可能。认罪认罚从宽制度的运用不仅提升了效率，亦是给那些自愿认罪认罚、履行赔偿义务的被告人，进行宽缓化处理。[2]《社区矫正法》更是将犯罪人的权利保障和社会回归提升到至高的位置，规定社区监管措施的使用不得对犯罪人正常的工作和生活造成影响。同时依托社

---

〔1〕　参见《最高检发布生态环境保护检察公益诉讼典型案例 高质效办好生态环境保护公益诉讼案件》，载 https://www.spp.gov.cn/xwfbh/wsfbt/202307/t20230707_620946.shtml#1，最后访问日期：2023 年 10 月 23 日。

〔2〕　尽管从宏观层面来讲，认罪认罚从宽制度的推行之后是否真正降低了监禁刑的使用，还存在疑问。

会力量参与到对犯罪人的矫正和帮助工作中来。

最后，冲突化解的实质化。实质化的冲突化解，意味着双方当事人的矛盾已经从根源上解决，当事人认为收获了正义，并且对过程和结果满意。对有被害人的冲突来讲，被害人是犯罪行为的直接受害人，对犯罪的社会危害性和造成的实际损失有最直接、最深刻的感受。被害人的满意，是衡量纠纷解决过程和结果的重要标尺，是落实"以人民为中心"的正义感的根本体现。在冲突解决过程中，充分保障被害人知情权、参与权，履行告知义务，听取被害人意见建议，推进被害人律师代理制度，对符合条件的被害人帮助申请律师援助，对陷入困境的被害人提供司法救助等，对弥补被害人损失、抚慰被害人痛苦、化解被害人仇恨有着重要作用。

由此，本书所讨论的"轻罪治理"与"针对轻罪的治理"不同。后者主要是就已经进入我国刑法圈并且在事实上大量存在的轻罪案件，讨论其处理方式和路径。与轻罪二字所蕴含的"轻缓"不同，有学者指出，轻罪的实质反而是重刑化，因过去根本不属于刑法规制的行为被大量入罪并处以实刑。[1]

但是，本书所指称的"轻罪治理"，是将视野投及那些未进入刑法圈但具有社会危害性的违法犯罪行为。因而，这里的"轻罪治理"可能包含了违反治安管理处罚法的行为、未成年人的罪错行为，也包括那些含有刑事冲突的大量的民间纠纷。本书的"轻罪治理"也不再拘泥于近年来学界热议的轻罪立法体系（轻罪概念）和轻罪惩罚体系（人身罚、财产罚），而是以"治理"反观我国目前的"治罪"——我国目前围绕轻罪立法和轻罪惩罚体系的讨论都还是一种"治罪"思维。这从以下类似的论述中可以看出：

"虽然劳动教养制度和收容教育制度被废止，但并不意味着劳教行为和收容行为也会随之'人间蒸发'，这就导致我国当下的二元制裁体系对原先劳教对象和收容对象的处罚存在空档。其后果是，对案情相似、危害性相当的行为人，可能出现有的以犯罪嫌疑人论处，有的以行政违法者论处的不当处置。此时，如若再以五年有期徒刑为轻罪标准，将进一步加剧对犯轻罪之人科以较重刑罚的不均衡现象，破坏刑法结构的科学性。反之，采取三年以下有期徒刑的轻罪标准能将轻罪人安置在适当的轻刑区间，最大限度缩小行政制裁与刑事制裁之间的断层并避免二者的僭越或挤压，消弥后劳教时代劳教行为

---

[1] 持此观点的学者有严励、汪明亮等人。

犯罪化所遗留的法律空白。"〔1〕

这里所说的轻罪治理，是以社会治理的视角对危害性不大的轻微犯罪进行一种安排和处置，在此过程中，传统的国家主导的管控模式让位于国家与社会的多元共治。

正如储槐植教授所指出的，刑事一体化之要在于犯罪治理机制之间的深度融合。〔2〕轻罪治理是以追求犯罪治理效益最佳化为功利目标。〔3〕刑事一体化的治理效能的发挥，要求以全流程的视角看待轻罪治理。轻罪治理固然包含了刑法学界大量讨论的轻罪立法体系、轻罪惩罚体系，也同样包括在刑事司法体系内外对轻罪治理的探索。当前的"针对轻罪的治理"，存在对刑事一体化理念贯彻上的破碎化，其关注的焦点在于对轻罪的规制，尽管讨论的重心在于前科、犯罪附随后果等问题，但是依然是从刑事司法体系的后端看待问题，缺乏刑事司法体系一体化的视角，更没能跳出刑事司法体系来审视轻罪治理的问题。

更重要的是，"刑事一体化的根据在于犯罪人"。〔4〕以犯罪人为中心的思考，不仅能够统一协调多学科的知识，并能将刑事治理的机制深入融合。我国的轻罪治理建立在对过去着眼于犯罪问题的政策反思基础上，当下的实践要解决的是仍然是"人"的问题。这反映在"针对轻罪的治理"文献中，要解决犯罪附随后果的问题，实质上要降低乃至消除该后果对担受者——犯罪人及其家庭——的影响。因而，轻罪治理实质上是人本主义的治理，是党的十八大以来推进国家治理体系和治理能力现代化的逻辑起点，是以人民为中心的法治观的生动体现。〔5〕

三、轻罪治理的实践意义

党的十八届三中全会首次提出"推进国家治理体系和治理能力现代化"

---

〔1〕 参见袁方：《从消极治理到积极治理：中国特色轻罪治理体系的反思与转型》，2023 年第六届上海政法学院"刑法论坛"论文集，第 184 页。

〔2〕 参见储槐植：《刑事一体化》，法律出版社 2004 年版，第 503 页。

〔3〕 参见王志远：《刑事一体化思想的理论与实践效能检讨》，载梁根林主编：《刑事一体化：源流、传承与发展——储槐植先生九秩华诞祝贺文集》，北京大学出版社 2022 年版。

〔4〕 参见张文：《坚持"刑事一体化"协力推进刑事科学研究》，载《中国检察官》2018 年第 3 期。

〔5〕 参见周佑勇：《推进国家治理现代化的法治逻辑》，载《社会科学文摘》2020 年第 9 期。

重大命题，把"完善和发展中国特色社会主义制度、推进国家治理体系和治理能力现代化"确定为全面深化改革的总目标。从治理手段来看，国家和社会治理现代化主要运用自治、法治、德治、心治、智治方式。党的二十大报告强调要"提高公共安全治理水平""完善社会治理体系""提升社会治理法治化水平"。这对我国新时代的轻罪治理提出了方向和要求。

（一）轻罪治理是实现良法善治的重要路径

良法善治是"中国特色社会主义法治的内在要求"。[1]习近平法治思想蕴含"法律是治国之重器，良法是善治之前提""以良法促进发展、保障善治"[2]的精神，再次彰显法律是国家治理的必备基础要件。此外，国家治理现代化的中心词是"治理"，意味着国家的管理方式从传统的政府单向管理模式向多主体联动治理模式转型。此治理模式下，民众从过去的被管理者成为兼具管理与被管理二元属性的新型社会主体。为了保障民众的合法权益得到有效实现，更为了保证国家治理现代化进程在法治轨道内开展，必须通过良善法律对国家治理现代化进行必要指引与保障。这种指引与保障主要通过两方面实现：一是对所有的治理主体提供明确的法律依据，以更好平衡各方利益；二是良好的法律能为治理成果提供充分有效的保障。通过各方主体的努力，国家治理现代化取得相当多的成就，这些成就必须要巩固和保护，而最优的保护模式就是法律的确认。所以，"良法能为国家治理现代化提供很好的指引与保障作用"。[3]

善治作为治理的一种优化形式，核心要素有三：一是以民众为中心，二是以权利保障为指向，三是以权力制约为要旨。[4]善治是保证国家治理现代化得以实现的具象治理模式，具备四个层面的内涵：一是治理主体的善者，包括政府、社会组织及公民个人等具有合法性；二是治理目的的善意，即为了服务人民群众而治理；三是治理方式的善于，即治理模式符合民众对美好生活的期望；四是治理结果的善态，即治理结果在有效回应民众期待时可以

---

〔1〕 参见张文显：《习近平法治思想的理论体系》，载《法制与社会发展》2021年第1期。

〔2〕 参见习近平：《论坚持全面依法治国》，中央文献出版社2020年版，第166页。

〔3〕 参见杨垚：《新时代美好生活的法理观照：理论逻辑及其展开》，载《重庆交通大学学报（社会科学版）》2023年第2期。

〔4〕 参见杨春福：《善治：国家治理现代化的理想模式》，载《法制与社会发展》2014年第5期。

最大限度化解社会矛盾。

"从善治的主体到善治目的，再从善治方式到善治结果，无不体现出看似抽象实则具体的治理理念创新。这种创新实质就是人本思想在国家治理领域的实践。"〔1〕要真正实现人民群众的期盼，治理手段与方式的创新尤为重要。但传统管理模式中，管理主体是国家，其扮演着管理者的角色，民众则更多扮演被管理者；管理目的则是国家层面的安全稳定；管理手段与方式主要是通过法律授权而由国家机关执行。这种模式虽有助于维系国家安全稳定，但对民众的个体权益观照不足。要真正实现国家治理的现代化，进而实现民众所期待的美好生活样态，必备的手段即为善治。而善治的实现首先要将以人为本的理念融入治理全过程；其次要坚持运用法治思维与法治手段进行国家治理；最后要发挥公共治理的作用，充分调动社会各阶层的积极性。这种全面贯彻人本理念的治理手段，是符合新时代最广大人民利益的最优选择和必然要求。

新时代以来，我国社会主要矛盾和刑事犯罪结构发生变化，这推动了我国刑事司法体系的深刻改革。根据张军 2020 年所作的《最高人民检察院关于人民检察院适用认罪认罚从宽制度情况的报告》，"新时代，人民群众在民主、法治、公平、正义、安全、环境等方面有内涵更丰富、水平更高的需求，希望司法政策与时俱进，期盼社会长治久安；司法机关案多人少矛盾日益突出，必须遵循司法规律，优化司法资源配置，推动案件繁简分流。"认罪认罚从宽制度的推出，不仅着眼于提升诉讼效率、节约司法资源，更着重于化解社会矛盾、促进罪犯改造。

"少捕慎诉慎押"司法政策的出台，是我国在轻罪治理迈出的重要一步。"少捕"的目标在于改变"构罪即捕"的惯性思维，"慎诉"是对起诉必要性的实质性审查，"慎押"是对羁押必要性的审查，是贯彻无罪推定原则的应有之义。〔2〕可以看出，"少捕慎诉慎押"司法政策是对过去严厉治罪模式的背离，凸显被告人的尊严与人权，是我国国家和社会治理现代化朝着良法善治、人权保障迈出的重要改革。

---

〔1〕 参见杨垚：《新时代美好生活的法理观照：理论逻辑及其展开》，载《重庆交通大学学报（社会科学版）》2023 年第 2 期。

〔2〕 参见李勇：《准确理解少捕慎诉慎押具体内涵标准》，载《检察日报》2022 年 3 月 29 日，第 3 版。

（二）轻罪治理是"以人为本"理念的核心体现

习近平法治思想的核心要义之一是坚持以人民为中心，这要求立法、执法、司法等活动必须坚持人民的主体地位。"坚持以人民为中心，坚持人民主体地位，是我们的制度优势，是中国特色社会主义法治区别于资本主义法治的根本所在。"[1]习近平总书记指出："推进全面依法治国，根本目的是依法保障人民权益"。[2]"我们要依法公正对待人民群众的诉求，努力让人民群众在每一个司法案件中都能感受到公平正义，决不能让不公正的审判伤害人民群众感情、损害人民群众权益。"[3]

首先，根据我国的社会实践和习近平法治思想中的人本观，以人为本可释读为"把人当作一切活动的根本"，以人为本理念是习近平法治思想中"人民性"的彰显。[4]轻罪治理的实践是一项关于"人"的实践，"以人为本"就要求以尊重和保障人的合法权利为尺度。"以人为本"的"人"既包括被害人，也包括违法犯罪人。在司法实践中，无论是未经法院判决还是已经被法院判处的自然人，都属于新时代的社会主体。在这个过程中，我们要尊重人的主体性和人格尊严。标签理论告诉我们，一旦越轨之人被贴上犯罪标签，随之而来的污名化羞辱和社会排斥，会将其长时间甚至永久排斥在正常的社会生活之外。那么避免"贴标签"以及撕去标签就变得尤为重要。避免"贴标签"意味着我们要给初次越轨的人出路，不要对其一棍子打死，所谓"恨其行为，爱其人"。撕去标签意味着对于已经被贴上标签的越轨之人，我们要从保障其回归社会的权利入手，为其提供社会支持，帮助其更好地回归社会。

其次，"以人为本"的轻罪治理，要求审视我国民众对刑事司法过程的参与感和正义获得感。我国的刑事司法系统近些年一直在回应民众的正义需求，司法实践所追求的社会效果，根本之义在于让判决结果"取得公众的信任、

[1]《习近平法治思想概论》编写组编：《习近平法治思想概论》，高等教育出版社2021年版，第94页。

[2] 习近平：《坚定不移走中国特色社会主义法治道路 为全面建设社会主义现代化国家提供有力法治保障》，载《求是》2021年第5期。

[3] 习近平：《在首都各界纪念现行宪法公布施行三十周年大会上的讲话（二〇一二年十二月四日）》，载中共中央文献研究室编：《十八大以来重要文献选编（上）》，中央文献出版社2014年版，第91页。

[4] 参见杨垚：《新时代美好生活的法理观照：理论逻辑及其展开》，载《重庆交通大学学报（社会科学版）》2023年第2期。

化解社会矛盾和纠纷并满足社会对实质正义的需求"[1]。正义可被视作一种社会观念，是建构的概念。"一个群体怎样认知或认同某种社会正义观，既影响着这个群体的共同生活，也左右着矛盾和纠纷的解决方式，并进而决定着纠纷裁决者的权威和被认同度。"[2]可以说，民众所感知到的程序正义是其遵守法律的重要来源，而非传统意义上所认为的刑罚威慑的力量。[3]用传统的社会控制的模式来规制社会，既成本高昂也异常困难。一项政策或法律要获得民众的支持和自觉遵守，那么它必须建立在民众的同意的基础之上，而不是通过刑罚的威慑或其他强制力量。[4]"努力让人民群众在每一个司法案件中都能感受到公平正义""让人民群众对公平正义有更多获得感"[5]等类似表述，频繁出现在我国司法部门的工作报告中。那么在刑事司法系统中切实尊重参与者对于过程的感受和评价变得非常重要。这就要求转换视角，从刑事司法系统的行动者视角转换为刑事司法系统的受众者视角。切实站在利益相关人的角度，充分考虑其诉求，通过释法明义和沟通机制让双方当事人在过程中感受到正义。

最后，"以人为本"的轻罪治理，要求广泛运用除法律、规则之外的治理手段和策略，最终的落脚点在于"人"。社会的运转不仅需要规则之治，还需要道德、情感、良心等机制的参与。机械套用规则的结果，往往让当事人难以心服口服。案件的了结，却没有带来纠纷的彻底解决，甚至在当事人之间埋下了仇怨的种子，长期来看并不利于社会的稳定与和谐。因而，既要看到规则，又要穿透规则，进行纠纷的实质性化解。轻罪治理本质上是"以人为中心"的实践。将"情感治理""柔性治理"融入纠纷解决中，摒弃简单机械的办案模式，寻求被告人服气、被害人满意的效果，最终实现法律效果、社会效果与政治效果的统一。

---

〔1〕　参见何静：《理性对待刑事司法过程中的民意》，载《中国刑事法杂志》2010 年第 6 期。

〔2〕　参见苏新建：《程序正义对司法信任的影响——基于主观程序正义的实证研究》，载《环球法律评论》2014 年第 5 期。

〔3〕　参见［美］泰勒：《人们为什么遵守法律》，黄永译，中国法制出版社 2015 年版。

〔4〕　See Jeremy A. Blumenthal, "Who decides? Privileging public sentiment about justice and the substantive law", UMKC L. Rev. Vol72, No. 1., 2003, pp. 1-22.

〔5〕　此类表述多次出现在司法机关工作报告中，如：周强：《最高人民法院工作报告——2018 年 3 月 9 日在第十三届全国人民代表大会第一次会议上》，载 https://www.chinacourt.org/article/detai/2018/03/id/3247418.shtml，最后访问日期：2024 年 6 月 9 日。

四、轻罪治理的理论意义

在我国，轻罪治理被裹挟在"针对轻罪的治理"的话语中，后者以对策性建议式的讨论堆砌起我国轻罪治理的概念、成效抑或不足。在"针对轻罪的治理"的话语体系中，将"轻罪"定义为宣告刑为 3 年以下有期徒刑、拘役、管制或者单处罚金的犯罪，继而讨论我国轻罪制度的构建甚至是微罪制度的构建。尽管有学者对这种由刑法积极参与社会治理的立法倾向予以批评[1]，但鲜有研究从我国宏观背景下的犯罪治理模式呈现轻罪治理的实质与应有之义。

本书的理论意义可能有以下几点：第一，本书所提倡或阐述的"轻罪治理"概念，是一种"刑法之前"的视角。与"针对轻罪的治理"的关注点不同，本书关注的是那些未进入刑法调整的危害行为。此种关注，原因在于我国的犯罪圈的划定与西方国家立法定性、司法定量的定罪模式不同。我国刑法不仅规定犯罪行为的类型，而且还规定了犯罪的量，将"情节显著轻微危害不大"的行为排除于犯罪范围，由行政处罚予以制裁。换句话说，我国对危害行为的制裁采取的是刑罚与行政处罚并行的二元制裁体系。[2] 只有严重危害行为才被规定为犯罪，轻微危害行为属于行政违法的范畴。由于这种分野，国外刑法上的"轻罪"在我国可能还属于行政违法的范畴，故而我国在讨论"轻罪"概念甚至要效仿国外制定《轻犯罪法》的时候，与国外是两种不同的话语体系。针对我国属于行政违法的危害行为，学界应该给予更多关注。

第二，与学界所提倡的观点——"大量增设轻罪，甚至将所有违法行为纳入犯罪圈由刑法予以规制，从而实现'严而不厉'的刑法结构"——不同，本书的立场是一种"被规制者"的立场。刑法学者的立场属于专家立场，在某种程度上而言，针对社会上犯罪激增，刑法学者有为犯罪治理建言献策的使命与责任。然而，这不等于违法行为要"刑法化"。"严而不厉"的结构或许是西方国家刑法的特点，但是否同样是我国应追求的目标，还值得审思。本书以"被规制者"的视角审视处于行政处罚端的违法行为管控模式，这是

---

〔1〕 参见何荣功：《刑法与现代社会治理》，法律出版社 2020 年版。
〔2〕 参见谢川豫：《危害社会行为的制裁体系研究》，法律出版社 2013 年版。

我国犯罪治理的重要部分。本书称之为"轻罪治理"，这里的"罪"亦是采用最广泛意义上的事实概念，而非我国《刑法》第13条的应然概念（即所称的"罪名"）。

第三，尽管本书不赞同"针对轻罪的治理"的话语，但本书作者是"刑事一体化"的奉行者。"刑事一体化"是个开放概念，既是观念，也是方法，具体是以普遍联系的视角看待刑事的诸相关事项。[1]"刑事一体化"已经作为一种研究范式而为刑法学界所倡导。在此旗帜下，本书意图着眼于"前端的治理"，但同时以刑事司法系统的中端和后端为观照；以行政的处理为切入，但同时以司法处置和量刑后的刑罚为观照。

五、轻罪治理的政策意义

本书在研究过程中形成了一些政策建议。首先，在犯罪治理方面，政府成立的社会组织在实际中过于强调管控，这种传统的管控模式，在现阶段呈现出资源利用率低、"成本—收益"并不明显、戒治效果有限等问题。表现在：即便处于社区的环境中，教育和帮扶没能很好地回应对象的实际需求，随意执法的风险也随时存在；与之相对应，戒毒人员的自我转变的意识和动机及其社会资本在当前的戒毒实践中没有得到应有的重视。总体而言，我国在对毒品吸食行为的规制方面存在着"严厉过剩而柔性不足"的色彩。行为人的社会关系以及行为人的自我改变的动力机制在当前的规制体系中均未得到应有的重视，而这部分力量或许是实现转变的重要基础。鉴于我国目前强制隔离戒毒和社区戒毒体系的不协调，我国还需要发挥和借助非正式的社会控制，发挥"社区"这个场域在促进吸毒人员进行戒治和社会回归的重要作用，给予戒治人员充分的空间和社会支持，帮助他们重新成为有益的社会成员。

其次，重视对未成年人的社区处遇。对未成年人的社区处遇存在于公安机关对严重不良行为的矫治教育，附条件不起诉的监督考察以及适用刑事和解后的宽缓化处理。然而，与戒毒治理存在相似诟病，我国对未成年人的处遇还严重依赖污名化的机构性处遇（专门学校），这种处遇尽管定位为教育保

---

〔1〕 参见张文：《刑事科学思想家的魅力（代序）》，载梁根林主编：《刑事一体化：源流、传承与发展——储槐植先生九秩华诞祝贺文集》，北京大学出版社2022年版，第4页。

护，但实际上已经异化为对未成年人的惩罚。

本书聚焦于这两个"异曲同工"的个案，分析我国在轻罪治理过程中面临的悖论与困境，从而提出相应的政策建议。

六、本书的研究思路与研究方法

（一）研究思路

本书立足于我国轻罪治理的理论与实践，同时对域外的轻罪治理的理念和模式进行细致考察。在理论层面，轻罪治理与恢复性司法的诸多契合点值得关注，本书在第二章予以阐述。在实践层面，本书考察了轻罪治理的两大重要内容，即吸食毒品的治理和未成年人处遇。在本书的第二、三、四编分别对域外和我国的相关轻罪治理实践予以关注。针对我国轻罪治理的悖论和困境，本书在结尾提供了相应的政策建议。

（二）研究方法

本书采纳从理论到实践、从实证调研到政策建议的研究框架，并兼之以国内外的比较研究。因而采用综合性的研究方法，具体来说包括案例研究法、实证分析法、比较分析以及交叉学科研究方法。

1. 个案研究

个案研究（case study）是探索性、解释性、描述性研究的重要方法，追求的是研究对象的典型性。虽然个案研究常常面临代表性和一般性的质疑，但个案研究的价值恰恰在于其典型性特征而非总体代表性特征。作为"解剖一只麻雀"的研究方法，个案研究对问题到底是什么的描述和为什么如此的解释尤其有效，对探索性研究从经验到理论的提升更为必要。[1]

为了更具体地论述我国轻罪治理的实践，本书采用了个案研究方法，以毒品戒治和未成年人处遇为两个个案展开深入、详细的分析。根据对这两个轻罪治理的重要领域的分析，能够揭示我国轻罪治理所面临的悖论与困境。具体而言，通过对我国毒品戒治模式的分析讨论，可以看到，本应当在价值理念、实践操作的层面切实承担起戒治功能的社区戒毒，还存在诸多不足和

---

[1] See Robert K. Yin, Case Study *Research*: Design and Methods, SAGE Publications, Inc, 2008.

待完善之处；另一方面，定位于保护处分的强制隔离戒毒，却演变为对戒毒对象的一种严厉处遇，不利于对象的社会回归，有违其帮助对象戒掉毒瘾的制度设计初衷。通过对我国未成年人处遇的分析，可以看到，我国未成年人处遇体系存在"宽""严"失衡，对于恶性行为缺乏有效的措施，对于轻微行为亦欠缺矫治的理念。以这两个个案研究为基础，本书勾画出我国轻罪治理实践的困境，从而指出我国轻罪治理有待改革的方向。

2. 实证研究

实证研究范式是犯罪学采用的研究进路之一，受实证主义的影响，认为对社会现象的观察和理解也可以来自经验。本书借助实证研究方法，以更好地洞悉轻罪治理实践中的特点。例如，通过定性和定量相结合的方法，了解强制隔离戒毒与社区戒毒在毒品吸食人员的回归过程中发挥的作用。前者的社会支持状态，以及后者的社区戒毒过程和经历感受在本书第三编详细展开。进而本书对我国当前的不法行为的制裁体系进行了解读，并期望在强戒隔离的问题上对这一制裁体系作出修改建议。我国目前在戒毒领域的实证研究还非常薄弱，该实证研究也希望被视作缩小研究鸿沟的小小尝试。在未成年人犯罪处遇方面，本人利用工作之便多次走访上海市未成年犯管教所跟实务人员进行座谈调研，了解当前围绕青少年犯罪治理的实践动向以及在具体处遇实践中遇到的难题。

3. 比较分析法

"他山之石，可以攻玉。"域外近三十年的犯罪控制理论与实践也值得我们关注。尤其是，对于毒品吸食的戒断处遇研究较为成熟，理论研究成果也较丰富。但世界范围内对于物质滥用（包括毒品吸食）的处遇理念与制度变迁都有差异，这也与各国的社会政治环境、文化理念和社会需求相呼应。虽然不能简单以某个国家的所有制度作为引介，但域外的考察能使在某个理念支配下的实践框架和路径清晰可见，从而对我国有一定的启示。本书第二编中，以澳大利亚作为考察对象，分析了澳大利亚自 20 世纪 80 年代以来确立的减害（harm minimization）作为联邦层面及各州的指导性原则；此外，澳大利亚在社区戒毒方面实现了制度与实践的结合，对于我国有很好的借鉴意义。本人利用在澳大利亚高校的研修机会，搜集了该国在这方面的大量研究，以求清晰准确地把握其脉络框架。

对未成年人犯罪的处遇是各国轻罪治理的重要实践，尽管有些国家对待未成年人犯罪出现严厉走向，但对待常规、轻微的未成年人犯罪依然坚持非犯罪化、非刑罚化的处理。以恢复性司法为代表的未成年人处遇方式是西方国家近些年的探索，在要求未成年人承担对被害人、对社区的责任的同时，也进一步加强社区在犯罪预防和控制中的作用。与此同时，域外"基于社区"的未成年人犯罪治理也存在一定的问题。本书因此深入分析域外在未成年人处遇方面的特点，亦可为我国实践提供客观参照。

4. 交叉学科的方法

轻罪治理的问题仅靠法学研究是不够的。事实上，轻罪治理也为多个学科领域所涉及。因而为更好地对毒品戒治进行阐释与系统评价，需要借助社会学、心理学、医学、刑罚学、刑事诉讼法学、行政法学等多学科的理论和方法。譬如，在解读我国毒品吸食者的处遇实践时，既要运用社会学与政治学理论分析当前政治权力及社会宏观背景对两种处遇方式运行的影响与意义，又要运用行政法学、刑事诉讼法学等理论论证其在法律层面的制度与相关问题，还要就毒品吸食的成因有心理学和社会学等知识的把握。交叉学科的方法也克服了单一方法的局限，使得对待同一问题的视角更加多元化，也有助于全面地把握研究问题。

轻罪治理与恢复性司法

前一章提到轻罪治理是我国刑事治理理念的一次革新。我国刑事治理理念在 2006 年前后随着恢复性司法被引介至国内而得到一次大规模讨论。得益于恢复性司法对传统犯罪观和刑罚观的重塑，这些启发也打开了我国学者和实务界的视角。在当时，宽严相济刑事政策之"宽"成为我国引入恢复性司法的根基。随后，学界充分挖掘了我国刑事诉讼法中针对自诉案件的调解，探讨其与恢复性司法的契合，还讨论了在我国的重罪案件中适用恢复性司法的可能性。在实践中，尤其是针对未成年被告人的和解在基层检察院和法院的实践中被推行着。2012 年，刑事和解被正式写入《刑事诉讼法》。在一些著作或论文中，中国的刑事和解制度也被称之为中国的"恢复性司法"。

其实，国外的恢复性司法也是其对传统刑事诉讼的不足进行反思的产物。西方的传统刑事司法系统在历经了百年发展之后，在应对成年人或未成年人犯罪中呈现出"不佳"或者不那么令人满意的过程和结果。根据西方学者的批判，传统刑事司法系统没能有效地教育犯罪人，亦没有降低再犯率[1]；传统刑事司法系统对被害人的保护严重不足，被害人的权利受到忽视，被害人的需要也未得到满足[2]；传统刑事司法系统容易沦为饱受民意诟病的制度安排，因为其容易被政客操控成为迎合选民的工具。[3]基于对传统刑事诉讼反

---

[1]　See John Braithwaite, Phillip Pettit, *Not Just Deserts: A Republican Theory of Criminal Justice*, Oxford University Press, Vol. 12, No. 1., 1990.

[2]　See Christie, N., "Conflicts as Property.", *British Journal of Criminology*, Vol. 17, 1977, pp. 1–15.

[3]　See Pratt, J., *Penal populism.*, Routledge, 2007.

思的基础上，恢复性司法成为一种嵌于传统体制中、对传统体制起补充、缓冲作用的程序，或成为一项跟传统体制并行不悖的替代制度。[1]

自恢复性司法被用于处理青少年犯罪以来，其针对的是危害行为和危害结果轻微的犯罪。在某种意义上，恢复性司法亦是西方国家处理轻罪的一种方式。与我国不同的是，我国面对的是一种大量轻罪进入刑法之后的专家型焦虑，即学界急于拿出解决"我们该怎么办"的方案。而西方国家是在对整个刑事诉讼制度进行了批驳和反思的基础上，寻求另一种智慧，而提出恢复性司法作为一种可行且有效的方案。

那么，这种恢复性司法的理念和实践，究竟跟我国目前的轻罪治理有哪些契合？彼此之间可能的联结又在哪里？在回答此问题前，有必要对恢复性司法做一梳理。

一、恢复性司法的理念与核心价值

恢复性司法的理念体现在它对"罪"与"罚"的看法。在恢复性司法看来，我们所说的"罪"，并不首先是对国家规范的违反，而首先是对人、对人际关系的破坏。[2]这种"罪"并不是个人对秩序的反抗，而是个人对他人造成的伤害。相应地，所谓的"罚"并不是通过国家机器对个人进行自由、财产的剥夺，尽管这在一定程度上是必要的，而是要让个人在承认自己错误的基础上，积极地承担起赔偿、道歉等责任。这很容易跟民法上的损害赔偿相联系，因而有将刑事责任混淆于民事责任的诟病。在恢复性司法看来，"罚"是让个人积极承担责任，不论这种责任是民事还是刑事，但首先是要对受害人承担责任，以此恢复受害人的尊严、地位、名誉等。只有这样，受害人的愤怒、报复等情感才能得以释放，受害人的物质和精神损失等才能得到弥补。这对于被告人的矫正也有特殊意义，即被告人在承担责任的过程中，认识到行为的错误，并以自己的主动行动寻求受害人的谅解。

（一）恢复性司法的定义和基本特征

国外对恢复性司法的如下理念达成了一些共识，例如自愿协商、平等对

---

[1] See Aertsen, I., et al., *Institutionalizing restorative justice*, Willan, 2006.

[2] See Howard Zehr. *The Little Book of Restorative Justice. Intercourse*, PA：*Good Books*, 2002.

话、损害弥补。在理论层面，恢复性司法尚未得到公认的准确定义。Marshall
在其为英国内政部所做的项目中给出了一个可以说是最常被引用，也可能是
最广为接受的定义：“恢复性司法是一个过程，在这个过程中，与某一特定罪
行有利害关系的所有各方走到一起，集体解决如何处理罪行的后果及其对未
来的影响”。[1]他认为，恢复性司法的核心关注点是恢复受害者、罪犯的守法
生活，以及犯罪对社区造成的损害。

　　然而，Marshall 的定义受到了该领域一些理论家的批评。Zehr 和 Mika 承
认马歇尔的定义抓住了恢复性实践的核心理念，即解决损害的合作过程，但
同时指出，“尽管他简洁的定义很有诱惑力，但我们认为更明确地说明恢复性
方法的要素特征是很重要的”。[2]从恢复性司法的角度来看，对事物的看法是
不同的。他们列出了与恢复性司法相关的三大基本要素：（a）犯罪从根本上
说是对人和人际关系的侵犯；（b）侵犯造成义务和责任；（c）恢复性司法寻
求治愈和纠正错误。[3]

　　John Braithwaite 指出，Marshall 给出的定义并没有告诉我们谁或什么需要恢
复，恢复性司法的核心价值是什么。[4] Dignan 在 *Understanding Victims and Re-
storative Justice* 一书中指出了这一定义的不足之处，包括没有提到结果以及过
程的目的。此外，还存在与具体违法行为有利害关系的各方的身份问题。[5]

　　Walgrave 认为恢复性司法是“一种主要以恢复犯罪造成的损害为导向的
司法选择”。[6]然而，他在后来的著作中对这一定义进行了调整，提出恢复性
司法“是一种在犯罪发生后伸张正义的选择，其主要目的是修复犯罪对个人、
关系和社会造成的损害”。[7]作为最大化主义的倡导者，他认为恢复性司法是

〔1〕　See Marshall, T. , *Restorative justice：An overview*, Home Office, 1999, p. 5.

〔2〕　See Zehr, H. , & Mika, H. , *Fundamental principles of restorative justice*, In The little book of re-
storative justice, PA：Good Books, Intercourse, 2002, p. 62.

〔3〕　See Zehr, H. , & Mika, H. , *Fundamental principles of restorative justice*, In The little book of restor-
ative justice, PA：Good Books, Intercourse, 2002, pp. 64-69.

〔4〕　See Braithwaite, J. , "Setting standards for restorative justice", *British Journal of Criminology*,
Vol. 3, No. 42. , 2002, pp. 563-577.

〔5〕　See Dignan, J. , *Understanding victims and restorative justice*, Open University Press, 2005.

〔6〕　See Bazemore, G. , & Walgrave, L. , *Restorative juvenile justice：Repairing the harm of youth crime*,
Criminal Justice Press, 1999, p. 48.

〔7〕　See Walgrave, L. , *Restorative justice, self-interest and responsible citizenship*, Willan Publishing,
2008, p. 21.

以恢复为目的，而不是以通常倾向于恢复性结果的程序来分类的。恢复性司法所考虑的损害应该是由犯罪引起的公共损害。恢复性司法对损害补偿的关注使其成为一种新的范式，有别于惩罚和治疗犯罪的方法。

2020 年，联合国毒品与犯罪问题办公室发布了《恢复性司法项目指导手册（第二版）》，其中认为恢复性司法是提供给被告人、被害人和社区的另一种通向正义之路。它促进了被害人安全参与到对问题的解决中来，提供给愿意承担责任的被告人以责任承担机会。尽管学界有很多关于恢复性司法的定义，但都认为定义中应包含以下元素：关注犯罪行为造成的损害；自愿参与，包括被害人、被告人、支持或家庭成员、社区成员或合适的专业人士；由经训练的实务人士进行准备和辅助；双方当事人的对话，以达成对事情发生和结果的相互理解，以及对下一步行动的合意；恢复性过程的结果，包括悔过、承认责任以及作出弥补行动的保证（commitment）；帮助被害人恢复，帮助被告人回归社会并不再犯罪。[1]

（二）恢复性司法的核心价值

"价值观是恢复性司法的基础，是我们在对该做什么或如何做产生怀疑时的试金石，是我们采取行动的尺度"。[2]现代恢复性司法运动的独特之处在于它所倡导的价值观，据说这些价值观在人类早期历史中就已存在，但在过去200 年中，西方国家的主流司法系统中却一直没有这些价值观。Strang 认为，"正是恢复性司法所附带的价值观使这一程序独一无二，并使其有别于传统的法庭司法"。[3]然而，解决价值观问题可能非常棘手，因为每个社会，甚至是现代国家边界内的特定地区，都有自己的价值观。此外，从业人员本身作为人的个人信仰也会影响他们的恢复性司法项目；而且，所倡导的价值观可能与他们自身的经历密切相关。Pranis 指出，"正如恢复性司法没有一个统一的定义一样，恢复性司法的价值观也没有一个明确的清单；相反，人们以各种

---

〔1〕 See *United Nations Office on Drugs and Crime*, *Handbook on Restorative Justice Programmes*, 2020, p. 4.

〔2〕 See Pranis, K., *Restorative values*. In G. Johnstone & D. W. V. Ness（Eds.），*Handbook of restorative justice*, Willan Publishing, 2007, pp. 59-74.

〔3〕 See Strang, H., *Exploring the effects of restorative justice on crime victims for victims of conflict in transitional societies*. In S. G. Shoham, P. Knepper, & M. Kett（Eds.），*International handbook of victimology*, CRC Press/Taylor & Francis Group, 2010, pp. 537-558.

方式阐述了恢复性司法的基本方面"。[1]

　　除了恢复性司法的不确定性和不成熟性之外，如果我们考虑到 Braithwaite 的观点，即恢复性司法的发展时间太短，在恢复性价值观的概念上还没有任何定论[2]，那么问题还在于，在恢复性司法文献中，价值观有时与其他概念混杂在一起，如原则、假设、目标等。下面进一步澄清这些概念。恢复性司法的假设通常是指恢复性司法方案中"应该是什么"的规范性陈述；例如，联合国毒品与犯罪问题办公室 2006 年发布的《恢复性司法项目指导手册》通过明确受害者、罪犯和社区应该扮演什么角色来界定恢复性司法的假设。这些目标和宗旨提供了一个非常宽泛的画面，人们可以根据自己的观点来定义这些目标和宗旨，而这些观点可能是非常不同的。例如，尽管《恢复性司法项目指导手册》明确指出，"目标是创造一个非对抗性、非威胁性的环境，使受害者、罪犯、社区和社会的利益和需求都能得到满足"[3]，但学者们对目标的定义却不尽相同；例如，一些学者认为，目标是激活当代西方社会的城市公民意识。

　　然而，最棘手的问题可能与恢复性司法的原则有关。Zehr 和 Mika 在具有里程碑意义的著作 *The Little book of Restorative Justice* 中对恢复性司法的原则作了如下阐述：（1）犯罪从根本上说是对人和人际关系的侵犯；（2）侵犯会产生义务和责任；（3）司法应寻求治愈和纠正错误。[4]Braithwaite 提出了三类价值观：制约性价值观、最大化价值观和新兴价值观。"约束性"价值观是那些必须存在的价值观，因为它们反映了基本的程序保障，如非统治、授权、尊重倾听等。"最大化"价值观是那些可以评估恢复性程序成功与否的价值观，涵盖不同形式的恢复。"新兴"价值观的重要性不亚于前两组价值观，包括悔恨、道歉、谴责行为、宽恕和仁慈。新兴价值观不能强加于人，也不能寄予厚望。Braithwaite 似乎认为，恢复性司法的原则属于最大化价值，即"不同形

[1] See Pranis, K., *Restorative values*. In G. Johnstone & D. W. V. Ness (Eds.), *Handbook of restorative justice*, Willan Publishing, 2007, pp. 59-74.

[2] See Braithwaite, J., *Restorative justice and responsive regulation*, Oxford University Press, 2002.

[3] See *United nations Office on Drugs and Crime*, *Handbook on Restorative Justice programmes*, 2006, p. 8.

[4] See Zehr, H., & Mika, H., *Fundamental principles of restorative justice*, In *The little book of restorative justice*, Intercourse, PA: Good Books, 2002, pp. 64-69.

式的愈合/恢复"，其中包括"财产损失的恢复和情感的恢复，以及更抽象的恢复，如尊严、同情和社会支持的恢复"。[1]

另外，必要将恢复性司法的原则与其价值观区分开来。虽然 Braithwaite 认为恢复性司法的原则是恢复性司法价值观的促进因素，但我们也同意 Zehr 的观点，即只有在基本价值观得到尊重的情况下，恢复性司法的原则才是有用的。[2]对于恢复性司法学者来说，价值观是恢复性司法的核心和最终目的。例如，Tschudi 认为尊严是最重要的价值观之一[3]，而 Zehr 则认为尊重是最基本的价值观[4]。Walgrave 将社会生活质量作为恢复性司法干预的理由（将共同的自身利益作为社会伦理基础）。他认为，对受害者造成的损害和对社会生活造成的损害都必须得到修复。[5]

以下讨论恢复性司法学者似乎达成共识的几种价值观，即尊重、包容和治愈。

1. 尊重

对人的尊重源于对其内在价值的认可和尊重。[6]首先，恢复性司法中对犯罪人的尊重与惩罚性刑事司法中对尊重的理解截然不同。虽然在传统的刑事司法领域，犯罪人被视为能够做出理性选择并预见其行为结果的道德主体，但这种责任是以一种消极的方式强加给他的。传统的诉讼程序不是将罪犯视为一个有尊严的完整的人，而是将其视为一个偏离主流社会的不正常的"他者"。他理应受到惩罚并承受痛苦。相比之下，恢复性司法承认犯罪人的行为造成了损害，但让犯罪人以建设性的方式积极弥补损害。恢复性司法程序通过与犯罪行为的受害者进行有意义的对话，引导犯罪人真正悔改和自责。而

---

〔1〕 See Braithwaite, J., *Principles of restorative justice. In A. v. Hirsch, J. v. Roberts, & A. Bottoms* (Eds.), *Restorative justice and criminal justice: Competing or reconcilable paradigms?*, Hart Publishing, 2003, pp. 1–20.

〔2〕 See Zehr, H., *The little book of restorative justice*, Intercourse, PA: Good Books, 2002.

〔3〕 See Tschudi, F., *Dealing with violent conflicts and mass victimisation: A human dignity approach. In I. Aertsen, J. et al., *Restoring justice after large-scale violent conflicts: Kosovo, DR Congo and the Israeli-Palestinian case*, Willan Publishing, 2008, pp. 46–69.

〔4〕 See Zehr, H., *The little book of restorative justice*, Intercourse, PA: Good Books, 2002.

〔5〕 See Walgrave, L., *Restorative justice, self-interest and responsible citizenship*, Willan Publishing, 2008.

〔6〕 See Walgrave, L. Restorative justice, self-interest and responsible citizenship, Willan Publishing, 2008.

传统的惩罚模式只是简单地通过判决和执行惩罚来阻碍这一过程。此外，除了对受害者和社区的责任之外，犯罪人的其他需求也必须得到承认。[1]

其次，还要给予受害者同等的尊重。恢复性司法给予受害者极大的关注，将受害者视为损害的第一承担者。受害者不再是一个抽象的人，而是一个有血有肉、社会可见的个体。与仅仅将受害者视为证人、社会公共利益的次要承担者不同，恢复性司法首先要问的是"受害者受到了什么损害"、"受害者需要什么"。在这一过程中，受害者的意愿和自愿得到充分尊重，例如，如果他感到不舒服，他可以随时退出这一过程。恢复性司法并不将物质赔偿视为受害者有权获得的唯一补救措施（这是一种深植于传统范式中的观念），而是解决受害者的物质、心理和精神需求。在恢复性司法会议中，受害者得到赋权（empowerment）。

《关于犯罪与司法：迎接二十一世纪的挑战的维也纳宣言》也承认了尊重的价值，即"制定尊重受害者、犯罪人、社区和所有其他各方的权利、需求和利益的恢复性司法政策、程序和方案"。[2]

2. 包容

恢复性司法方案的基本原则之一是，犯罪行为不仅触犯了法律，还损害了受害者和社区。在可能的情况下，解决犯罪行为后果的任何努力都应让犯罪人以及这些受害方参与进来。[3]Braithwaite 一直将恢复性司法的利益相关者范围定义为主要是"受害者、犯罪人和受影响的社区（包括受害者和犯罪人的家庭）"。[4]

理想的情况是犯罪人、受害者和受影响社区共同参与对话和谈判，并在其"统治范围"（dominion）内做出决定。受害者或其支持者是否应该出席这些会议？如果他们缺席或选择不参加（这似乎在大多数情况下都会发生）怎么办？在这种情况下，恢复性司法可能会失去其作为参与性程序的公信力。

---

〔1〕 See Zehr, H., *The little book of restorative justice*, Intercourse, PA: Good Books, 2002.

〔2〕 See *United Nations Office on Drugs and Crime*, *Handbook on Restorative Justice Programmes*, 2006, p. 1-2.

〔3〕 See *United Nations Office on Drugs and Crime*, *Handbook on Restorative Justice Programmes*, 2006.

〔4〕 See Braithwaite, J., *Setting standards for restorative justice*, British Journal of Criminology, Vol. 3, No. 42., 2002, pp. 563-577.

一些研究人员否认了在受害者一方缺乏参与的情况下会议的"恢复性"。[1]然而，另一些研究者从恢复性结果的角度出发，支持会议的"恢复性"，即使会议过程并不令人满意。[2]

尽管如此，包容性作为恢复性司法的基本价值已被广泛接受。利益相关者的参与价值可能是恢复性司法中的调解有别于传统程序中的裁决的原因。

3. 治愈

在刑法的范围内，传统上认为当罪犯受到惩罚时，正义才算完成。惩罚可以满足复仇的欲望，平息愤怒的情绪，但惩罚之后会发生什么呢？犯罪人在服刑，受害者仍在观望，社区仍被扰乱和破坏。恢复性司法倡导者呼吁以积极的方式纠正错误。

在"错误"和"损害"之间存在着裂痕。传统的惩罚范式建立在"错误"的概念之上——违法行为是对法律和公共利益的侵犯——但恢复性司法关注的是"损害"（harm）。根据 Walgrave 的说法，"损害"适用于个人、关系和社区层面。[3] Duff 认为，违法行为不仅会影响特定或一般公民的关系，还会引起公众的关注；违法行为应超出"损害"的范围，应被视为"错误"。在他看来，恢复可以也应该包括惩罚。[4]然而，文明论认为，惩罚只会产生更多的损害，因此应予以压制甚至废除。[5]尽管恢复性司法倡导者与"公正模式"（Just deserts）信徒之间以及恢复性小组内部存在争论，但似乎许多人都同意恢复性司法的目的是治愈（healing）。

治疗的具体形式是一次成功的会面或会议的结果。通过这些会面促成的道歉和宽恕标志着受到损害的关系的恢复，尽管任何人在此过程中不应受到

---

〔1〕 See Zinsstag, E., & Vanfraechem, I., *Conferencing and restorative justice*, Oxford University Press, 2012.

〔2〕 See Walgrave, L., *Restorative justice, self-interest and responsible citizenship*, Willan Publishing, 2008.

〔3〕 See Walgrave, L., *Restorative justice, self-interest and responsible citizenship*, Willan Publishing, 2008.

〔4〕 See Duff, R. A., *Restorative punishment and punitive restoration*. In L. Walgrave（Ed.）, *Restorative justice and the law*, Willan Publishing, 2002, pp. 82-100.

〔5〕 See Dignan, J., *Understanding victims and restorative justice*, Open University Press, 2005. Dignan, J., *The victim in restorative justice*. In S. Walklate（Ed.）, *Handbook of victims and victimology*, Willan Publishing, 2007, pp. 309-332.

强迫。双方的满意程度表明，在某种程度上，他们的感情和需求得到了恢复和治愈。

以上讨论的价值绝不是确定的或包罗万象的。恢复性司法是一种不断发展的实践，它有或将有自己的起伏。恢复性司法在西方社会蓬勃发展，并借鉴了土著社区的经验，为现代工业化民主国家理解犯罪和应对犯罪提供了一个极其重要的框架。[1]鉴于只关注其理论视角似乎会造成更多的混淆而非澄清，以下将阐述恢复性司法在程序上的处理。

二、恢复性司法在程序上的处理

通常认为，世界上第一个现代意义上的恢复性司法案例于 1974 年发生在加拿大安大略省基奇纳市。该市的两个年轻人实施了一系列破坏性的犯罪，他们打破窗户、刺破轮胎，损坏教堂、商店和汽车，共侵犯了 22 个被害人的财产权。在法庭上，他们承认了被指控的罪行，但后来却没有将法院判决的对被害人的赔偿金交到法院。在当地缓刑机关和宗教组织的共同努力下，这两名犯罪人与 22 名被害人分别进行了会见，通过会见，两人从被害人的陈述中切实了解到自己的行为给被害人造成的损害和不便，并意识到赔偿金不是对自己行为的罚金，而是给被害人的补偿，于是 6 个月后，两人交清了全部赔偿金。[2]

恢复性司法模式是针对传统刑罚理念的一场革命，是对传统报应性司法的反思与革新。传统刑事诉讼程序的核心问题是"行为触犯的是什么法律""谁实施的行为"以及"行为人应得到什么样的处理"。在正常的刑事诉讼程序中，通过被告人的认罪或是法庭调查确认被告人有罪的过程，解决了前两个问题，再由法官根据相关的法律规定回答最后一个问题。这些程序的重点都围绕着防止再犯和剥夺犯罪人的权利、恢复已遭到破坏的法益以及惩罚犯罪人展开。

恢复性司法则从另一种不同的思路出发，提出了另外三个问题："谁是被害人""他们的需要是什么"以及"这些是谁的责任"。第一个问题从违法行为是

---

〔1〕　See Umbreit, M. S., et al. , *Victim meets offender*: *The impact of restorative justice and mediation*, Criminal Justice Press, 1994.

〔2〕　参见刘仁文：《恢复性司法与和谐社会》，载《福建公安高等专科学校学报》2007 年第 1 期。

否已经被证明转变为考察违法行为所造成的损害。第二个问题把注意力从被告人转移到了被害人及社会之上，在对犯罪行为的这种思考模式下被害人成为中心问题。第三个问题强调犯罪人应承担的责任及作出补偿的需要。[1]

恢复性司法模式被认为有利于缓解西方国家法院案件积压、监狱人满为患的困境，而且在吸纳公众参与司法活动并促进司法活动的透明公开、尊重被害人权利以及降低重新犯罪率等方面具有成效。在解决现代刑事问题的过程中，恢复性司法代表了一条理论内核坚定、实践丰富多样的正义路径（pathway to justice）。在许多西方国家，恢复性司法理念也在实践中得以展开，表现为处理刑事事务（criminal matters）的不同程序与进路。各国的刑事司法系统各有不同，但根据 2020 年《恢复性司法项目指导手册（第二版）》，恢复性司法项目在以下环节中发生并展开[2]：

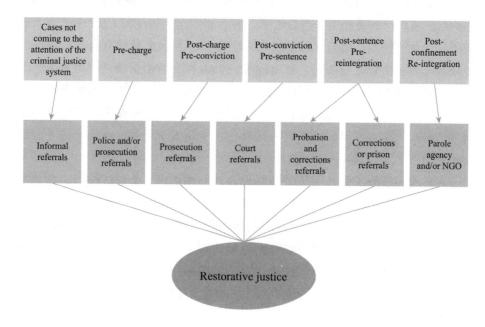

1. 起诉前的转处

在起诉前，恢复性司法项目可以让犯罪嫌疑人较少受到标签化的影响。

────────────

[1] See Zehr, H., *Changing Lenses: A new focus for crime and justice*, Herald Press, 1990.

[2] See United Nations Office on Drugs and Crime, *Handbook on Restorative Justice Programmes*, 2020, p. 41.

在这个阶段，恢复性司法项目一般针对严重性不高的犯罪、儿童或青少年犯罪，以及初次犯罪者。由于一些犯罪并不必然含有被害人，或者这些犯罪对被害人的影响极小，被害人也较少参与到恢复性司法项目中。

警察主导的恢复性司法项目在一些国家快速发展，并且警察对恢复性司法项目的支持也在增加。有研究表明，一些警察接受了恢复性司法作为积极社区警务的工具，尽管它有时会增加警察的负担。[1]

2. 审判和量刑阶段

量刑圈的模式是恢复性司法在这个阶段的具体实践。除此之外，法院可以决定暂缓量刑，从而将被告人转至社区里的恢复性司法项目。参加这些恢复性司法项目的结果也会通知到法院，影响最终的量刑结果。

3. 量刑后的阶段

在法院量刑之后，尤其针对一些严重罪行的犯罪人，可以参加监狱或社区的恢复性司法项目。尽管这些项目主要关注犯罪人的顺利回归社会，但它也能消减犯罪对被害人的影响。监狱内的恢复性司法项目能够帮助犯罪人重建其与家庭的联系，帮助他们回归到社区，但是也面临一些质疑，尤其是在恢复性司法原则的制度化方面。并且，被害人的参与也会受到限制。

恢复性司法作为程序上的安排，必然与传统刑事司法程序产生交织、共振。那么它能否与后者良好磨合，产生理想的效果？这个问题恐怕难以回答。毕竟何谓理想的效果，存在不同的判断标准。域外通常以"再犯率"和"被害人满意度"为评估标准，但这也会存在指标单一、操作性不强等问题。无论如何，恢复性司法旨在对犯罪人和被害人给予充分关注，其在刑事司法中的目标始终以降低标签化、促进人的康复和社会回归为最大追求。

三、我国对恢复性司法的引介与关注

根据吴宗宪等学者的观察，我国的恢复性司法经历了三个阶段：引入和初

---

　　[1] See Gavin, P., MacVean, A., "Police Perceptions of Restorative Justice: Findings from a small-scale study", *Conflict Resolution Quarterly*, Vol. 36, No. 2, 2018, pp. 115-130; See Clamp, K., Paterson, C., *Restorative Policing: Concepts, Theory and practice*, Routledge, 2017. 转引自：United Nations Office on Drugs and Crime, *Handbook on Restorative Justice Programmes*, 2020, p. 42.

步研究；深入评估和高层次关注；以及立法和进一步发展。[1]

第一阶段是恢复性司法的概念和内容首次引入及初步研究的阶段。该阶段始于 2002 年，一直持续到 2008 年中期。吴宗宪在中国大陆首次发表了一篇系统引介恢复性司法的论文——《恢复性司法述评》。[2]该论文包括七个部分：（1）恢复性司法的概念；（2）恢复性司法的特征；（3）恢复性司法的基本理念；（4）恢复性司法的历史与现状；（5）恢复性司法与传统司法的比较；（6）恢复性司法的运作模式；（7）恢复性司法的效果。该论文的主要贡献有三个方面：首先，为"restorative justice"创造了中文术语"恢复性司法"；其次，系统回顾了以前关于恢复性司法的文献；第三，评估了恢复性司法的效果并得出积极的结论。通过该论文的介绍，读者首次了解了恢复性司法的概念。此后，恢复性司法这个术语在中国大陆逐渐流行起来。

在 2002 年 4 月 16 日至 25 日出席了联合国犯罪预防和刑事司法委员会第 11 届会议后，来自最高人民检察院的李忠诚也发表了一篇有关恢复性司法的论文。他根据在会议上的学习，对联合国在恢复性司法方面的工作进行了简要概述，并回顾了相关文献。[3]此后，引介和讨论恢复性司法的文章逐渐增多。

2004 年 6 月，中国政法大学恢复性司法研究中心成立。该中心已编辑和出版了三卷《恢复性司法论坛》、翻译和出版了六本书，并多次举办恢复性司法理论与实践研讨会。

2006 年 7 月，南京大学犯罪预防与控制研究所和南京市人民检察院共同成立了恢复性司法研究基地。这是中国南方首个由大学和刑事司法机构共同建立的恢复性司法研究基地，在促进中国恢复性司法研究和实践方面发挥了积极作用。[4]

2006 年 9 月 27 日，中国政法大学恢复性司法研究中心与司法部《犯罪与改造研究》杂志社联合举办了一次关于恢复性司法的研讨会。研讨会讨论了

---

〔1〕 See Wu, Z., S. Wu, "The Past, Present, and Future of Restorative Justice in the Chinese Mainland: A Systematic Review of Chinese Literature," *Asian Journal of Criminology*, Vol. 18, No. 2, 2023, pp. 89–112. 该文对恢复性司法在我国的发展历程进行了全面而细致的梳理，故这里以此文章的梳理为基础。

〔2〕 参见吴宗宪：《恢复性司法述评》，载《江苏公安专科学校学报》2002 年第 3 期。

〔3〕 参见李忠诚：《关于恢复性司法方案中的几个问题》，载《中国律师》2002 年第 9 期。

〔4〕 参见王平：《恢复性司法在中国的发展》，载《北京联合大学学报（人文社会科学版）》2016 年第 4 期。

恢复性司法的性质和价值观、适用范围和方法、未来以及现存问题。[1]2007年4月21日，山东大学法学院主办了"恢复性司法理论国际研讨会"。会议的主题涵盖了恢复性司法的诸多方面，包括理论基础、价值判断、模式和实施方式，以及将恢复性司法引入到中国的可行性。[2]中国犯罪学学会还连续四年（2005年至2008年）举办恢复性司法研讨会。这一时期的学术研究对基层刑事司法机构产生了影响。在一些地区，基层机构的决策者开始出台关于恢复性司法的规定。

在发展的第二阶段，即2008年12月开始，国内对恢复性司法进行了更深入的研究和评估。当时中共中央转发的中央政法委《关于深化司法体制和工作机制改革若干问题的意见》。该意见要求地方刑事司法机关积极探索将受害人与犯罪嫌疑人和解手段运用于民事诉讼和其他轻微犯罪案件中。[3]2009年12月，中共中央办公厅和国务院办公厅转发了中央政法委、中央维护稳定工作领导小组发布的《关于深入推进社会矛盾化解、社会管理创新、公正廉洁执法的意见》。该意见指出，在处理三类案件时应探索采用受害人与犯罪嫌疑人和解手段：因民间纠纷引起的一般治安案件、轻微刑事案件、交通事故案件。这三类案件已不全是刑事案件，还包括一般的治安案件。[4]

2010年2月5日，最高人民检察院发布了《关于深入推进社会矛盾化解、社会管理创新、公正廉洁执法的实施意见》。该意见鼓励在轻微犯罪案件中采用和解方式解决，要求明确和解条件、适用范围和程序。对犯罪嫌疑人认罪悔过、赔礼道歉、积极赔偿损失并得到被害人谅解或者双方达成和解并切实履行，社会危害性不大的，可以依法不予逮捕或者不起诉。

在此期间，关于恢复性司法的研究迅速增加。随着更深入的研究进行，出版物数量达到了高峰，每年发表的文章超过100篇。从法律视野下进行的刑事和解实证研究如雨后春笋般涌现。宋英辉等人的研究团队针对刑事和解

---

〔1〕　参见何显兵、郝方昉：《恢复性司法理论与实践在中国的发展》载《犯罪与改造研究》2006年第12期。

〔2〕　参见于改之、崔龙娆：《"恢复性司法理论国际研讨会"综述》，载《华东政法大学学报》2007年第4期。

〔3〕　参见王平：《恢复性司法在中国的发展》，载《北京联合大学学报（人文社会科学版）》2016年第4期。

〔4〕　参见王平：《恢复性司法在中国的发展》，载《北京联合大学学报（人文社会科学版）》2016年第4期。

进行了广泛的实地调查，分发问卷，与刑事司法实务人员、被告人、被害人进行访谈，并观察案件的解决过程。

在发展的第三阶段，恢复性司法被纳入法律体系。这一阶段始于 2012 年 3 月 14 日，立法机关修正了《刑事诉讼法》，增加了"当事人和解的公诉案件诉讼程序"一章（第五编第二章）。这在全国范围内正式将刑事和解列入立法。这一立法大大激励了恢复性司法的研究和实践。在刑事和解被立法后，更多的教材和论文开始讨论刑事和解和恢复性司法之间的关系。

2020 年 3 月 3 日，中共中央办公厅和国务院发布了《关于构建现代环境治理体系的指导意见》。该指导意见呼吁探索建立一种"恢复性司法实践+社会化综合治理"的审判结果执行系统。

2020 年 5 月 28 日，全国人民代表大会通过了《中华人民共和国民法典》。根据第 233 条的规定，物权受到侵害的，权利人可以通过和解、调解、仲裁或诉讼等途径解决。

2021 年 6 月 16 日，最高人民法院和最高人民检察院共同发布了《关于常见犯罪的量刑指导意见（试行）》。该指导意见规定，对于按照刑事诉讼法第 288 条规定达成刑事和解的案件，法院应考虑犯罪性质、赔偿数额、赔礼道歉和真诚悔罪等因素，可以减少基准刑的 50% 以下。如果犯罪较轻的，则可减少基准刑的 50% 以上或免除处罚。对于认罪认罚的被告人，法院应考虑犯罪的性质、罪行的轻重、认罪认罚的阶段、程度、价值、悔罪表现等情况，可以减少基准刑的 30% 以下；具有自首、重大坦白、退赃退赔、赔偿谅解、刑事和解等情节的，可以减少基准刑的 60% 以下，犯罪较轻的，可以减少基准刑的 60% 以上或者依法免除处罚。认罪认罚、自首、退赃退赔、赔偿谅解、刑事和解、羁押期间表现好等量刑情节将不作重复评价。

四、我国的恢复性司法实践及其研究

作为一项新的司法举措，恢复性司法引起了我国学术界和刑事司法系统的广泛关注。在我国，人民调解已经实施了几十年，可以追溯到 20 世纪 30 年代农民运动之后。为了获得大众支持和维持其政治制度，我党在农村地区

探索由民众自己解决纠纷的调解机制。[1]然而，直到 2010 年颁布《中华人民共和国人民调解法》时，我国才建立了第一个国家法律制度来规范人民调解。人民调解由人民调解委员会组织协调利益相关方在民事纠纷中通过说服、对话和协商自愿达成协议。到 2021 年，人民调解已解决了 931 万起民事纠纷。[2]

　　除了人民调解之外，起源于 20 世纪 80 年代的帮教也是中国重要的恢复性司法项目。帮教为居民提供指导、帮助和教育，特别是那些犯有轻微罪行并从惩教机构释放的未成年人。这是一种以社区为基础的补救和预防措施，用于控制犯罪，而不是行政处分或司法惩罚。[3]帮教的组织形式以帮助小组为主，由犯罪者的重要他人（例如父母或亲戚）、社区委员会成员和派出所的警察组成。[4]John Braithwaite 将帮教视为"支持性社区重新融入委员会"[5]，正如 Mok 所解释的："这个词暗示了社区在恢复这些不良青年时的重大参与，通过接纳他们回到社区，以及通过为他们提供各种服务。"[6]

　　中国恢复性司法改革的另一个里程碑是 2012 年刑事和解被写入《刑事诉讼法》作为一种特别程序，全国范围内的刑事和解正式启动。刑事和解旨在通过直接对话或由调解人协助进行的穿梭对话，将受害人和犯罪者聚集在一起，达成和解协议，补偿损失，并向受害人赔偿。刑事和解的立法和实践表明我国的犯罪治理从过去的惩罚性思维（"严打"）向更中和的"宽严相济"原则转变，以此解决社会矛盾、维护社会稳定与和谐。

　　恢复性司法的目标和价值观在中国社会已存在数千年。恢复性司法的目

　　〔1〕　See Lubman, S., "Mao and mediation: Politics and Dispute Resolution in Communist China", *California Law Review*, Vol. 55, No. 5, 1967, pp. 1284-1359. See Mo, J. S., "Understanding the Role of People's Mediation in the Age of Globalization", *Asia Pacific Law Review*, Vol. 17, No. 1, 2009, pp. 75-88.

　　〔2〕　National Bureau of Statistics of China, *China Statistical Yearbook* (2022), China Statistics Press, 2022.

　　〔3〕　See Lu, H., "Bang Jiao and Reintegrative Shaming in China's Urban Neighborhoods", *Interna-tional Journal of Comparative and Applied Criminal Justice*, Vol. 23, No. 1, 1999, pp. 115-125. See Zhang, L., et al., "Crime Prevention in a Communitarian Society: Bang-Jiao and Tiao-Jie in the People's Republic of China", *Justice Quarterly*, Vol. 13, No. 2, 1996, pp. 199-222.

　　〔4〕　See Messner, S. F., et al. "Neighborhood Crime Control in a Changing China: Tiao-Jie, Bang-Jiao, and Neighborhood Watches", *Journal of Research in Crime and Delinquency*, Vol. 54, 2017.

　　〔5〕　See Braithwaite, J, *Macrocriminology and Freedom*, ANU Press, 2022, p. 39.

　　〔6〕　See Mok, B, "Community care for delinquent youth: The Chinese approach of rehabilitating the young offenders", *Journal of Offender Counseling, Senicesand Rehabilitation*, Vol. 15, No. 2, 1990, p. 12.

标——注重改造犯罪者和恢复对受害人的伤害，与传统的中国文化特别是儒家思想相契合。儒家思想起源于古代中国的伦理和哲学体系，强调仁、义、和谐等道德价值观。儒家主张以一个被称为"礼"的等级机制的不成文规则来治理帝国，为社会和谐和稳定奠定了基础。在"礼"的体系内，人们被告知按照尊敬长辈（父母或长者）和为社会的集体福祉（家庭或宗族）自我牺牲的高道德标准去生活。如果每个人都遵守"礼"，一切都会自然和谐有序，促进并保持人与人、人与自然的和谐。儒家思想谴责诉讼，认为它是一种可能破坏"礼"创造的和谐秩序的冲突形式。《论语》记载了孔子反对诉讼的倾向。子曰："听讼，吾犹人也，必也使无讼乎！"儒家鼓励个人通过调解私下解决纷争，必要时，让扩大的家族、宗族和行会协助解决争端。在儒家的支持下，调解作为解决纷争的方式在古代中国社会普遍存在。

（一）我国刑事司法系统中的恢复性司法实践和程序

在我国刑事司法系统的每个阶段，即侦查阶段，审查起诉阶段，审判阶段或刑罚执行阶段，恢复性司法（主要以各种调解程序的形式）都有广泛的实践。这些程序对涉案人员的影响和结果各不相同。

1. 公安调解

与许多国家类似，并非所有的刑事案件都会被起诉或审判。恢复性司法在公安阶段被用于处理源于民事争议的轻微犯罪，作为解决冲突和防止其升级的手段。我国各地的公安部门已经建立起一个巨大的网络，解决公民的日常问题，并通过不同的调解程序将冲突转移出刑事司法系统。

首先，我国公安负责主持民众之间的民事纠纷调解会议。公安进行民事调解工作的唯一法律依据是 1995 年的《中华人民共和国人民警察法》，该法规定当人们寻求解决争议时，警察应提供帮助。最近的一项研究显示，中国某地方派出所在 2016 年 7 月至 12 月期间登记了 203 起案件，其中包括 71 起民事纠纷，7 起公共秩序案件，以及 125 起公民寻求援助的案件。[1] 然而，这些数据可能无法准确反映现实，因为许多民事纠纷即使没有登记也可能由公安当场调解。

---

[1] See Zhang, Y., "Police Discretion and Restorative Justice in China: Stories from the Street-level Police", *International Journal of Offender Therapy and Comparative Criminology*, Vol. 65, No. 4, 2012, pp. 498 -520.

其次，公安负责对公共秩序进行调解。公共秩序调解的法律依据可以追溯到 1986 年《中华人民共和国治安管理处罚条例》的颁布。该条例规定，对于由于民事争议而违反公共秩序管理但未触犯刑法，社会影响较小的案件，警察可以进行公共秩序调解。1996 年，全国人民代表大会通过了《行政处罚法》，该法正式确认了公共秩序调解的法律地位，将公共秩序调解定义为由公安部门主持的一种机制，通过劝说和教育的方式鼓励各方负责任并自愿达成协议。

根据 2012 年修订的《刑事诉讼法》，公安可以主持刑事和解。适合刑事和解的案件是由民间纠纷引起的涉嫌刑法分则第四章、第五章犯罪，可能判处三年有期徒刑以下刑罚的，或者除渎职犯罪以外的可能判处七年有期徒刑以下刑罚的过失犯罪案件。在实践中，故意伤害和交通肇事占据通过刑事和解处理的大部分案件。为了达成协议，肇事者一方必须表现出真诚的悔过，并通过赔偿和道歉的方式得到受害人的原谅，受害人自愿接受该协议。当各方达成协议后，公安可以向检察官提议从轻处理。

2. 起诉和法院阶段的调解

2012 年的《刑事诉讼法》允许已经被起诉或正在法庭审理的刑事案件采取刑事和解。当接收到由公安转移过来的案件时，检察官将直接起诉那些无法适用刑事和解的案件。同时，对于适用刑事和解的案件，一般存在以下情况：（1）当事人不愿参加公安的和解；（2）公安和解后当事人未达成协议；（3）公安已经对其进行了和解。在前两种情况下，可以应当事人或其律师的请求继续进行和解。在最后一种情况下，检察官可以作出不起诉的决定或向法官建议从轻判处。

检察官主持的刑事和解目前主要是由认罪认罚所驱动。认罪认罚与西方的辩诉交易有所不同，因为认罪认罚是建立在犯罪者承认其所犯罪行和自愿接受检察官的量刑建议的基础之上。检察官有义务听取受害人的意见，而受害人和犯罪者之间的和解在从宽处罚时是一个重要因素。

在公安移交给检察官的案件中，符合刑事和解条件的案件要么通过检察官的从宽量刑建议和解，要么是利益相关方不愿意参与或未能就和解达成协议的案件。在这个阶段，法官认可根据检察官的建议作出最终量刑，或者他们可能会在量刑前主持一次刑事和解。2013 年，最高人民法院颁布了首个《关于常见犯罪的量刑指导意见》，试图规范法官的量刑决策。根据该指导意见，能够积极赔偿受害人并获得其谅解的犯罪者将获得最高 40% 的减刑。刑事和解也被规定为一个单独的量刑因素，如果犯罪者表现出真诚的悔意和悔罪，可以将基准刑期减少50%。

3. 量刑后阶段

恢复性司法的传统重点在量刑前阶段，在这个阶段，犯罪人有机会会见受他们不当行为影响的受害人或社区成员。自21世纪初推广社区矫正，尤其是2019年《社区矫正法》的颁布，恢复性司法在量刑后阶段的使用应受到关注。社区矫正适用于被判处拘役或管制、缓刑，或被决定假释或者暂予监外执行的罪犯。社区矫正对象必须遵守规则，并参加一些教育或心理项目，被告人"有义务"参加。正如社区矫正工作者所认识到的那样，为了促进他们重新融入社会，社区矫正对象正视他们的"罪犯"身份，承认他们对他人和社会造成的伤害，并赔偿损失是很重要的。然而，困难在于社区矫正对象认为判决就是代价，因而不愿意做出额外努力。为了使恢复性司法在矫正实践中得到广泛应用，政策制定者需要考虑如何在恢复目标与矫正目标之间取得平衡。

（二）我国恢复性司法的研究与评估

部分学者将调解项目建立在中国传统法律文化和哲学之上，将儒家思想（例如，非诉和社会和谐）与恢复性司法价值观融合。另外一部分研究则关注中国的人民调解作为群众自治性解决纠纷的机制。此外，部分学者关注我国近三十年来的重要司法改革，即从20世纪末的"严打"过渡到21世纪初和谐社会背景下的宽严相济政策。刑事和解的制度化代表了"从宽"的一端。

虽然这些文献从宏观角度丰富了我们对我国恢复性司法的理解。然而，针对我国恢复性司法的实证研究还比较匮乏。基于对我国公安调解的调查，我国一线警察在是否进行调解以及如何调解纠纷方面严重依赖于自身的裁量权。[1]也有研究表明，我国实施恢复性司法的方式确实使众多犯罪者免于更严厉的监禁，这种程度是西方几乎无法观察到的。[2]此外，民众参与人民调

---

〔1〕 See Zhang, Y., "Police Discretion and Restorative Justice in China: Stories from the Street-level Police", *International Journal of Offender Therapy and Comparative Criminology*, Vol., 65, No. 4. 2021, pp. 498 –520.

〔2〕 See Zhang, Y., Xia, Y., "Can Restorative Justice Reduce Incarceration? A Story from China", *Justice Quarterly*, Vol. 38, No. 7, 2021, pp. 1471-1491.

解和帮教项目的比率仍然可以解释我国较低的犯罪率。[1]另一项研究则指出，中国基于社区的药物治疗在很大程度上是一种形式主义的应对性调节机制，该机制优先考虑非惩罚性措施，旨在实现对吸毒者的恢复和再融入而不受社会的孤立。然而，由于缺乏专业治疗和适当的准备，监管机制既未能支持又未能威慑药物滥用者。[2]公司犯罪也受到恢复性司法学者的越来越多的关注。近年来，我国政府将恢复性司法理念纳入解决环境损害的问题中，依靠恢复性司法来协调各利益相关者的利益。[3]

我国的调解和恢复性司法有时被讨论和比较为两种独立的制度。我国的调解被认为是强制性的，因为调解人可以在利益相关者的决策中积极强加自己的建议，包括要求双方接受协议。它也因为赋予集体利益（尤其是社会稳定）优先于个体需求而受到批评，这在恢复性司法和调解之间存在根本区别。在关于警察调解的另一项研究发现，调解并不是作为自由表达的空间来使用，而是用于通过道德教育激发民众，从而维护政治控制和社会稳定，这与理想化的恢复性司法的追求背道而驰。[4]与此相一致，另有研究显示，我国法官将刑事和解更多地用作量刑工具，以促进受害人和犯罪者就赔偿金额达成共识。警察调解也倾向于运用强制性策略，如强加心理负担，以迫使利益相关者按照有序和更快的方式达成协议。总体而言，在刑事和解的实际实施中，在一定程度上偏离了恢复性司法的理想，边缘化和牺牲了利益相关者的利益。

五、恢复性司法与轻罪治理

我国当下的轻罪治理也呈现多种面貌，下面以报纸报道的我国各地的轻

---

[1] See Messner, S. F., et al., "Neighborhood Crime Control in a Changing China: Tiao-Jie, Bang-Jiao, and Neighborhood Watches.", *Journal of Research in Crime and Delinquency*, Vol. 54, No. 4., 2017, pp. 544-574.

[2] Yuan, X., L. Liu, "Non-compliance or What? An Empirical Inquiry into the Regulatory Pyramid of Chinese Drug Users. *Asian Journal of Criminology*, Vol. 18, No. 2, 2023, pp. 155-170.

[3] Jiang, J., Chen, Z., "Victim Welfare, Social Harmony, and State Interests: Implementing Restorative Justice in Chinese Environmental Criminal Justice", *Asian Journal of Criminology*, Vol. 18, No. 2., 2023, pp. 133-153.

[4] See Martin, J. T., Zhou, L., "Restoring Justice or Maintaining Control? Revolutionary Roots and Conservative Fruits in Chinese Police Mediation", *Asian Journal of Criminology*, Vol. 18, No. 2., 2023, pp. 171-188.

罪治理探索为例，勾画出实践层面的轻罪治理。

据报道[1]，J市在政法委领导下，由检察院、公安、法院、司法局联合成立了"一站式"轻罪治理中心。轻罪治理中心架构在J市侦监协作办公室和刑事案件快速办理中心之上，对全市可能判处三年以下有期徒刑的刑事案件，原则上在刑事案件快速办理中心侦查、审查、审判。轻罪治理中心则集聚公检法司力量，轻罪案件得以"侦、诉、审、执、监"集约协同办理。为减轻当事人诉累，J市公检法司联合出台《关于提升轻罪案件办理质效推进社会治理现代化的意见》，嵌入繁简分流、提前介入、刑事和解、赔偿金提存、实质化法律帮助等机制，确保高质效办好轻罪案件。

以一则案子为例：21岁的大学生刘某明知他人使用银行卡用于实施信息网络犯罪活动，仍提供自己名下的银行卡供他人转账并从中非法获利，因涉嫌帮助信息网络犯罪活动罪被公安机关刑事拘留。该案移送至J市检察院后，因事实清楚、证据充分，作为"简案"被流转至轻罪治理中心。该案在侦查阶段时，公安机关委托司法局启动社区矫正评估前置程序，对犯罪嫌疑人开展社会调查。承办检察院受理案件时，便能全面了解犯罪嫌疑人基本情况。从受理案件到宣布不起诉，历时仅1个月。

效率虽然是一方面，但并不是治理要追求的唯一目标。以J市轻罪治理中心办理的另一个案子为例：2021年12月13日上午，李某与同事季某因装货问题发生口角，继而互殴。经鉴定，季某左肱骨大结节粉碎性骨折，损伤程度为轻伤一级。李某自愿认罪认罚，且愿意积极赔偿被害人，但由于双方对赔偿金额无法达成一致，案件一度陷入僵局。[2] 对此，J市检察院牵头市公安局、法院、司法局共同出台刑事案件赔偿保证金提存制度。"本单位已收到李某缴纳的赔偿保证金3万元，并存入赔偿保证金专户。"J市公证处向J市检察院发来《赔偿保证金存入银行通知书》，季某也向李某出具了谅解书，这起矛盾最终化解。对此，J市检察院认为案结事了是轻罪案件处理的追求，该市还出台了《关于轻罪案件矛盾纠纷多元化解的工作意见》，将合力化解矛盾作为轻罪案件办理的重要环节。

---

〔1〕 参见丁国锋、玄晓霞：《江阴检察探索建设"一站式"轻罪治理中心以轻罪治理推进社会治理》，载《法治日报》2023年9月7日，第3版。

〔2〕 这样的案例在司法实践中很常见。

以下是湖北省某地的案例[1]：

2022年8月，曹某家中小孩在家拖桌椅发出声响，影响了楼下李某睡觉。李某遂找上门来讨说法，两人发生口角，曹某愤怒之下，使用木棍、凳子对李某进行殴打，导致李某肋骨骨折，后鉴定为轻伤。曹某不仅面临着刑罚之祸，邻里关系也势同水火。

案件移送到团风县检察院后，承办检察官考虑到该案系邻里矛盾偶然引发的轻微伤害案，犯罪嫌疑人曹某系初犯，犯罪情节轻微，同时曹某是家中唯一劳动力，还有一个孩子需要抚养，决定尽力促成双方和解。

经过检察官释法说理，曹某主动道歉认错，表示愿意赔偿李某并争取谅解。但面对李某提出的5万元赔偿金，手头拮据的曹某无力支付，调解一时陷入僵局。

检察官决定启动检调对接工作程序，与县矛盾纠纷多元化解中心（以下简称"县矛调中心"）对接，依托县矛调中心专家库调解资源，邀请两名专家介入该案调解，与双方当事人当面摆事实讲道理。

经过调解员情与法的劝说，曹某现场诚恳向李某道歉，李某将赔偿金额降至2.5万元。最终，双方自愿达成了刑事和解。该院考虑到曹某认罪认罚、与对方达成和解等因素，遂对其作出不起诉决定。

轻伤害等轻微刑事案件虽小，却极易引发矛盾纠纷。自2021年10月入驻团风县矛调中心后，该院主动融入"大调解"格局，选派业务骨干组成检调团队，参与接待群众来访及矛盾化解工作，对轻刑案件实行"一体化"办理、"多元化"调处，努力把矛盾纠纷化解在小，化解在早，实现案结事了人和。

《法治日报·法治周末》一篇题为《跳出案件看案件 梁子湖检察推进轻罪治理现代化》报道了这样的一个案例：[2]

因女儿的户口尚未从前夫户口本中分离，"单亲妈妈"吴某某为图"省事"，尽快给女儿办理入学手续，便花钱找人伪造户口页。2022年7月，吴某某因涉嫌伪造国家机关印章罪，被移送当地检察院审查起诉。办理该案的检

---

〔1〕　参见《湖北：能动履职奏响轻罪治理和谐乐章》，载《检察日报》2023年2月26日，第3版。

〔2〕　参见《跳出案件看案件 梁子湖检察推进轻罪治理现代化》，载 http://m.legalweekly.cn/zfdt/2023-09/07/content_8898101.html，最后访问日期：2023年11月30日。

察官产生了"罪"与"非罪"两种意见。经慎重研究，检察院认为，吴某某并非企图通过伪造国家机关证件达到非法目的，其动机仅是为了避免与前夫联系，可认定为"情节显著轻微危害不大，不认为是犯罪"；同时，吴某某系个体工商户，即使作相对不起诉处理，也可能影响其经营及子女就业。2022年9月，该院适用《刑法》第13条但书，对吴某某作出法定不起诉决定，并建议公安机关给予行政处罚。该案也被当地省检察院评选为"贯彻宽严相济刑事政策准确、办案效果良好"的典型案例。

以上案例诠释了地方刑事司法机关探索轻罪案件快速处理的实践。然而，轻罪治理不仅仅是轻罪案件的处理，更不等同于后者。这从下面这段话可以看出来：

"轻罪治理的目的重在化解矛盾纠纷，维护和恢复社会秩序。我们注重发挥认罪认罚从宽制度在化解矛盾纠纷方面的积极作用，通过督促犯罪嫌疑人认罪悔过、退赃退赔，提升认罪认罚案件办理质效，夯实轻罪治理的基础。注重被害方权益保障，充分听取和考虑被害方的诉求，通过释法说理、公开听证、司法救助，促进和解、谅解，努力实现案结事了人和。注重对轻罪案件发生原因的'见微知著'，通过制发检察建议、典型案例等方式促进堵漏建制，预警社会、警示犯罪，促进从源头上防范相关案件的发生。"[1]

那么从我国轻罪治理的实践来看，它与域外的恢复性司法究竟有哪些契合之处？轻罪治理代表着我国刑事司法理念的转变，对传统"治罪"模式的刑事程序进行了某种调整或革新，重视双方当事人的意愿、感受，通过化解矛盾，实现对被害人的弥补以及双方关系的恢复。这与西方的针对现行刑事司法制度进行改革的恢复性司法，似乎存在某种理念上的契合。

（一）轻罪治理与恢复性司法的契合

轻罪治理与恢复性司法都针对罪，而不是普通的民事纠纷。罪意味着该纠纷含有社会危害性，而不完全是私人之间的事务。二者都强调对罪的全面解决，彻底化解双方当事人之间以及被告人与社区之间的矛盾。传统模式下仅追求治罪，"一判了之"或"一关了之"。在域外，这种模式下显现的后果表现为监狱人口上升、再犯率居高，于是不得不设计出风险评估来对犯罪人

---

〔1〕 参见蒋长顺等：《以轻罪治理为着力点提升社会治理法治化水平——专访二级大检察官，湖北省检察院党组书记，检察长王守安》，载《检察日报》2022年12月19日，第1版。

口进行有效筛别，使得刑罚沦为一种管理模式。我国在追求治罪的模式下，也承担了一系列负面后果。轻罪入刑便是追求治罪模式下的产物。轻罪入刑当然有其更深刻的社会转型背景、公众焦虑以及政策考量的因素，但直接的因素是长期的治罪模式。这种治罪模式有较文雅的名称——"积极刑法观"，但实质是刑法突破了作为社会防卫的最后一道防线。[1]

积极刑法观的潜在前提是发挥刑法治理社会的工具价值，其所带来的弊端已经现实可见。以危险驾驶罪为例。根据最高人民法院工作报告，2013 年全国法院审结的危险驾驶罪案件数量为 9 万件，居当年刑事犯罪案件数量的第三位，占当年法院审结的全部刑事案件总数的 9.5%；2020 年上述数据分别为 28.9 万件，高居刑事案件数量榜首，占当年法院审结的全部刑事案件总数的 25.9%；2021 年该案件数量增长至 34.8 万件，远超其他刑事案件。据学者统计，危险驾驶罪的行为人多为青壮年。[2]这类人群犯罪，不仅对于家庭和社会带来严重损失，也意味着每年我国制造了大量的犯罪人，并投入巨大的社会治理成本在其中。前述的犯罪标签效应和附随后果，让受犯罪化波及的人群和社会面更广。

面对轻罪入刑带来的一系列社会问题，学界和实务界又开始开出药方。同样以危险驾驶罪为例。2017 年发布的《最高人民法院关于常见犯罪的量刑指导意见（二）（试行）》规定："对于醉酒驾驶机动车的被告人，应当综合考虑被告人的醉酒程度、机动车类型、车辆行驶道路、行车速度、是否造成实际损害以及认罪悔罪等情况，准确定罪量刑。对于情节显著轻微危害不大的，不予定罪处罚；犯罪情节轻微不需要判处刑罚的，可以免予刑事处罚。"这就改变了过去单纯以血液酒精含量认定危险驾驶罪的严格刚性做法，地方办案机关也积极制定相关规范文件，努力缓解危险驾驶罪案件数量巨大的困境。例如，上海市高级人民法院、上海市人民检察院 2017 年发布的《〈关于常见犯罪的量刑指导意见（二）（试行）〉实施细则》规定："醉酒驾驶机动车的被告人，血液酒精含量在 100 毫克/100 毫升以下且系初犯，认罪、悔罪，未造成其他损失或后果的，可以认定犯罪情节轻微，免予刑事处罚；对于情

---

[1]　参见吴宗宪、燕永辉：《微罪的概念补正与现实批判》，载《河北法学》2023 年第 2 期。

[2]　参见章桦、李晓霞：《醉酒型危险驾驶罪量刑特征及量刑模型构建实证研究——基于全国 4782 份随机抽样判决书》，载《中国刑事法杂志》2014 年第 5 期。

节显著轻微危害不大的，不作为犯罪处理。"浙江省高级人民法院、浙江省人民检察院、浙江省公安厅 2017 年发布了《关于办理"醉驾"案件的会议纪要》，指出"对符合刑法第十三条规定可以不作为犯罪处理的，不认为是犯罪"，并规定醉酒驾驶机动车，"酒精含量在 140mg/100ml 以下，且无上述从重情节的"，可以不起诉或者免予刑事处罚。新规定带来了浙江省 2017 年"醉驾"案件数量的拐点，但相关案件在 2019 年上半年又出现了大幅反弹。[1]浙江省高级人民法院、浙江省人民检察院、浙江省公安厅 2019 年再次印发《关于办理"醉驾"案件若干问题的会议纪要》，将不起诉或者免予刑事处罚的条件调整为"酒精含量在 170mg/100ml 以下，认罪悔罪，且无上述 8 种从重情节，犯罪情节轻微"。然而，2021 年浙江省全省检察机关起诉罪名排在第一位的仍然是危险驾驶罪，以该罪名审查起诉的人数达 11267 人，同比上升 24.22%。[2]显然，通过提高醉驾案件不起诉酒精含量标准的方式，仍然无法达到有效降低醉驾案件数量的预期目标。

醉驾入刑的十余年实践清晰地表明在治罪模式下通过扩大犯罪圈、提升刑法对社会生活的介入度，只会在社会上制造出更多的犯罪和犯罪人。立法扩张仿佛一个贪吃的怪物，吃进去更多的饲料，吐出来的是社会公众最不想要的。在第一章中，本书把针对围绕轻罪的各种讨论（问题和对策），称之为"针对轻罪的治理"。换句话说，这些问题是轻罪概念本身所带来的，立法者（尽管学界也有参与）创设出大量轻罪，现在又想在刑法之内和刑法之外去解决轻罪带来的社会问题。这仿佛是一个"左手拿钉子、右手拿锤子"的工匠，看到墙壁上有个破洞，拿锤子将钉子钉进去，猛然发现墙壁裂缝更大，于是又想把钉子给拔出来。[3]

很显然，这种"针对轻罪的治理"跟前述恢复性司法的理念或范式无一共通之处。恢复性司法讲求的是一种"去犯罪化"（de-criminalization）和"去刑罚化"（de-penalization）。那么，本书所称的轻罪治理，是否跟恢复性

---

〔1〕 参见何荣功：《轻罪立法的实践悖论与法理反思》，载《中外法学》2023 年第 4 期。

〔2〕 《重磅！浙江省检察院发布 2021 年度全省检察机关主要办案数据》，载 https://mp. weixin. qq. com/s/wlgwlrffDh7QHS-EcyR-tg，最后访问日期：2024 年 6 月 11 日。

〔3〕 2023 年 12 月 13 日，最高人民法院、最高人民检察院、公安部、司法部联合发布《关于办理醉酒危险驾驶刑事案件的意见》，废止了 2013 年的《办理醉酒驾驶机动车刑事案件适用法律若干问题的意见》。新《意见》按照"血液酒精含量+情节"的模式确定入罪标准，并明确了"从宽"和"从严"的具体标准。

司法有某种更深刻也更微妙的契合呢？

1. 去中心化

以刑法（定罪量刑）为中心的刑事司法系统，经过几百年发展朝着专业化和正当程序的方向演进。警察、检察官、法官、律师等职业群体成为刑事司法系统的重要参与人（player），在角色上变得不可替代。[1]然而，这种以刑事司法机构及职业群体为中心的刑事司法系统，却日益变得机械、呆板，甚至封闭。司法职业化的实践经验积累已经表明，随着司法职业化模式的日益巩固，司法和社会的距离越来越远，司法精英话语与大众话语的疏离在逐渐削弱司法获得信任的基础。[2]在一些西方国家，为了重新唤回人们对刑事司法系统合法性的信任，以赢得公众信赖为取向的司法社会化运动在一些国家和地区纷纷开展。所谓的"去中心化"，是强调被告人的人权保障和被害人的利益诉求，将案件的处理交由案件当事人。相较于对传统刑事司法制度的路径依赖，"去中心化"的模式尊重当事人的主体性，强调当事人的诉求和需要，而不是由职业群体指挥当事人的意愿和行动。

去中心化的背后是西方国家的犯罪控制模式的转变。刑事司法是上层建筑的有机组成部分，与国家和社会的结构保持着紧密的关系。在刑事政策的选择上，有的社会过度依赖于刑事司法发挥作用，实质上是国家垄断刑罚权，过于强调秩序，这种模式亦容易造成对自由的侵害。而如果仅依赖社会对犯罪作出反应，从而颠覆现代刑事司法，亦跟社会现实不符。因而，折衷的路径是突破现有的刑事司法体制，在此之外寻求更广泛有效的法律措施，建立一个既综合又分散的预防犯罪、治理犯罪的体系。[3]以刑事司法为中心的犯罪控制，依然是国家本位，即犯罪控制的主体是国家机关尤其是司法机关。控制的手段就是国家司法权的运行、行使。因而，摆脱严重依赖刑事司法的犯罪控制模式，成为西方国家近几十年来犯罪控制模式的转向。

恢复性司法运动在西方的兴起亦是遵循这一逻辑。将对犯罪的主导权部分转移给当事人及其所在的社区，试图依靠社区实现对刑事案件的非刑事化

---

〔1〕 See Rossum, R. A., *The politics of the criminal justice system: an organizational analysis*. Marcel Dekker, 1978.

〔2〕 参见冯军、孙学军：《通过刑事司法的社会治理》，人民出版社 2016 年版，第 227 页。

〔3〕 参见卢建平：《社会防卫思想》，载高铭暄、赵秉志主编：《刑法论丛》（第 1 卷），法律出版社 1998 年版，第 227 页。

处理即"转处"。被告人得以从刑事司法系统中分流出来，而被害人通过被赋予较刑事程序更多的参与权，得以发表自己对犯罪的观点和对犯罪人的态度。因而，"去中心化"既是西方犯罪控制模式的逻辑，亦是恢复性司法运动秉持的脉络。

我国早期采取惩办与宽大相结合的刑事政策，后来由于犯罪率上升的问题，转向了"严打"政策。严打追求对犯罪的快速控制，通过效率和严刑的震慑，形成对犯罪人群的高压态势。然而"严打"政策给社会留下的长期后果却是明显的。长期的严刑峻法，提高受害人群和一般公众对于报应的期待和热衷，社会心理变得偏狭残忍。在追求从快从重的过程中，破坏了罪刑相适应原则，从而使犯罪人和受害人都不满意国家对犯罪的处置。受严打的犯罪人群，会积累对政府和社会的不满，由于没有得到有效的改造，这些人回到社会后，缺乏有效的矫正和帮扶，累犯、再犯突出。"严打"政策的弊端显现，跟和谐社会目标格格不入。宽严相济的政策被提出，一方面可以减少刑罚的打击面，另一方面可以高效地运用有限的司法资源和社会资源，因此成为我国应对犯罪问题的必然选择。

从"严打"到"宽严相济"，反映出我国治理模式由以刑事司法为中心的国家本位转向了由国家、社会共同发力的双本位模式。[1]这就预示着过度依赖刑事司法的犯罪控制模式开始转型。与此同时，我国社会发展也发生了重要变化，一方面随着消费主义崛起，中国市民社会开始壮大，这体现在对自由和权利的追求，对国家和社会事务的参与度提升等。以往的国家本位的刑事政策观，一方面限制个人和社会能动性的发挥和自由的实现，一方面有损社会的活力和积极性。

作为一种延续，轻罪治理是从社会治理的角度提倡对轻微刑事案件的非犯罪化、非刑罚化处置。治理的核心之一同样是"去中心化"，从刑事司法的行为和刑罚为核心，转向了关注犯罪人和被害人权益的刑法外的措施。通过调动全社会的力量参与刑事司法事务，在轻伤害案件、未成年人犯罪案件中引入调解、不起诉或轻缓刑罚等处置措施，有效地对犯罪人群进行教育、对被害人进行疏导，化解矛盾，恢复社会和谐。

---

〔1〕　参见储槐植：《刑事一体化与关系刑法论》，北京大学出版社 1997 年版。

2. 去标签化

从古典犯罪学派到实证犯罪学派，对犯罪的反应走向法治、人道和科学。所谓法治，是以罪刑法定主义来限制刑罚权；人道要求承认被害人有获取赔偿和补偿的权利，犯罪人有复归社会的权利，社会有使犯罪人回归社会的义务；科学要求犯罪反应彻底摆脱单纯报应、消极制裁的藩篱，推进刑罚的理性和文明。[1]然而，现实并非如此。于是刑事司法对犯罪人群的标签化效应进入学者视野。由 Howard S. Becker 提出的标签理论，将包括刑事司法在内的社会系统对行为人的负面评价称为"贴标签"的过程。标签理论将研究重心放在越轨者与周围导致越轨的环境之间的互动过程，该过程大致分为三个步骤：第一步是当事人的初级越轨行为被他人察觉；第二步是发现者将越轨行为人的表现公布于众，并贴上相应的越轨标签，与此同时，这个标签也成为越轨行为人最重要的身份标志，并且逐步取代其其余的社会角色；第三步则是越轨行为人在被标签化的过程中被迫接受镜中我的标签形象，借助自我应验的预言，复发越轨行为，并逐渐成为越轨群体中的成员。[2]刑事司法系统不仅给犯罪人贴上标签，也忽略了被害人的权益和需求，被害人沦为"刑事司法的脚注"。[3]

被贴上标签的犯罪人，容易遭到周围人和社会公众的歧视，很难再次融入正常生活。犯罪人群容易自暴自弃，一再违法，从而导致犯罪现象不断增加。以修复为导向的恢复性司法，一方面鼓励被告人积极承担责任，并通过多种努力手段帮助被告人回归社会，另一方面致力于对被害人所遭受的损失和伤害的全面修复。恢复性司法并不完全排斥传统刑事司法，但正是认识到刑事司法的缺陷和污名化效应（stigmatization），恢复性司法寻求一种平和、协商的方式使双方当事人在自愿平等的基础上就案件解决达成一致的方案。

我国同样认识到刑事司法中的定罪量刑对犯罪人所带来的长远的负面影响——"犯罪附随后果"。标签效应给前科者带来现实压迫、人格歧视，增加了前科者复归、融入社会的难度，甚至成为前科者再次犯罪的诱因。学界和实务界都撰文指出该后果的严重性和制度重构的必要性。

---

〔1〕　参见梁根林：《刑事政策：立场与范畴》，法律出版社 2005 年版。
〔2〕　参见［美］霍华德·贝克尔：《局外人：越轨的社会学研究》，张默雪译，上海人民出版社 2024 年版。
〔3〕　See Dignan，J.，*Understanding victims and restorative justice*，Open university press，2005.

与恢复性司法相同，轻罪治理在逻辑和理念上皆追求对被告人"去标签化"。前文提到，我国的轻罪治理的目标与内涵要远远比"针对轻罪的治理"更为丰富。后者仅仅是针对轻微危害行为入罪后的后续问题进行讨论，是一种技术性处理，而非根源上的解决。与此相反，轻罪治理则是重视运用民事、行政、调解、和解等手段对轻微刑事案件及时予以化解。对违法犯罪行为人的关怀，意味着不应过分倚重刑法作为治理的手段。针对大量轻微刑事案件，犯罪人往往没有太大的主观恶性，而是出于一时冲动，事后自己后悔不已，在处理这类案件时，仅仅以追诉犯罪为主要目的，不分具体情况以"一刀切"的方式提起公诉，虽然没有违背法律规定，但在事实上会造成明显的社会问题。对这些人定罪判刑，即使是缓刑，对于其一生的影响都是无可估量的，且不论我国的很多职业都有资格限制。让这些犯罪人因为一时冲动的行为，就承担如此严重的恶果，无疑会摧毁其重新规范行为、更新自己生活的希望。其他人也不免对刑法的设立和刑罚的运作程序和方式产生疑问，对法律产生畏惧和失望。这对社会共同体的精神和利益是一个极大的伤害。[1]在轻罪治理实践中对轻伤案件以调解方式结案，既增加了被害人的主动权，尊重了被害人的意愿，也兼顾了犯罪嫌疑人的利益，体现了司法处遇的宽容性和人道性。

（二）轻罪治理与"枫桥经验"

"枫桥经验"指的是在毛泽东同志的指示下，浙江省诸暨市枫桥镇于1963年6月开展的社会主义教育试点，主要做法有：发挥群众的力量、遇到矛盾不上交，以就地解决为主要方法，实现"捕人少、治安好"。"枫桥经验"的基本宗旨是化解敌我矛盾，对反动分子尽量不批捕不杀，主要采用教育管制的方法来调解矛盾，取得了较好的效果。经过六十余年的发展，"枫桥经验"的内涵也在发展变化，其在预防层面更是社会治安综合治理的典型。[2]其本质特征在于"是中国矛盾论和群众观在社会治安综合治理中的集中反映和具体体现，其要义都在于依靠和发动群众把容易导致违法犯罪的矛盾纠纷解决在基层、解决在内部、解决在萌芽状态，从源头上预防和减少违法犯罪

---

〔1〕 参见汪世荣主编：《枫桥经验：基层社会治理的实践》，法律出版社2008年版。
〔2〕 参见汪世荣主编：《枫桥经验：基层社会治理的实践》，法律出版社2008年版。

的发生，维护社会安全与稳定。"〔1〕鉴于"枫桥经验"坚持走群众路线来实现犯罪预防，"枫桥学派"亦被称之为"中国特色预防犯罪学派"〔2〕。"枫桥经验"通过人们之间的感情关系来实现事前预防、事中调解和事后帮扶，真正地缓和基层矛盾，达到社会和谐的目的。

"枫桥经验"从阶级斗争的时代走来，依然能适用于当今的时代。对此，有学者认为："枫桥经验历时 40 年而仍为我国预防犯罪的'经典'，原因在于其符合国际犯罪学研究的人本主义方向和社区矫治的原则，符合我国改革开放后区域犯罪预防的实际和社区公共安全的基本要求。"〔3〕虽然有其产生的历史背景和乡土环境，但"枫桥经验"的纠纷预防在新时代应从乡村走上街道社区、公司内部甚至任何可能发生纠纷的普通民商事主体之间的广阔"基层"。〔4〕

"枫桥经验"成为我国基层社会治理的经验总结，囊括的范围包括但不限于民间矛盾纠纷解决、刑事调解、犯罪预防与矫正、村民自治的基层民主法治建设，等等。从这个意义上来说，"枫桥经验"与轻罪治理不能划等号，然而其实践特征为轻罪治理提供了某种实践范式。

1. 强调矫正与预防

犯罪作为一种极其复杂的社会现象，是多种因素综合作用的产物，单纯刑罚惩治并不能有效地解决犯罪问题。"枫桥经验"作为一种犯罪控制模式，强调对矛盾纠纷的及时发现、提前介入、早期治理，在萌芽之际就实施有针对性的教育矫正措施，避免矛盾的激化及违法行为的升级。〔5〕按照"枫桥经验"的做法，在所有社会治理结构中的基层，关注纠纷产生的较前阶段，或实现"矛盾纠纷不上交"，或为正式纠纷解决机制的开展做好前期疏导和准备工作。在我国，大量的人身伤害案件发生在"熟悉"的空间和"熟悉"的关系之间，民事纠纷往往是刑事纠纷产生的源头，轻微刑事纠纷如果没有妥善

---

〔1〕　参见冯树梁：《中国犯罪学话语体系初探》，法律出版社 2016 年版，第 289 页。

〔2〕　参见周长康：《枫桥学派是怎么形成的——三评冯树梁先生新著〈中国犯罪学话语体系初探〉》，载《犯罪与改造研究》2018 年第 2 期。

〔3〕　参见杨张乔、王翀：《枫桥经验：中国乡镇犯罪预防与矫治的社区模式》，载《社会科学》2004 年第 8 期。

〔4〕　参见张力、李倩：《全面依法治国背景下预防法学对"枫桥经验"的创新性实践》，载《新疆社会科学》2019 年第 2 期。

〔5〕　参见汪世荣主编：《枫桥经验：基层社会治理的实践》，法律出版社 2008 年版，第 82 页。

解决亦会酿成严重刑事案件。注重预防，意味着关注犯罪发生的前端，重视对原因的剖析和诊断，在基层社区里对行为人进行说服教育以及心理、行为的矫正。

2. 强调社会参与

现代社会是一个多元社会，完全依靠政府实施社会管理，耗时耗力，社会成本巨大。而治理代表的是在多元主体的共同协力下推动国家和社会各方面制度的不断完善。社区是我国社会最基层的生活活动单元和最基本的社会管理单元。伴随着我国社会转型，这种单元也从过去的"熟人社会"转变为现代的权利义务观所凝结的"共同体"。但社区生活的安全感和认同感，是现代人的普遍追求。通过参与社区事务，社会公众能够找寻社区归属感，从而增强社区凝聚力，这是实现民主治理的具体体现。"枫桥经验"强调将刑事纠纷和冲突在社区层面解决，由基层群众自治组织、邻里、治安志愿者队伍、帮教小组等参与进来，通过感化、教育、说服等方式妥善解决犯罪人与被害人、犯罪人与社区、犯罪人与国家之间的矛盾。

"枫桥经验"源自中华传统法律文化的"和为贵"思想，通过基层领导干部、群众等主体参与社会纠纷的调解、达到定分止争的效果，是无讼观念的深刻体现。然而，我国目前轻罪治理的逻辑没有将"无讼"这一理念融入，依然过度强调追诉主义。在大量轻罪罪名被制造出来的背景下，如果没有提供"分流"通道，只会造成越来越多的人陷入刑事司法系统的泥淖中。同样是以构建和谐社会秩序为目标，"枫桥经验"的精髓在于依靠群众就地解决百姓纠纷，采取纠纷的方式对矛盾双方伤害最小。[1]因而，轻罪治理需要摆脱对刑法万能主义的迷信，对于轻微犯罪，没必要拘泥于刑事审判手段，而是多样化地运用调解、和解等手段，满足个体的利益诉求，尽快恢复社会秩序。

"枫桥经验"与恢复性司法在犯罪处遇方面有着异曲同工之处。但"枫桥经验"是在中国传统调解文化的内核基础上，吸收了依靠群众的路线特点以及现代追求权利保障的法治观念。[2]西方恢复性司法吸纳了少数民族、部落

---

〔1〕 参见俞育标：《新"枫桥经验"视阈下我国轻罪治理模式的现实检视与完善进路》，载《司法警官职业教育研究》2022年第4期。

〔2〕 See Martin, J. T., L. Zhou, "Restoring Justice or Maintaining Control? Revolutionary Roots and Conservative Fruits in Chinese Police Mediation", *Asian Journal of Criminology*. Vol. 18, No. 2., 2023, pp. 133-153.

的纠纷解决方式的精神内涵，在其法治化程度较高的刑事司法系统中寻求案件的最佳处理。其落脚点同样在于对纠纷的和平解决以及对人的主体性的尊重。在市民社会程度较高的西方社会，恢复性司法的运用大量依靠社工、志愿者等第三方的帮助、努力和探索。

第二编　域外轻罪治理的实践

对吸食毒品的治理：从惩罚到矫治

　　当今世界，如何控制泛滥的毒品吸食以及降低其所带来的一系列危害，已经成为各国政府面临的主要难题之一。毒品戒治工作，是一场持续而久远的努力。它不仅是政府层面所面临的问题，也是全社会和民众都可以参与其中并扮演重要角色的一项工程。西方国家毒品戒治政策的演变，一方面是应对和反思不堪重负的刑事司法系统的结果，另一方面体现了"非刑罚化"的轻罪治理的思路。

　　本章主要梳理西方国家自 20 世纪 80 年代以来在对待毒品吸食方面的政策和举措。由于各国社会政治情况各异，给予完全统一的论述并非可能。在此，笔者选取曾访学的澳大利亚联邦做细致考察。澳大利亚属于英美法系的一员，在对待毒品方面采取比较务实的态度，且就减低毒品危害政策已形成了相对成熟的机制和做法。其他西方国家在毒品戒治方面有相似之处。

　　就 20 世纪末以来，世界上很多国家开始对毒品采取了减害（harm minimization）原则。澳大利亚便是其中一员。澳大利亚的《国家毒品策略框架》（National Drug Strategy Framework）便是很好的说明，其包含了降低供应、降低需求和降低危害。[1]在这样一个框架下，过去的严厉打击毒品（tough on drugs）的执法转变成了将毒品使用者从刑事司法体制中分流出去，由卫生、

---

　　〔1〕　See Bull, M., "From Punishment to Pragmatism: Sharing the Burden of Reducing Drug-Related Harm", *The Chinese Journal of Comparative Law*, Vol. 4, No. 2, 2016, pp. 300–316. McDonald, D., "Drug laws and regulations" in A. Ritter, et al., Eds., *Drug Use in Australian Society*, Oxford University Press, 2013, pp. 226–250. See Thomas, N., et al., "Governing drug use through partnerships: Towards a genealogy of government/non-government relations in drug policy", *International Journal of Drug Policy*, Vol. 28, 2016, pp. 34–42.

社区机构对其提供戒治服务〔1〕。相应地，在毒品使用的管理上，也形成了警察和毒品教育戒治部门之间的合作关系。〔2〕这种国家部门与第三机构之间的合作（partnerships）也伴随着西方国家在犯罪控制和预防主体上逐渐由国家走向个人和社区这样一种趋势。〔3〕正如 David Garland 所说，这个趋势背后的政治是在"寻求创造企业家的个人，负责任的家庭和积极的社区，从而抵抗福利国家的社会政策的失败之处"〔4〕。

一、过去：打击毒品、延治犯罪

美国在 20 世纪 80 年代倡导"毒品战争"（War in drugs），将大量的财力和人力投入到控制毒品的来源而非毒品的需求上。针对毒品相关犯罪实施严厉打击的刑事司法政策也为欧洲、拉美国家所仿效，表现在：一方面对毒品走私和贩卖予以严厉打击，一方面对毒品持有和使用进行刑事入罪化。

这场最早由美国开始推动实施的"毒品战争"策略影响到了世界上很多国家，包括其他美洲国家。然而，这场毒品管制制度被冠名为"最成功的失败"。〔5〕美国试图管控毒品并且建立相关的惩罚体制，从而让毒品问题彻底消灭，更是不惜花费巨大的人力物力在整个美洲甚至是全世界范围内掀起的"毒品战争"。这场努力被证明是失败之举，不仅毒品活动没有被消灭，反而在世界各地愈演愈烈。如果说打击有利于维护社会治安秩序，并且控制和打击了一些上游犯罪，比如洗钱、抢劫等，但是这种打击带来的是监狱的人满为患、司法系统的不堪重负，以及国家权力的更强的控制力和威慑力。以墨西哥为例。自 2006 年年底卡尔德隆上台誓言全力扫毒后，政府先后调集了 5 万多名军人参与禁毒，规模空前的"毒品战争"进行了 4 年。虽取得了一定成效，但暴力袭击浪潮却愈演愈烈，共造成 2.8 万多人死亡，其中近 10% 为

---

〔1〕 See Room, R., Hall, W., "Frameworks for understanding drug use and societal responses", in A. Ritter, et al. Eds., Oxford University Press. 2013, *Drug Use in Australian Society*, pp. 51-66.

〔2〕 See Bull. M. et al. "From Punishment to Pragmatism: Sharing Burden of Reducng Drug-Related Harm", *The Chinese Journad of Comporaine Law*, Vol. 4. No. 2, 2016, pp. 300-316.

〔3〕 See Green, S., *Crime, Community and Morality*, Routledge, 2014.

〔4〕 See Garland, 1998, p. 518, 转引自 Crawford, A., *The local governance of crime: Appeals to community and partnerships*, Oxford University Press, 1999.

〔5〕 参见张国威：《〈美洲地区毒品政策与毒品政治〉评介》，载李文君等主编：《禁毒研究（第三卷）》，中国人民公安大学出版社 2017 年版，第 33 页。

连带死亡。墨西哥的国家形象一落千丈，政府饱受各方批评。于是官方弃用了"毒品战争"，而改称为"安全战争"。同时为了遏制国内吸毒品人群的膨胀，墨西哥政府改变了以往主要靠打击毒品制售来达到禁毒目的的做法，开始采取综合措施治理毒品问题，以减少社会对毒品的需求以及毒品对人们的危害。[1]

在第二次世界大战后，深受美国毒品控制政策的影响，澳大利亚在1953年将海洛因的使用宣布为非法，并在1967年颁布了《毒品法案》。20世纪60年代大麻、安非他命等精神控制类毒品的涌现，尤其在年轻一代中的广泛使用，澳大利亚政府随即采用了严厉打击毒品的政策（tough on drugs）。但是，为应对毒品泛滥和公众恐慌而采取的毒品战争策略，带来的是法院案件积压，监狱和看守所人满为患。[2]对毒品的"零容忍"被证明是不成功的做法。在20世纪80年代后期，很多国家开始了政策转变，由打击转向减害，工作重心也转变为对毒瘾人员的矫治。

二、从惩罚到戒治

随着20世纪80年代中期毒品使用者数量的急剧上升，澳大利亚政府也开启了新的应对措施。其中，在1985年确立了危害最小化原则（harm minimization）作为澳大利亚毒品控制政策的核心。执法部门也成为这一毒品控制政策的一部分，其目的也转变为降低对毒品的需求、供应以及降低毒品使用的危害。由此，分流（diversion）成为一项正式的处置方式而为警察及司法部门所采用。[3]相应地，与过去的惩罚不同，权威部门可以将毒瘾人员置于各种戒治项目。1999年，澳大利亚政府委员会（the Council of Australian Governments，COAG）将分流确立为全国性的举措。毒品分流处置项目是指将与毒品有关的犯罪人员从刑事司法机构处置中分流出来，转入以社区为基础的教育和治疗项目中。在刑事司法体制的各个环节，包括逮捕前、审判前、量刑前、

〔1〕　参见刘建宏主编：《全球化视角下的毒品问题》，人民出版社2014年版。

〔2〕　参见Bull, M., Punishment and Sentencing: Risk, Rehabilitation and Restitution, Oxford University Press, 2011.

〔3〕　参见Hughes, C., A. Ritter, Monograph No. 16: A summary of diversion programs for drug and drug-related offenders in Australia, National Drug and Alcohol Research Centre, 2008.

量刑后、监狱释放前都可以进行分流。[1]法庭分流目前已在所有州得到推行。刑事司法体制本身具备一些机制，例如警告（warnings）、青少年会议（youth conferences）、转至教育项目、个案管理、治疗和监督（referrals for education sessions or intensive case management, treatment and supervision），使分流得以实现。分流处置主要包括三种形式：警察分流、法庭分流以及判刑后的分流。

（一）警察分流

分流处置已经成为澳大利亚针对毒品犯罪者重要的干预手段，并在全国范围内开展。[2]作为毒品使用者分流处置项目，警察部门与医疗、司法等一系列政府与非政府部门形成合作。以澳大利亚昆士兰州为例。该州的警察分流处置项目在其 *Police Powers and Responsibilities Act*（2000）section 379 有明确规定。其中提到，任何成年人或儿童持有 50 克或以下的大麻，或者其他非法药物使用者，在符合下列条件时，必须给予一次性的毒品转处评估项目（Drug Diversion Assessment Program, DDAP）的机会，而不是受到犯罪指控。如果该对象完成了 DDAP 项目，那么他就不需要因为轻微毒品犯罪而受审，也不会有犯罪记录。[3]

以下作为符合警察分流处置的条件：（1）该行为人没有与此次轻微毒品犯罪相关联的情形下的其他可被起诉的罪名；（2）此前没有因贩卖、提供或者生产毒品及毒品前体而被判处有期徒刑；（3）此前没有任何针对人身的暴力犯罪；（4）在电子记录的面谈中承认所犯罪行；（5）此前的场合没有受到分流处置的对待。如果行为人不符合这里的任何一项条件，那么也就没有分流

---

〔1〕 See Hughes & Ritter（2008），Hughes, C., A. Ritter, *Monograph No. 16: A summary of diversion programs for drug and drug-related offenders in Australia*, National Drug and Alcohol Research Centre, 2008; See Spooner, W., et al., "An overview of diversion strategies for Australian drug-related offenders." Drug and Alcohol Review, Vol. 20, No. 3, 2001, pp. 281-294.

〔2〕 参见王竞可、梅丽莎·布尔：《从澳大利亚的毒品分流处置谈中国毒品预防分流处置的可行性》，载《云南警官学院学报》2017年第1期；参见王竞可、王明媚：《基于"利益相关者理论"下的中国"毒品预防分流处置"体系构建》，载李文君等主编：《禁毒研究》（第三卷），中国人民公安大学出版社2017年版。

〔3〕 See Queensland Government, *Police Diversion Program and Illicit Drugs Court Diversion Program Service Provider Manual*, July 2014.

处置的机会；相应地，行为人将受到指控并被移交到法院。[1]

关于警察分流处置的提议（offer），行为人可以选择接受或拒绝。如果行为人拒绝了前述的要求，那么警察只有提起指控；但行为人一旦接受了此次分流处置，那么就不再会有警察阶段的第二次分流处置机会。当然，警察阶段只是整个分流处置项目的一部分，行为人在之后的诉讼流程中还会有其他机会（主要是法院阶段）。[2]

在警察分流阶段，如果行为人接受了提议，那么警察将会建议下列事项，并且联系分流协调部门（Diversion Coordination Service，DCS[3]），由其安排最近的戒治中心以便行为人参加毒品评估与教育项目（Drug Assessment and Education Session，DAES）。警察建议的事项包括：（1）完成项目所需要的时间；（2）在特定的时间内必须参加 DAES；（3）可以在家人、朋友或重要他人的陪同下参加 DAES；（4）实际允许的话，在行为人选择的地点，通常便利他们工作、生活或保护隐私的考虑，进行 DAES；（5）没有完成 DAES 的后果；（6）完成 DAES 的获益。[4]

以下是警察转处项目的流程图[5]：

（二）法庭分流

法庭分流主要是针对轻微毒品犯罪者和严重毒品犯罪者。这样，毒瘾人群有机会通过分流就他们的毒品吸食和犯罪行为进行矫治。比起传统的审讯和惩罚，法庭分流的项目让吸毒者和毒品犯罪者感受到希望和关怀。当然，如果吸毒者和毒品犯罪者没有遵守规定的条件，那么等待他们的可能是严厉的刑罚。

作为法庭分流的一项重要实践便是毒品法庭（drug court）。毒品法庭作为

---

〔1〕 See Queensland Government, *Police Diversion Program and Illicit Drugs Court Diversion Program Service Provider Manual*, July 2014.

〔2〕 See Queensland Government, *Police Diversion Program and Illicit Drugs Court Diversion Program Service Provider Manual*, July 2014.

〔3〕 注：一个 24 小时的全国范围内的预约安排电话中心。

〔4〕 See Queensland Government, *Police Diversion Program and Illicit Drugs Court Diversion Program Service Provider Manual*, July 2014.

〔5〕 See Queensland Government, *Police Diversion Program and Illicit Drugs Court Diversion Program Service Provider Manual*, July 2014.

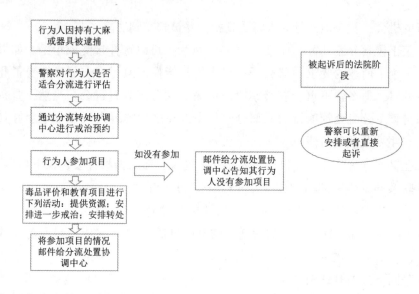

西方国家出现的一种问题解决型法庭，综合运用社会科学的一般原则来人性化地推行犯罪解决方案。[1]自美国 20 世纪 80 年代建立了第一个毒品法庭以来，目前美国已有两千多个毒品法庭。毒品法庭有别于一般传统的法庭程序，采用的是相对非正式的庭审；并且法官的角色也较传统法庭有所不同。毒品法庭贯彻的是"治疗性司法"（therapeutic jurisprudence）这种理念。[2]对于符合资格的被告人，可以自愿选择参与毒品法庭计划，接受由法庭监督的戒毒治疗，以替代一般的刑事审判程序。在毒品法庭上，法官与被告人直接对话，询问的重点是被告人的意向、戒治进度和计划，并传达给被告人法庭对他们的期待。毒品法庭不强调适用监禁，而是要求对吸毒者进行强制性戒毒，以纠正其行为。[3]对于遵循戒毒计划者会给予奖励，而不遵从规定者会得到惩罚。与传统法庭不同，毒品法庭针对的是毒品使用的原因和复杂问题；换句话说，毒品法庭并不是将犯罪仅仅视作一个独立事件，而是认识到行为人犯罪（包括毒品吸食行为）有着更深层次的成因，并且行为人所处的社会、家庭、成长环境等都脱不了干系。

毒品法庭作为一种跨学科的模式，由法官发挥积极的作用，但也包括由

〔1〕 参见刘仁文：《美国毒品法庭参访记》，载《观察与思考》2011 年第 10 期。

〔2〕 See Wexler, D. , B. Winick, *Essays in Therapeutic Jurisprudence*, Carolina Academic Press, 1991.

〔3〕 参见罗瑞芳：《国外毒品相关犯罪防控的社会政策及评价》，载《社会工作》2012 年第 7 期。

检察官、辩护律师、咨询人员组成的小组，一起帮助被告人克服毒品滥用，并解决其他工作、财务、家庭等相关问题。[1]通常毒品法庭也包括了法庭监督、戒治和服务，以及由法律、卫生、矫正专业人员进行的团队作业。标准模式的毒品法庭通常这样运行：在被逮捕后的很短一段时间内，法庭会对参与毒品相关犯罪活动的被告人进行审核，决定其是否符合参加毒品法庭的标准。然后，法庭会向符合标准的被告人提供一份合约，规定如果后者完成了毒品法庭的要求，那么对他们的指控可能会被降低甚至撤销。接受这份合约的被告人便成为毒品法庭的"个案"。作为参与毒品法庭的条件，所有个案都必须同意遵守法庭的要求，包括频繁的药物检测、参与戒毒的治疗，并且出席听证（hearing）。在听证中，法官直接跟该对象进行交流；并且在这些听证中，法官可以与其他法庭成员合作，运用法庭的强制力鼓励个案服从法庭的要求。法庭会使用多种奖励以及惩罚来迫使罪犯遵守项目的要求。奖励包括口头表扬、成就的证明、允许进入到项目的下一阶段等，而惩罚则包括增加参加治疗和药物检测的次数、短暂的羁押等。[2]

毒品法庭自21世纪初开始在澳大利亚铺开使用。澳大利亚全国并没有一个单一的毒品法庭模式，相反，每个州都形成了自己的模式。目前，澳洲的新南威尔士州、昆士兰州、南澳大利亚州、维多利亚州，以及西澳大利亚州均设有毒品法庭。各州对毒品法庭计划设置了不同的资格门槛。通常的资格条件是被告人作有罪答辩（guilty plea），或者如果被定罪的话被告人很可能被判处监禁。昆士兰州规定毒品的成瘾是犯罪行为的实施的部分原因。另外，毒品法庭计划实施后的法院处置也会有所不同。有的州规定，如果犯罪人顺利完成了毒品法庭规定的条件，那么监禁就不再实施，还有的州规定针对被告人的指控撤销，后者意味着被告人没有犯罪记录。就昆士兰州而言，其 *Drug Court Act* 2000（Qld）明确了毒品法庭的目标或者意图，包括：（1）降低社区中的毒品依赖程度以及适格之人的毒品依赖；（2）减少与毒品依赖相关的犯罪活动；（3）降低适格之人的与毒品依赖相关的健康风险；（4）促进适

---

[1] See Belenko, S., "Research on drug courts: A critical review", *National Drug Court Institute Review* Vol. 1, No. 1, 1998, pp. 1-42.

[2] See Mitchell, O., et al., "Drug courts' effects on criminal offending for juveniles and adults" *Campbell Systematic Reviews*, Vol. 8, No. 1, 2012, pp. i-87.

格之人的康复以及回归社会；（5）减缓法院和监狱系统的资源压力。[1]

总的来说，社区为本的项目主要针对的是吸毒之人的行为改变，而不是要对他们实施惩罚。它通过刑事司法部门与其他社会部门之间的合作来对行为人实施改变。理论上，这种跨部门的策略使有毒瘾的被告人能及时获得所需要的戒治项目，使其被矫正的可能性最大。在毒品法庭的一系列包括吸毒检测、出庭、定期访问等的密集项目中，有毒瘾的被告人接受监督、评估和矫正。毒品法庭也在国外受到广泛的项目评估，包括是否起作用、哪个方面起作用，以及如何提高项目的成本效益（cost-effectiveness）等方面。这些评估研究提供大量信息，既构成了实证证据的基础，也改进了评估研究的方法质量。

（三）判刑后（服刑期间）的戒治

在前述分流之后，澳大利亚新南威尔士州在 2006 年有了一次实践尝试，便是由上述毒品法庭直接将已被判刑的多次犯罪的毒品犯罪被告人送至专门的毒品戒治监狱进行治疗。这个项目由新南威尔士州的毒品法庭、医疗部门、矫正部门进行跨部门协作。项目针对的是那些长期陷入毒瘾并不断从事相关犯罪而不断被监禁的被告人。这部分被告人虽然前面没有机会接受戒治或者相关转处项目，但这一毒品戒治监狱提供了最后打破毒品—犯罪这个怪圈循环的机会。它也是新南威尔士州分流项目的最后一端。

这里的毒品戒治监狱是专门致力于提供毒品的戒治服务、矫正和教育。法院在其中对这些犯罪人进行密集的个案管理（intensive judicial case management），与矫治部门、卫生等其他部门进行紧密合作。犯罪人逐渐回归社区，并在完成项目后会继续获得支持。该项目的目的就是帮助那些陷入犯罪生涯很深的毒品吸食者真正远离毒品和犯罪，承担起个人责任从而开启不同的人生。

这个毒品戒治监狱在一个小型的独立的监狱里进行，项目最多可容纳 70

---

〔1〕 See Mackenzie, G et al. *Principles of Sentencing.* the Federation Press, 2010. 原文为：Reduce the level of drug dependency in the community and the drug dependency of eligible persons; reduce the level of criminal activity associated with drug dependency; reduce the health risks associated with the drug dependency of eligible persons; promote the rehabilitation of eligible persons and their reintegration into the community; reduce the pressure on resources in the court and prison systems.

人。项目包括三个阶段：第一阶段，被告人被完全监禁，这个阶段就被告人的生理、精神需要提供教育、技能等项目以针对毒品再犯的动态因子（dynamic risk factors）；第二阶段，半开放式监禁，参与人可以参与到社区的就业、教育或一些社会项目中；第三阶段，社区监禁，此时参与人在毒品法庭所批准的住所接受密集监督，这个阶段主要是支持被告人的社区回归并且巩固前面两个阶段取得的改变。要参与此项目，被告人需满足一定的条件：（1）被判处监禁，且不能被假释的期间为 18 个月到 3 年；（2）在此前五年犯至少两次罪；（3）目前所犯之罪不是贩卖毒品、性侵或者谋杀；（4）居住在悉尼大区；（5）年满 18 周岁。满足这些条件之后，毒品法庭会最终决定被告人是否适合参与这个强制毒品戒治项目（compulsory drug treatment order）。[1]

（四）效果评估

已有多项研究表明，毒品的分流处置在减害方面富有成效，它有效减少了毒品使用和毒品犯罪，并有助于提高毒品相关犯罪者的身体健康、心理健康，改善人际关系。此外，作为应对毒品犯罪所带来的案件积压、法院不堪重负情况，分流处置的确带来了刑事司法体系的工作效率的提升，也降低了执法成本。此外，分流处置也确保所有被告人，无论年龄、性别、种族和毒品使用的类型，都能享有不同级别的项目干预，对这些犯罪人提供公平的对待[2]。澳大利亚在不断探索中也形成了"最佳实践"（best practice）的一些准则。

一项针对药物法庭对于成年人和未成年人犯罪的作用评估研究，系统地总结了毒品法庭是否可以预防再犯和降低毒品使用。该研究对世界范围内 154 项独立研究（准实验及实验研究）进行了回顾，其中 92 个是针对成年人的毒品法庭，34 个针对未成年人的毒品法庭，以及 28 个针对醉驾者的毒品法庭。这些研究有力地支持了成年人毒品法庭的效果，也就是说，毒品法庭带来了成年人再犯率的降低，并且该抑制效果通常可以持续最少三年（对照组的再犯率是 50%，而实验组的再犯率约 38%）。证据显示，毒品法庭对于醉驾者同

〔1〕See Birgden, A., "A compulsory drug treatment program for offenders in Australia: Therapeutic jurisprudence implications," *T. Jefferson L. Rev.*, Vol. 30, No. 7, 2007, p. 367.

〔2〕See Bull, M., "A comparative review of best practice guidelines for the diversion of drug related offenders", *International Journal of Drug Policy*, Vol. 16, No. 4, 2005, pp. 223-234.

样可以有效地预防再犯。未成年人毒品法庭的效果持续相对较小，对照组的再犯率为50%，而实验组的再犯率是43.5%。[1]鉴于毒品法庭可以成功地降低再犯，目前国际上也在将毒品法庭这个模型推广到更多的罪犯群体，包括那些更严重、非暴力的罪犯。

针对前述毒品戒治监狱项目，一项研究也对该项目的三个阶段进行了评估。评估发现，该项目对于改善行为人的生理、心理状态有帮助；尽管该项目具有强制性质，但行为人的参与性很高，并且绝大多数人认为他们是自愿参与的；绝大多数参与人认为，该项目对于他们有帮助，并且很肯定自己会参与该项目，尽管也指出他们对于有些方面（如探视不能接触、惩罚以及就业方面）并不是很肯定。并且，绝大多数参与人在毒品检测中表现良好，约95.7%的毒品检测结果为"无"（non-prescribed drug free）。总的而言，该项目研究发现，被告人对于该项目的评价是积极的，并且真正希望改变他们的行为。[2]

应该说，减害原则的推行是在反思过去的"毒品战争"，而评估研究则证明减害原则下的实践有效地降低了再犯和毒品再次使用。澳大利亚的一项对1985~2010年的毒品政策的评估研究，明确指出澳大利亚的毒品政策可以总结为这几个方面：减害原则，政府与第三部门的合作，政策各元素之间的平衡，以及始终坚持以证据为基础来制定政策。[3]

犯罪防控政策是否有效，需要建立在循证实践和科学评估的基础上。国际上，尤其是20世纪90年代中期以来，学者和实务工作者都认识到，要有效地控制犯罪，刑事司法政策和干预项目的设计和实施就必须建立在科学证据的基础上。在过去二十多年中，西方国家也在逐步努力，将刑事司法体系的知识和政策制定建立在科学研究的基础之上。这对我国也是一个有益的启示。

---

〔1〕 See Mitchell, O., et al., "Drug courts' effects on criminal offending for juveniles and adults" *Campbell Systematic Reviews*, Vol. 8, No. 1, 2012, pp. i–87.

〔2〕 See Dekker, J., et al., *An evaluation of the compulsory drug treatment program (CDTP)*, NSW Bureau of Crime Statistics and Research, 2010.

〔3〕 See Ritter, A., et al., *Monograph No. 21: An assessment of illicit drug policy in Australia (1985-2010): Themes and trends*, National Drug and Alcohol Research Centre, 2011.

三、治疗司法的理念与实践

传统的观点认为刑事司法体系是以惩罚被告人、保护公众为目的。但是，这种观点已经越来越站不住脚。在对待毒品相关犯罪的态度上，我们看到，另一套不同于传统的惩罚的理念和机制正在推行，并且被证明在降低毒品相关犯罪和毒品再次使用上是富有效果的。减害原则不仅是帮助吸毒者重返健康和正常的社会生活，而且降低了由毒品吸食所带来的一系列不良后果，在这个意义上可以说社会大众也得到了保护。由实践中兴起的这套做法也被学者们称为"治疗性司法"（therapeutic jurisprudence）。国际上越来越多的学者和实务人员开始探讨治疗司法的存在、影响和对法律制度的塑造。简言之，治疗性司法关注的是法律对于人们的精神、健康福祉的影响。它强调的是解决法律实践中的"问题"，并提出对策。有学者归纳了治疗性司法的几个研究领域：（1）法律在造成心理功能障碍中的作用；（2）法律规则的治疗方面；（3）法律程序的治疗方面；（4）法官和其他法律人角色的治疗方面。[1]

在治疗性司法中，传统的法律人的角色发生了转变。究竟实体法和程序法给予治疗司法的空间有多大，也值得进一步探究。具体来说，应通过实体法和程序法的设计使得治疗的意味最大化，而不是挤压治疗性司法可能存在的空间。但无论如何，这些实体法和程序法都应当确保被告人能够参与这些项目从而开始行为上的转变，以及增进对行为人的激励，比如在项目中多使用奖赏而非惩罚。在这其中，法官的监督、矫正官、社工、医师等的态度、技巧和支持都至关重要。然而，这些实体和程序的设置都不应当忽视甚至放弃传统司法中对被告人的权利保护。[2]

治疗性司法的一个重要方面是法官的角色，并且该理论的重要预设是法官的角色对于被告人的精神和心理健康有着不可避免的影响。法官的角色主要从其与被告人的互动中体现出来。与传统的居中裁判者的角色不同，法官

---

〔1〕　See Wexler, D., B. Winick, *Essays in Therapeutic Jurisprudence*, Carolina Academic Press, 1991.

〔2〕　See Dekker, J., et al., *An evaluation of the compulsory drug treatment program（CDTP）*, NSW Bureau of Crime Statistics and Research, 2010. See Stobbs, N., "Therapeutic jurisprudence and due process: consistent in principle and in practice", *Journal of Judicial Administration*, Vol. 26, No. 4, 2017, pp. 248-264.

此时对待被告人的态度、技巧、信念等将对被告人的戒治工作起到关键作用。法官在治疗性司法中承担重要角色，因而法官需要向有毒瘾的被告人表示同理心，需懂得如何激励被告人去努力戒治，并且掌握程序正义的心理根基——当被告人被寄予确信，受到尊重的对待，那么他们会对法庭的体验更为满意，也更愿意服从法庭命令。毕竟，在毒品法庭的运用中，被告人同意进行转处治疗，实质上是跟法庭缔结了某种行为合同；那么，法官此时应掌握如何去激励被告人、促使其遵守合同并努力表现。这其中的一个重要议题便是强制力。毒品法庭没有完全排除强制力的存在——被告人在决定是否进入毒品法庭戒治本身就带有某种强迫，因为如果不接受，其就将面临正常的法庭程序和可能的刑罚。就心理学的研究而言，如果被告人认为其选择是被迫做出的，那么他的态度、动机和成功参与项目的可能性将被削弱。相反，如果行为人的选择是自愿做出的，那么其随后在项目过程中的表现也会不错。对于法官而言，其应当避免给予被告人更多的压力，而是提醒他们这个选择完全在于他们自己。[1]

四、毒品法庭是否严厉

毒品法庭作为一项已经在世界上运行了近四十年的实践，人们可能要问：究竟什么样的条件可以保证毒品法庭成功运行？它是不是相对于传统的通过定罪量刑来惩罚被告人的模式更为轻缓？如果走向轻缓化，那么如何能起到阻止被告人再犯、保护公众（社会安全）的目的？

毒品法庭起初在澳洲的维多利亚州推行的时候也遭到反对。反对理由包括：第一，在实践中每个治安法庭实际上都是毒品法庭，因为治安法官面对大量案件和毒品成瘾的被告人，事实上已经积累了很多经验和资源，没有必要再单独设立毒品法庭，并且如果设立的话，其他法庭将会倾向于延续传统实践从而对其他被告人造成负面影响。另外，一些非毒品戒治项目，可能面临得不到资助的境况。第二，毒品法庭往往关注更为困难的案子，而处理这类案件真正需要的是灵活多样的处理方式。第三，由于毒品法庭针对的往往是比较严重的犯罪，也就意味着一些早期犯罪得到的资源更少，而后者可能

---

〔1〕 See Hora, P., "Drug treatment courts and the treatment of persons in the criminal justice system", *The ASAM principles of addiction medicine.*, LWW, 2014.

是需要尽早介入的。〔1〕第四，毒品法庭也会遭到来自公众的抨击，比如后者认为，一些危害很大的毒品犯罪得到的不是惩罚，反而是占用大量的公共资源来帮助这些人。

毒品法庭模式的诞生应该说是一个务实的选择，其产生最初是为了减缓法院的压力。正如 Freiberg 曾对毒品法庭的兴起所评论的那样："尽管毒品法庭的产生可部分归因于传统法庭在应对毒品相关犯罪问题的失败，部分归因于一个强大而有说服力的理念基础，它们的流行也同时是 20 世纪最后 20 年里刑事司法运行发生广泛变化的证据。尤其是，矫正的复归，可替代正义模式的寻求，以及法官对于它们的管理角色的接受，以及警察、法院和其他部门的'问题解决'导向的发展。"〔2〕但毒品法庭的顺利运行也离不开一些机制和条件的支撑。

这包括：首先，应当由立法明确规定法官可以判处毒品戒治命令（Drug Treatment Order, DTO, 或者 Drug and Alcohol Treatment Order, DATO）。如昆士兰州在 2017 年通过了法律修正案，在 *Penalties and Sentences Act* 中加入了 Drug and Alcohol Treatment Orders 作为法官的一个量刑选项。这样，法官可以据此对符合资格的被告人，判处毒品戒治命令。这个命令包括了一些条件，比如定期参加毒品检测；如果条件被违反，或者被告人又犯新罪，那么被告人将可能被收监执行。其次，法官对整个项目运行过程有持续关注——法官可以根据被告人的表现及时给予正面或负面的反馈，包括延长项目时间，增加毒品检测次数等。被告人如果违反这些施加的条件，那么将有可能构成新的犯罪。最后，资金投入。毒品法庭的运行必然需要时间、人员、资金等的投入。比起毒品犯罪中的再犯率居高不下，对社会造成新的破坏或对监狱资源的消耗，毒品法庭的投入算是节约而明智的。对被告人的挽救，使其回归正常的人生，其最终受益者也包括社会大众和安宁和谐的社区。

毒品法庭并不是一项"软性"措施。从澳大利亚一些州的运行过程来看，毒品法庭的"刚性"不容忽视。首先，它适用的是那些根据法律将被判处有期徒刑的被告人；其次，要求被告人必须认罪伏法；最后，法官的主导地位

〔1〕 See Victorian Drug Policy Expert Committee, *Meeting the Challenge*, Melbourne, 2000, p. 150. 转引自：Freiberg, A., "Drug Courts: Sentencing responses to drug use and drug-related crime." *Alternative Law Journal*, Vol. 27, No. 6, 2014, pp. 282-286.

〔2〕 See Freiberg, A., "Australian drug courts.", *Criminal Law Journal*, Vol. 24, No. 4, 2000, pp. 213-235.

不容忽视，法官在其中的强制力使得被告人"只能"选择对其有利的社区戒治项目，并且整个过程中都将受到法庭的监督。对于普通民众而言，调查也显示，虽然普通民众对于毒品法庭的模式并不轻易接受，但在被告知更多的有关被告人和犯罪的情形之后，大多数人对于毒品法庭这样的模式是赞同和支持的。

五、最新研究和立法趋势：区分不同的毒品供应行为和供应者

在西方国家，越来越多的研究呼吁，目前大量毒品吸食者因毒品犯罪或者与毒品相关的犯罪被卷入刑事司法体制。现有的量刑机制并没有给予这部分人以公正的量刑，他们因吸食毒品的行为受到了不公正的惩罚。受这些研究的影响，政策制定者们也对这个问题给予关注，并考虑是否在毒品犯罪尤其是从贩卖毒品罪名中将一部分非牟利的供应行为分离出来。这些研究的核心观点在于，刑事司法体制要打击的是牟利型的贩卖行为本身，而非毒品吸食行为或者毒品吸食者。前者给社会造成了极大的危害，而后者主要是吸食者出于吸食习惯本身而进行的非牟利的交易。

英国的研究者发现，被卷入刑事司法体制的大多数毒品提供者本身都是毒品吸食者。[1]由于现有的定罪量刑机制只是借助毒品数量来区分贩卖和吸食两种行为，导致很多吸食者仅仅因为是数量达到（贩卖的数量）而被以贩卖毒品罪论处。这部分吸食者本身就是无工作、处于社会边缘，更容易受到这样一个毒品数量机制的消极影响的群体。因而，研究者们创造出"社会供应"（social supply）这样一个概念，以区分非牟利的、数量极低、朋友间的毒品供应行为和牟利的、专门的毒品供应行为。[2]

---

〔1〕 See Coomber, R., L. Moyle, "Beyond drug dealing: Developing and extending the concept of 'social supply' of illicit drugs to 'minimally commercial supply' ", *Drugs: Education, Prevention and Policy*, Vol. 21, No. 2, 2014, pp. 157–164. Coomber, R., "A tale of two cities: Understanding differences in levels of heroin/crack market-related violence—A two city comparison", *Criminal Justice Review*, 40 (1), 2015, pp. 7–31.

〔2〕 See Coomber, R., P. Turnbull, "Arenas of drug transactions: adolescent cannabis transactions in England—social supply", *Journal of Drug Issues*, Vol. 37, No. 4, 2007, pp. 845–865. See Coomber, R., L. Moyle, "Beyond drug dealing: Developing and extending the concept of 'social supply' of illicit drugs to 'minimally commercial supply' ", *Drugs: Education, Prevention and Policy*, Vol. 21, No. 2, 2014, pp. 157–164. See Lenton, S., et al., "The social supply of cannabis among young people in Australia", *Trends & Issues in Crime and Criminal Justice*, Vol. 503, 2015, pp. 501–520. See Lenton, S., et al., "*The social supply of cannabis in Australia: Definitional challenges and regulatory possibilities*", in Bernd Werse, Christiane Bernard eds, *Friendlly Business*, Springer, 2016, pp. 29–46.

必须指出的是，这种区分不仅是研究者的呼吁，政府部门以及刑事司法工作者都注意到了问题的严重性。法官在对待这个现象的时候也运用自由裁量权，对于这部分毒品吸食者采用不同于量刑政策要求的处理。但这也可能导致量刑的不均衡性。因而，政策制定者们要考虑的是在立法中根据行为的性质进一步细分罪名，只有这样才能更好地实现量刑的一致性。无论如何，这一新的研究趋势表明，至少在澳大利亚，减害的理念要求将毒品吸食者从毒品贩卖者中区分出来，从而将减害原则贯彻到底。

六、本章小结

或许我们已经看到伴随着对毒品吸食者的处遇从惩罚到矫治，刑事司法体系也在悄然发生改变。对于毒品相关犯罪的重刑政策并不必然带来这类犯罪的降低；相反，大量的刑事司法资源用于对这类犯罪的抓捕、定罪、关押等方面，但复吸率或者再犯率并没有降低。国外的对待毒品吸食的实践和治疗的理念，或许对于我国解决现阶段面临的毒品问题也有些许启发。我国在2008年在法律上确立了"以人为本"的处遇理念，虽然保留了强制隔离戒毒，但也在推行和发展社区戒治和康复服务，以帮助毒品吸食者更好地回归社会。本书将在第五章中对我国的社区戒毒做一番审视。如将其放置在全球的趋势和背景下，究竟我国的社区戒毒有哪些特色和取得了哪些成效？当然，我们不能一味用西方的概念或理论工具来发现中国的"社会现实"，而应更多地立足于中国的实际情境以深化本土化的思考与研究。

未成年人违法犯罪治理：恢复性处遇

　　从世界范围看，解决未成年人违法犯罪问题，加强社会治理，是建立少年司法制度的最初和最直接的动力。[1]这里用违法犯罪，对应英文"juvenile delinquency"，指的是未成年人实施了违背社会正常行为轨道的行为。从西方国家的实践来看，以少年法庭为核心的少年司法制度历经百余年发展，形成了各具特色的少年司法制度，但基本上都是摇摆于福利与惩罚之间。[2]但近几十年来，一些西方国家开始探索恢复性司法模式并将其囊括进少年司法制度，取得的效果令人瞩目。

一、以少年法庭为核心的少年司法制度

　　在 19 世纪早期，人们对"未成年人"及其犯罪有了新的认识，为建立少年司法制度提供了理论支持。不同于刑事古典学派传统的"报应刑主义"，当时兴起的刑事实证学派强调刑罚的作用在于犯罪预防，主张不按罪行轻重而按犯罪人的类型和犯罪趋势进行审判。实证犯罪学派兴起后，许多专家学者从社会学、心理学、生理学、教育学等各个方面研究少年犯罪的原因，认为未成年人是脆弱、无辜、被动和需要帮助的，在身心上与成年人有明显的区别；未成年人犯罪是恶劣的环境所导致的，一方面更容易矫正，另一方面也更容易受刑事追诉的不良影响而更加恶化。[3]

---

　　〔1〕　参见孙谦：《关于建立中国少年司法制度的思考》，载《国家检察官学院学报》2017 年第 4 期。
　　〔2〕　参见姚建龙：《长大成人：少年司法制度的建构》，中国人民公安大学出版社 2003 年版，第 307 页。
　　〔3〕　参见孙谦：《关于建立中国少年司法制度的思考》，载《国家检察官学院学报》2017 年第 4 期。

为了将罪错未成年人（delinquent）从不良的环境中转移出来，防止他们犯下更严重更暴力的罪行，"养育院"（Houses of Refuge）机构建立起来。世界上第一个"养育院"于1825年在纽约建立，随后1826年波士顿、1829年费城都相继建立。改革者们认为贫穷、不合适的居住和父母的忽视是未成年人违法犯罪的原因。"养育院"在当时被认为是成功之举。继而改革者们认为不仅要矫正未成年人，同时要教给他们谋生技能从而让他们以后能够在社区中谋到职业或生意。这一想法就为1847年在马萨诸塞州、1849年在纽约州以及1853年在缅因州的州立教养院（state reform schools）的建立奠定基础。这些教养院坚持的原则有：未成年人被告必须远离成年罪犯的堕落的影响；未成年人需要离开他们所处的环境，监禁是为了保护的需要；未成年人应当在最低的法律要求下、且未经审判就被送进教养院等。这些教养院一直存续到第一个少年司法制度（juvenile justice system）被建立。[1]

直到19世纪末期，美国伊利诺伊州通过了具有影响力的《少年法庭法案》（Juvenile Court Act）并建立起世界上第一个少年法庭。该方案的哲学基础是青少年犯不应该给予与承认程度相当的刑罚处遇，从社会发展和青少年自我保护来看，青少年犯应该予以个别对待。到了1911年，美国已有22个州制定了相似的法案。到了1925年，除了两个州以外，其他各州均设立了少年法庭。这些少年法庭关注的是"未成年人"而不是"罪行"（offence）。未成年人由于他们的生理、精神和情绪的未成熟，需要与成年人区别对待，由此，未成年人的个体需求需要被个别对待，目的应当是矫治康复而不是惩罚；对少年犯应分隔于成年人案件进行审理，应采取非正式、非公开、非污名化的诉讼程序；强调非刑事化，注重个别化矫治和康复，等等。

在同一时期，"父母养育"理念形成，这一理念源于"国家亲权"的教义，意即"在未成年人不能自我照料或者其家庭不能照料他们的时候，应当由国家负责照料"。在国家亲权的理念下，鉴于未成年人违法犯罪源自贫穷、父母忽视或城市问题等社会性因素，由此，少年法庭负责处理三种不同情形的事件：存在儿童虐待或忽视；儿童违反了刑法；儿童实施了某些不当的行为，如逃学，而这些行为如果由成年人实施则不认为是犯罪。

---

〔1〕　See Price, J. R., "Birthing out delinquents: alternative treatment options for juvenile delinquents", *Criminal Law Brief*, Vol. 4, No. 1., 2009, pp. 51-58.

到了 20 世纪 30 年代，矫治的理念成为少年司法制度的主要原则。然而，到了 20 世纪 60 年代，少年法庭遭到公众的批评与质疑，主要指向其程序上的弱点。比如，有观点认为，将未成年人转处至治疗项目，并没有帮助矫治他们，相反，关注点应当是预防未成年人犯罪。随即的一项调查发现，被监禁的未成年人都是一些非暴力犯，并且都是因一些非犯罪行为的指控。这些直接导致全国犯罪与罪错理事会（National Council on Crime and Delinquency）发表建议：任何儿童都不得处于羁押设施，除非他违法犯罪并且具有实施严重罪行或逃离未决的法庭处置的实质可能性。由此，少年法庭经历了程序上的转变，即给予未成年人正当程序权利。1967 年的"执法和司法行政总统令"对未成年人犯罪处置推荐了 6 个主要策略，这又体现在 1974 年通过的美国联邦法典《少年司法与犯罪预防法》（Juvenile Justice and Delinquency Prevention Act）中。这些策略包括：身份越轨的去罪化，比如离家出走不再被视为犯罪；把青少年从法院诉讼程序中转介到公共和私人治疗计划中；扩展青少年享有的正当程序权利；去机构化，青少年犯不再被送入传统的大型矫正机构、教养院或少年犯教养所，而是被送到群体之家（group homes）或小型的治疗中心接受照料；服务的多样化；等等。

20 世纪 70 年代以来，由于美国社会开始强调法律与秩序（law and order），加上对成人犯罪和严重青少年犯罪日益增长的恐慌，公众开始要求更快捷的惩罚和强制性的量刑程序。这种取向一直延续到 20 世纪八九十年代，导致在州层面，青少年犯被转送到刑事法庭的可能性大大提高，一些州不仅降低了严重青少年暴力犯（如强奸或谋杀）接受与成人类似处罚的年龄，而且还扩展了将青少年当作成年罪犯同等处遇的范围。到 1997 年末，在美国已有 28 个州将某些类型某些年龄的青少年犯排除在少年法庭的管辖权之外。[1]

西方的少年司法制度围绕少年法庭的建立、发展已经过一百多年的历史。已经达成的普遍共识是，少年司法也有自身的独立价值基础，并随着儿童权利观念的发展不断凸显。少年司法制度成立之初，即践行着"国家亲权"这一核心指导理念，强调国家承担对未成年人的保护和教育责任。"不是以太多的惩罚作为改造的手段，不是诋毁而是鼓励，不是打压而是发展，不是将他

---

　　〔1〕　参见〔美〕Curt R. Bartol, Anne M. Bartol：《犯罪心理学》，杨波等译，中国轻工业出版社 2009 年版。

作为一个罪犯而是作为一个有价值的公民"，[1]在此基础上又衍生出"儿童利益最大化"原则，并成为少年司法制度的另一个核心指导理念。《儿童权利宣言》《联合国儿童权利公约》《少年司法最低限度标准规则》《预防少年犯罪准则》《保护被剥夺自由少年规则》等国际准则均贯彻、关注少年的福祉，并规定了少年的特殊保护要求。

二、未成年人违法犯罪的社区处遇模式

虽然西方国家建立的少年法庭成为其少年司法制度的核心，但人们（包括学者和立法者）对少年司法体系的反思一直没有停歇。在首个少年法庭设立 100 周年时，学者对少年法庭的有效性、优缺点及其未来发展趋势展开了广泛的讨论并提出了许多问题。有些学者提倡废除少年法庭或者对其运作方式作重大改革，另一些学者则期待继续对青少年采用独立的司法系统并坚持采用对青少年进行矫治的康复计划。20 世纪 60 年代以来的严厉打击青少年犯罪的观点日益受到挑战，新观点认为解决青少年犯罪问题需要一种多元整合的方法。其中就有观点提倡社区要配合青少年司法专家协同工作，开发和整合各种资源，以预防青少年犯罪，同时对濒临犯罪的青少年实施有效干预。[2]

未成年人违法犯罪的治理并不是少年法庭独有的领域，更无法单纯依靠少年法庭的作用予以解决。非监禁化、非刑罚化是处理未成年人违法犯罪的重要原则。而实现这一原则的重要方式和路径是社区处遇。社区处遇是国家将符合一定标准的未成年人从正规的刑事程序转出，以避免或减少该正规的刑事程序对未成年人的不利影响。这套转处制度由司法机关对轻微少年犯罪或不予立案，或不予起诉，或不予审判，或不予刑罚处罚，或不执行监禁刑，而施以教育性、恢复性等措施，从而实现对未成年人的非犯罪化、非刑罚化和非监禁化。

西方国家围绕少年司法制度的探索，更清楚地认识到单纯对罪错未成年

---

[1]　J W. Mack："The Juvenile Court"，*Harvard Law Review*，No. 2.，1909，p. 107. 转引自孙谦：《关于建立中国少年司法制度的思考》，载《国家检察官学院学报》2017 年第 4 期。

[2]　参见 [美] Curt R. Bartol，Anne M. Bartol：《犯罪心理学》，杨波等译，中国轻工业出版社2009 年版。

人进行审判和监禁，并不是根治犯罪的有效办法，只有在司法过程中分析儿童犯罪的原因，尊重犯罪儿童的各项权利，尽量采用非监禁的办法纠正儿童的罪错行为，如社区矫正等，才能有效地预防他们再次犯罪。这个观点被许多西方国家的学者认可后，在实践中加以应用，并被联合国立法借鉴和吸收，并倡导各成员国加以实践和使用。

《儿童权利公约》、《联合国少年司法最低限度标准规则》（又称为《北京规则》）和《联合国预防少年犯罪准则》都对社区预防和矫正少年犯罪的地位和作用给予了界定。对于确实犯罪的少年，《儿童权利公约》在 40 条第 4 款规定："应采用多种处遇办法，诸如照管、指导和监督令、辅导、察看、寄养、教育和职业培训方案及不交由机构照管的其他办法，以确保处理儿童的方式符合其福祉并与其情况和违法行为相称"。《儿童权利公约》倡导使用包括社区矫正在内的非监禁刑的基本精神在《北京规则》中得到了充分的体现。《北京规则》在总则部分的基本观点第三款中明确规定，对于犯罪少年"应充分注意采取积极措施，这些措施涉及充分调动所有可能的资源，包括家庭、志愿人员及其他社区团体以及学校和其他社区机构，以便促进少年的幸福，减少根据法律进行干预的必要，并在他们触犯法律时对他们加以有效、公平及合乎人道的处理。"在 18 条中规定，应使主管当局可以采取各种各样的处理措施，使其具有灵活性，从而最大限度地避免监禁。有些可以结合起来使用的这类措施应包括社区服务等。在 19 条又再次强调，把少年投入监禁机关始终应是万不得已的处理办法，其期限应是尽可能最短的必要时间。《北京规则》还在第四部分专门对犯罪少年的非监禁待遇做了列举性规定，如 25 条提出，应发动志愿人员、志愿组织、当地机构以及其他社区资源在社区范围内并且尽可能在家庭内为改造少年犯作出有效的贡献。《联合国预防少年犯罪准则》是联合国在总结了世界各国经验的基础上，提出的预防少年犯罪的权威性准则，其中少年的社会化过程是预防少年犯罪的关键，而社会化过程中社区的地位和作用不容忽视，于是《联合国预防少年犯罪准则》在第四部分 C 款中共用 8 条规定了社区在预防少年犯罪中应采取的措施和方法。[1]

---

〔1〕 参见席小华：《国外社区预防和矫正少年犯罪的实践与启迪》，载《中国青年研究》2004 年第 11 期。

西方国家的社区处遇模式大致来说有两种：一种是以预防犯罪为目的的社区项目，这类项目为那些有需要的未成年人提供照料、保护和治疗。具体说来包括保护观察、戒治和咨询、赔偿等，针对的是处于照料家庭（foster homes）、小组家庭（small-group homes）、寄宿学校（boarding schools）或留在自己家中的未成年人。这些项目为处于社区中的未成年人提供咨询、职业培训等服务。在这类社区项目中，最广泛适用的是保护观察（probation）。保护观察制度肇始于 19 世纪，产生时间早于少年法庭，直到 19 世纪末成为少年法庭制度的一项法定内容，与少年法庭同步发展。保护观察已经成为法庭命令的一种，即少年法庭可以允许未成年人待在社区但要接受监督。相应地，未成年人需遵守一系列规则，如果这些规则被违反，那么保护观察将被撤销。[1]

针对未成年人的社区处遇都坚持未成年人不是对社区的威胁，而且在社区中能够有更大机会被矫治好。针对未成年人的社区处遇在维护法律权威并保护公众的同时给予未成年人最大的自由，让未成年人在维系正常的社区关系的前提下促进矫治，并且很好地避免了监禁的负面效应，而且大大降低了公众的成本支出。

这类在社区实施的犯罪矫正，会针对未成年人的风险因素提供具体的措施。例如，研究发现，贫困与未成年人犯罪存在相关关系，父母对孩子的虐待行为与少年暴力犯罪的发生有关联。那么，社区处遇的提供者就会对上述风险进行关注和干预，比如：工作人员会见存在这类问题的家庭成员，对这些孩子的父母给予情感上的帮助。社区的工作人员会通过学校记录的检查、电话访谈、家访等方式，发现哪些家庭的父母使用了无效的不适当的教育方法。一旦这样的家庭被确认，有关组织便向这些父母提供训练课程，通过训练，在很大程度上减少了他们子女的继续犯罪行为。[2]

第二种社区处遇模式，以恢复性司法实践为代表，包括家庭会议（family group conference）等形式。这种处遇模式，通过未成年人与被害人面对面的方式，帮助未成年人认识到自己行为的过错，从而真诚道歉并通过赔偿被害人、

---

〔1〕　See Larry J. Siegel, Brandon C. Welsh, *Juvenile Delinquency: Theory, practice and law*, Cengage Learning, 2018.

〔2〕　参见席小华：《国外社区预防和矫正少年犯罪的实践与启迪》，载《中国青年研究》2004 年第 11 期。

参加社区服务等方式承担责任。这是一种立足于被害人及加害人双方需求，在社区中以人性化过程践行公平正义，并赋权双方且有效解决争端的一种司法实践方式。被害人、加害人，他们的重要他人，以及社区代表被邀请参加会议，在召集人的帮助、引导和主持下，被害人讲述犯罪行为对自己造成的身体、情绪和经济后果，直接参与制订犯罪人向其偿还经济债务的赔偿计划等方式，这样不但为被害人提供了一个心理康复的过程，也有助于达成赔偿协议。未成年加害人也可以在此程序中陈述究竟是何种原因致使自己实施了犯罪，其动机和目的何在。重要的是未成年加害人通过对被害人的聆听，清楚地认识到自己对他人造成的伤害，能真正接受并承担自己行为所导致的责任。

家庭会议模式在加拿大、新西兰、北爱尔兰等国的未成年人犯罪中广泛适用，成为其少年司法制度的重要组成部分。在一些国家，家庭会议模式成为警察阶段转处的重要形式。如上所述，会议旨在为双方当事人获得令人满意的结果，讨论如何处置犯罪的后果，并且采取措施防止犯罪行为在今后再次发生。会议的过程就是要让未成年加害人面对自己犯罪的后果，制定赔偿计划或者监管/监禁等内容。

被害人—加害人调解（Victim-offender mediation，VOM）是最早的恢复性司法实践，也是在欧洲范围内使用最广的一种形式。通过直接的面对面的形式或是间接形式，由中立的第三人为调解员，组织被害人和被告人参与就犯罪及犯罪后果的对话。被害人—加害人调解旨在解决被害人的需求同时确保被告人为自己的行为负责。目前这一实践由政府部门或非营利组织负责实施。转介通常来自警察、检察官、法院、律师和缓刑部门，某些时候也由被告人或被害人提出请求。被害人—加害人调解可以在起诉前、起诉后/审判前、审判后和量刑后等环节，以被害人和被告人的自愿参与为前提，但会对司法处置产生影响。例如：被害人—加害人调解发生在量刑前，那么调解结果会通知到检察官或法官供其参考。在加害人关押服刑期间，被害人—加害人调解亦可以作为其矫治过程的一部分。

量刑圈（sentencing circle）过去在土著民族的一些仪式中使用，但西方国家已对其改良并纳入刑事司法制度中。在法官量刑之前，可通过量刑圈的方式吸纳社区意见。法官和律师可以参加，也可以不参加。量刑圈基于当事人和支持人士（supportive others）以及社区代表的参与，达成解决方案，并进行后续的跟踪和监督方案履行。量刑圈的决定对量刑法官没有强制力，但是其本身构成了法官赖以量刑的重要信息来源。量刑圈旨在提升社区的集体感，通过协商、治愈的过程赋权被害人、被告人以及社区代表，其目的不仅是让所有受犯罪影响的人得到治愈，并且是通过未成年加害人与社区成员的关系修复促进加害人的改过与社会融入。[1]

这种处遇模式在国外的盛行，与两个因素密切相关。首先，拥有一支专业团队，有时间、精力和技能投入到恢复性司法的组织和实施活动中。来自不同专业的研究者、医生、社会工作者、志愿者等，都对犯罪的未成年人充满爱心，对未成年人的生理、心理和青少年犯罪的特殊性有充分的了解和认识，从而能够从自己的学科认识出发，服务于未成年人犯罪的社区矫治与预防工作。不论是家庭会议、被害人—加害人调解还是量刑圈，都需要协调人前期付出大量的准备工作以及穿梭在加害人与被害人之间的沟通协调工作。因而，成功的恢复性司法实践与专业团队的付出是分不开的。其次，政府通过与"第三部门"合作，将预防和矫正工作转给第三部门，换句话说，政府将传统事务转移到社区层面，由后者承担起对犯罪的预防和矫正工作。社区代表、志愿者等人在未成年人和解协议的达成以及对和解协议的履行方面起到监督作用。

然而，这种恢复性处遇能够在社区层面得以实施，亦需要一定的环境与法律基础。下面以英国（英格兰和威尔士）的青少年犯罪小组（Youth Offending Team，YOT）以及澳大利亚的少年司法小组会议为例，剖析基于社区的恢复性处遇在实施过程中要克服的阻力或障碍。

三、"恢复性"社区处遇：以英国的青少年犯罪小组为例

英国的青少年犯罪小组，指的是英国在推行包容的恢复性司法价值观的过程中，以 1998 年的《犯罪与扰乱秩序法案》（Crime and Disorder Act 1998）为契机，引入青少年司法委员会（Youth Justice Board）在国家层面监督变革。在地方层面，各地建立跨学科的青少年犯罪小组（Youth Offending Teams，YOT）来实施"新的"青少年司法。在英格兰和威尔士共有 155 个这样的青少

---

[1] See United Nations Office on Drugs and Crime, *Handbook on Restorative Justice Programmes*, 2020.

年犯罪小组，由来自不同机构的约 2500 名员工组成。[1]

青少年司法委员会资助了大约 46 个恢复性司法项目，这些项目后来受到了评估。大部分项目要么处于最后警告阶段，要么是赔偿令阶段，并以家庭团体会议、调解（直接和间接）、赔偿（对受害人和对社区的）以及对受害人的认知为形式。项目中过半数的转介数低于预期，进展到干预阶段的案件比例也低于预期。一项全国性的研究揭示，受害人接触程序的不足和青少年犯罪小组与项目间沟通不畅，导致"转介不足或不适当"。该研究还发现，通过"快速通道"减少刑事程序中的延误的压力对评估质量和对受害人的工作产生了不利影响。研究得出的结论是，在实施过程中过度依赖社区赔偿，并且不同的项目促进犯罪者、受害人和社区之间对话（因此他们的恢复性）的程度不一。[2]

少年法庭将未成年人转介到青少年犯罪小组，小组通常由一个 YOT 成员和两个社区小组成员（其中一个担任会议主席）组成。YOT 有责任招募和培训社区小组成员，管理小组会议并执行转介令。青少年犯罪小组旨在为罪犯、受害人、他们的支持者和社区成员讨论犯罪及其后果提供比法庭更非正式的场所。16 岁以下的年轻罪犯的父母须参加所有小组会议。小组会议并不邀请以专业身份出席的法律代表，亦不邀请作为罪犯的支持者出席。小组的目的是"为年轻罪犯提供一个建设性的论坛，使他们能够面对犯罪的后果，并同意一项有意义的活动计划，以防止任何进一步的犯罪行为"。为了鼓励流程的恢复性，可能会邀请其他各类人员参加给定的小组会议（尽管任何参与都需严格自愿）。如果没有直接的受害人，小组可能希望邀请一个可以在会议中"代表受害人观点"的人，例如地方企业人士或遭受过类似犯罪的个人。

小组也借鉴了在新西兰的家庭团体会议的经验，并借鉴了英格兰和威尔士的受害者—犯罪人调解以及泰晤士河谷警察实施的"恢复性警告"的做法。起初小组会议的目标是设计一份合同，如果受害人选择参加，他们也可以会见并讨论犯罪行为。小组和未成年人关于合同内容的谈判应由社区小组成员主导。YOT 成员的角色是建议可能的活动并确保比例。因此，合同应始终包

〔1〕 See Crawford, A, "Institutionalizing restorative youth justice in a cold, punitive climate", in I. Aertsen eds. , *Institutionalizing Restorative Justice*, Willan Publishing, 2007, pp. 120-150.

〔2〕 See Wilcox, A. wish Hogle, C. Restorative Justice Projects: The National Evaluation of the Youth Justice Board's Restorative Justice Projects, London, Youth Justice Board, 2004.

括赔偿受害人或更大社区以及主要旨在预防进一步犯罪的活动计划。根据指南，"合同应与未成年人协商，而不是强加于他们"。如果达不成协议或未成年人拒绝签署合同，那么他或她将被重新送回法庭重新判刑。

YOT 负责监控合同，并记录未成年人的履约情况。小组预计至少每三个月与未成年人举行一次进度会议。需要的进度会议数量将取决于合同的长度和在每个案例中认为必要的监管水平。一旦完成转介令（referral order）的期间，未成年人将不再被视为有犯罪记录。

转介令和 YOT 最初于 2000 年在英格兰和威尔士的十一个地区作为试点项目引入，并受到全国性的评估。全国性的实施于 2002 年 4 月开始。由于新命令的强制性，它迅速成为少年法庭的中心处置。在全国性实施的第一年（2002 年 4 月至 2003 年），转介令占所有少年法庭命令近三分之一（29%）。据此，转命令构成了新的"制裁升级器"的第三步。（注：根据英国的这项试点，青少年犯罪人在少年法庭处理之前可能会经过警察的训斥（reprimand）或最后警告（firal warning）这两步）然而，实践中，许多青少年通常会错过前两步，直接到法庭并接受一个转介令。根据研究，转介令通常是对年轻人犯罪行为的首个回应，而不是法庭前的转处（pre-trial diversion）。有 54% 的转介令是在年轻人未接受过警察的任何先前训斥或最后警告的情况下作出的。

根据试点评估，十一个地区的 YOTs 对于实施过程中所遭遇的新挑战反应良好。可能最令人鼓舞的结果是，一年后，小组似乎已经作为协商和参与的平台，用来解决年轻人的犯罪行为。小组的非正式性质允许年轻人、其父母或照顾人、社区小组成员以及 YOT 顾问讨论年轻人的犯罪行为的性质和后果，以及如何修复所造成的损害和解决年轻人犯罪行为的原因。因此，小组不仅是讨论损害及其后果的平台，还是一种监督合同履行并保障回归社会的途径。在这方面，相比其他恢复性干预，转介令赋予了 YOT 在合同达成的初始会议之后更广泛的作用。[1]

从英国的青少年犯罪小组的实践可以看出，对未成年人的恢复性处遇是其少年司法制度的一部分。英国的青少年犯罪小组接受少年法庭的转处，提供给未成年人、被害人以及社区共同协商、参与对犯罪和犯罪人的处置的平

[1] See Crawford, A. "Institutionalizing restorative youth justice in a cold, punitive climate", in I. Aertsen eds. , *Institutionalizing Restorative Justice*, Willan Publishing, 2007, pp. 120-150.

台。但是在少年法庭之前的警察阶段可同样实施恢复性警告（restorative cautioning），以及在未成年人被判决后仍然可以要求恢复性司法的对话。因而，恢复性司法是深度融入少年司法制度中的理念和实践。

对项目的科学评估也揭示了英国的青少年犯罪小组实践面临以下困难：被害人参与度低；刑事程序的期限压力；转介数量不高。这些难题在欧洲大陆国家的恢复性司法实践也多有存在。没有一项实践是完美的。但实践的宗旨和意义决定了实践的结果与走向。我们清晰地看到，在对未成年人的恢复性处遇中，一项核心要旨在于让未成年加害人面对自己的犯罪，面对自己的"重要他人"、被害人以及社区代表，切实为自己的行为承担起责任。值得一提的是，过去十年间，在英格兰和威尔士，在少年法庭起诉的案件下降了79%，而与此同时，受警察或 YOT 转处并进行"早期和有效干预"的案件以同样幅度增长。[1]

四、"恢复性"社区处遇：以澳大利亚的少年司法小组会议为例

类似英国的青少年犯罪小组实践，澳大利亚的少年司法小组会议（conferencing）代表了将恢复性司法用于未成年人犯罪的一项举措。自 20 世纪 90 年代以来，适用于未成年人的小组会议逐步在澳大利亚各州得到推行。在一些州，小组会议也被运用到成年人犯罪的处理中。

少年司法小组会议制度的内容[2]是当未成年人可能被判处缓刑或者青年监管令（youth supervision order）的前提下，由少年法庭的法官将未成年人转介到少年司法小组会议项目。少年司法小组会议的工作人员将召集未成年人、未成年人的律师、未成年人的法定代理人、警察和其他受到未成年人违法犯罪行为影响的人，共同参与针对该名未成年人召开的少年司法小组会议，通过少年司法小组会议对未成年人的犯罪行为进行充分讨论，促进未成年人与被害人的恢复和社会关系的修复，帮助未成年人更好回归社区，避免再次犯罪。

---

〔1〕 See Youth Justice Board, Youth Justice Statistics: 2021 to 2022（London: Youth Justice Board, 2023），载 http://www.gov.uk/government/statisitics/youth-justice-statistics-2021-to-2022/youth-justice-statistics-2021-to-2022-accessible-version，最后访问日期：2024 年 3 月 30 日。

〔2〕 参见刘悦：《澳大利亚少年司法小组会议制度及其借鉴》，载《预防青少年犯罪研究》2015 年第 5 期。

在新南威尔士州，根据《1997年青少年罪犯法案》（Young Offenders Act 1997），青少年通常是在受到警察的警告（warning）和警诫（caution）之后，会被转介到少年司法小组会议。在实践中，青少年在受到三次警告后可能会被转介到小组会议。参与者必须承认自己有罪并同意参加会议，但性侵犯、毒品和交通犯罪、导致死亡的犯罪以及违反逮捕暴力令的行为被排除在少年司法小组会议之外。符合条件的青少年将被转介到会议中，会议参加者包括青少年本人、父母、受害者、支持人员以及警察。受害者如果选择不亲自参加，也可以派一名代表参加。理想的情况下，会议将在所有参与者都同意的情况下达成一个结果计划；如果受害者亲自参加，该计划只有在青少年和受害者都同意的情况下才能执行。如果无法达成一致，则将事项转回最初转介的警方或法院。会议召集人通常在当地社区生活和工作的社区成员。

少年司法小组会议自推广以来，受到第三方的专业评估。犯罪统计与研究局（Bureau of Crime Statistics and Research，BOCSAR）早期的一项研究对通过青少年司法会议处理的青少年以及有资格参加会议但通过儿童法庭处理的青少年的重新犯罪结果进行对比分析，发现参加青少年司法会议的青少年的重新犯罪适度减少。对青少年会议对重新犯罪的影响进行的第二次评估报告称，会议对于重新犯罪、首次（经证实的）重新犯罪的时间长度、重新犯罪的严重程度或经证实的犯罪数量等方面没有显著差异。最近的一项研究评估了新南威尔士州《1997年青少年罪犯法案》对青少年罪犯被判处监禁的可能性的影响，结果发现，《1997年青少年罪犯法案》有效地将土著和非土著青少年从监禁中转移出来。[1]

少年司法小组会议项目在澳大利亚的其他各州均得到推行，并得到广泛的关注和持续评估。该制度能够得到迅速的发展，除了其被写入法律之外，还与该制度所体现的恢复性司法理念和儿童利益最大化原则在少年司法中得到实现密不可分。通过有效的司法分流，少年司法小组会议成功地将未成年人从可能面临更严重的刑罚中剥离出来，给予其改正的二次机会。少年司法小组会议尤其强调社区的作用，通过召集社区代表和未成年人的重要社会联系人参加会议，重建了未成年人与其所在社区的联系，并确保未成年人后续

---

〔1〕　See Jacqueline Joudo Larsen，*Restorative justice in the Australian criminal justice system*，Australian Institute of Criminology Reports，2014.

能够完成协议计划。这些未成年人在返回少年法庭之后一般不会被处以青年监管令（youth supervision order）或更严重的刑罚。未成年人在后续协议或计划的履行中，能够得到持续的指导，在就学和就业方面不受影响。此外，少年司法小组会议重视被害人的参与度和满意度。参加少年司法小组会议对于被害人而言，既是一个心理疏导过程，也是让被害人的声音被聆听的重要渠道。对少年司法小组的评估亦包括了被害人满意度的调查。根据现有的研究显示，参与少年司法小组能够帮助被害人实现情绪的恢复和治愈。

五、分析与小结

本章分析了西方国家未成年人处遇，尤其是恢复性司法特征的社区处遇。"处遇"一词，来自日本犯罪实证学派借用医学观念所发展的、用以对抗古典学派的概念。在 20 世纪后受到人道主义刑事政策影响而被运用于刑事司法。

刑法学界针对"处遇"一词有不同看法。有学者认为，这一概念有广义和狭义之分，广义上是指罪犯的一般待遇和地位，狭义上则是指为使罪犯尽早回归社会并为了防止再犯而采取的各种措施的总和。[1]也有学者认为，犯罪人的处遇，是指以防止犯罪及便于犯罪人重返社会为目的而对犯罪人施加的国家处遇的总体。[2]本章所采用的是最后一种观点。

国际社会大力倡导对未成年人的社会性、开放式处遇。社区处遇建立在人性化的基础上，以努力符合未成年人健康发展的需要为宗旨，符合未成年人的生理和心理特点，从而实现对未成年人的教育和保护。恢复性处遇代表了社区处遇的某种新趋势。但是也应当看到，国外的恢复性处遇（这里以英国和澳大利亚少年司法的动向为例）作为少年法庭转介令（refer orders）后的一种基于社区的会谈、磋商和解决，在动员社区方面存在一定的难题，表现在被害人和社区的参与性不高；此外，被邀请参加的社区代表往往跟未成年人并没有什么联系，对未成年人的教育效果恐怕也是有限的。但是，国外在恢复性处遇的实践中非常重视和依赖志愿者的力量，这对于抵抗传统刑事司法体制的管理主义和惩罚主义是一股正向的力量。

最为重要的是，以恢复性观念为指引的社区处遇，依然是以保护、教育

---

〔1〕 参见陈兴良：《刑法的价值构造》，中国人民大学出版社 2006 年版，第 387—388 页。

〔2〕 参见［日］大谷实：《刑事政策学》，黎宏译，中国人民大学出版社 2009 年版，第 170 页。

未成年人为宗旨，这与社会上的严惩倾向是不同的。尽管国外的刑事司法动向出现了严厉的一面，但是由社区志愿者为主体的社区实践，依然秉持少年保护观，秉持对少年犯罪的科学认识和人文关怀，成为抵抗惩罚主义声音的有力的专业实践。依靠跨学科的知识和专业背景，由志愿者支撑起的恢复性处遇，成为西方国家少年司法制度的重要亮点。

第三编　我国社会治理的实践悖论：
以戒毒模式为例

我国的戒毒模式：从强制隔离到社区

在我国，禁毒工作由国家禁毒委员会在党中央、国务院的坚强领导下统一部署。近几年，从 2014 年的《中共中央、国务院关于加强禁毒工作的意见》，到 2015 年国家禁毒办会同中央综治办等 11 部门印发的《全国社区戒毒社区康复工作的规划（2016—2020 年）》，到"禁毒 2018 两打两控"专项行动，禁毒人民战争一直在进行。[1] 从中央到地方，各部门都致力于控制国内的毒品形势。《2018 年中国毒品形势报告》也首次出现了"国内毒品形势呈现整体向好、持续改观的积极变化"这样的字眼。根据该报告，2018 年中国新增吸毒人员减少，尽管规模依然较大。取得这一进步是阶段努力的成果，但并不意味着毒品吸食的危害已经不在，更不意味着毒品戒治工作可以收工。

相反，毒品吸食人群的体量依旧庞大。截至 2018 年底，全国现有吸毒人员 240.4 万名（不含戒断三年未发现复吸人数、死亡人数和离境人数）。这个体量，不管是对于强制隔离的处遇设施，还是对开展十年之久的社区戒毒（包括社区康复）而言，都是巨大的经济、财政和公共安全的负担。国家财政拨款每年用于毒品戒治方面也是一笔不小的开支。问题是，每年都要收戒毒品吸食人员，每年也有毒品吸食人员被释放和回归社会，那么究竟在这其中，我国的戒治工作成效如何？如果用国际通行的有效性分析，那么我国的社区戒毒工作和强制隔离戒断工作，优劣势究竟在哪里？为此，本章先将强制隔离戒毒与社区戒毒进行了一番比较，并主要论述社区戒毒的性质、管理模式和

---

〔1〕 参见《坚决打赢新时代禁毒人民战争》，载 http://www.sohu.com/a/241800053_ 800392，最后访问日期：2019 年 5 月 6 日。

戒治措施、规模和发展。

一、关于戒毒模式的讨论

在戒毒模式方面，西方对毒品的研究起步较早，对毒品滥用原因和戒毒模式的研究侧重于生物学、医学、社会学、心理学、精神病学等多元学科视角。正如有学者评论："国外禁吸戒毒模式多元化的特点较明显，戒毒模式多种多样，领域包括医学、社会学、心理学、精神病学等学科，依靠学科理论构建戒毒模式，注重戒毒实效，显示了戒毒研究的科学态度"。[1]例如，美国比较流行的"治疗共同体"（Therapeutic Community）项目——在无毒居住区内依靠同伴影响和团体协作促进戒除毒瘾和亲社会行为，诸多研究便对此项目的实施效果进行了评估。[2]

我国目前主导的戒毒模式有两种：强制隔离戒毒和社区戒毒。社区戒毒自 2008 年被《中华人民共和国禁毒法》（以下简称《禁毒法》）确立其正式地位，并被赋予了帮助戒毒人员顺利回归社会的重要价值理念。[3]目前，学界的研究集中在以下方面：一是对西方国家流行的戒毒模式的介绍[4]；二是对戒毒有关法律法规的解读及其不足方面的探讨，如有学者指出我国的《禁毒法》没有经过长期和扎实的学理论证[5]，在诸如吸毒成瘾的标准、自愿戒毒和强制戒毒的衔接等问题上缺乏细致的规定[6]；三是对一些禁毒实践的描述，包括对一些地方戒毒经验的汇报和介绍，如贵州省的"阳光工程"[7]，

---

〔1〕 参见房红等：《国外禁吸戒毒模式述评》，载《云南警官学院学报》2010 年第 1 期。

〔2〕 See Zhang, S. X., et al., "Therapeutic Community in a California Prison: Treatment Outcomes After 5 Years.", *Crime & Delinquency*, Vol. 57, No. 1., 2011, pp. 82–101.

〔3〕 参见国务院法制办公室编：《中华人民共和国禁毒法注解与配套》，中国法制出版社 2008 年版。

〔4〕 参见徐媛媛等：《中外社区戒毒和社区康复比较研究》，载《云南警官学院学报》2010 年第 1 期。王丹：《中外社区戒毒模式比较研究》，载《云南警官学院学报》2010 年第 5 期。王玮、肇恒伟：《论国外戒毒模式对我国社区戒毒的借鉴》，载《中国刑警学院学报》2012 年第 4 期。

〔5〕 参见姚建龙：《禁毒法与我国戒毒体系之重构——风险预估与对策建议》，载《中国人民公安大学学报（社会科学版）》2008 年第 2 期。

〔6〕 参见胡鹏：《禁毒法视角下的社区戒毒工作研究》，载《青少年犯罪问题》2008 年第 6 期。罗旭等：《强制隔离戒毒与戒毒康复、社区戒毒和社区康复的对接机制研究》，载《中国司法》2016 年第 4 期。

〔7〕 参见刘志民：《社区戒毒社区康复的实践与创新——学习考查贵州省"阳光工程"建设的几点体会》，载《中国药物滥用防治杂志》2013 年第 1 期。

上海市的禁毒社会工作制度创新〔1〕，云南昆明的"金碧模式"〔2〕。四是探讨社区戒毒普遍存在的隐忧和一系列制度缺陷，如我国社区发育程度普遍偏低〔3〕，经费保障不足，社区戒毒的专业水平还相对滞后，社会参与不足。遗憾的是，目前已有的研究多侧重描述，而缺乏理论分析。并且，利用数据的研究还比较匮乏，可能无法满足政策制定者对问题的深入把握的需要。其实，对戒毒模式的把握应当放置在全球吸毒戒治以及我国社会变迁的时代背景下。2008年《禁毒法》开启了"以人为本"的立法理念，社区戒毒的引入实质上是扭转了传统的以社会控制为主导的思维模式，表明我国在执法方式上也由最初强调对吸毒者的司法惩治，逐步转变为更加注重对吸毒人员的社区戒毒和社区康复〔4〕。正因为如此，有必要对我国的社区戒毒作一次系统梳理，总结中国在有关毒品戒治的社区处遇方面的得与失。

二、社区戒毒的性质定位

我国自2008年的《禁毒法》正式确立了社区戒毒这一新的戒毒模式。"社区戒毒以社区为依托，以家庭为辅助，利用社区开放的社会环境对吸毒人员进行戒毒和康复治疗，因而是一种不同于以往利用封闭场所强制戒毒的新型模式"。〔5〕

通说的观点将社区戒毒分为广义和狭义。狭义的社区戒毒，是指将符合社区戒毒条件的吸毒人员置于社区，由基层政权组织及公安机关负责实施，由相关社会团体和民间组织以及社会志愿者积极协助，戒除其毒瘾、康复其身心并最终促使其恢复正常社会生活的戒毒模式。广义上的社区戒毒，还包括被解除强制隔离戒毒措施的吸毒人员的社区康复和部分吸毒成瘾人员的维持

〔1〕 参见费梅苹：《意义建构：戒毒社会工作服务的实践研究——以上海社区戒毒康复服务中的同伴教育为例》，载《华东理工大学学报（社会科学版）》2011年第2期。

〔2〕 参见钱宁：《社区戒毒的控制与支持网络——昆明市创建无毒社区活动研究》，载《华东理工大学学报（社科版）》2002年第1期。

〔3〕 参见阮传胜：《我国社区矫正制度：缘起、问题与完善》，载《北京行政学院学报》2011年第1期。

〔4〕 参见唐斌：《禁毒非营利组织研究——以上海市Z社工服务机构为例》，上海社会科学院出版社2017年版。

〔5〕 参见刘建宏主编：《中国吸毒违法行为的预防及矫治》，人民出版社2014年版，第112页。

治疗[1]。本章也将社区戒毒界定为一个整体，既包括公安决定的将对象放置在社区进行戒治，也包括离开强戒所之后的社区康复环节。这两者的终极目标无疑都是恢复戒毒人员的正常社会生活。

与传统的强制隔离戒毒相比，社区戒毒具有非封闭性、社会参与性、教育性和扶助性的特点。具体而言，社区戒毒改变了以往将吸毒人员长期置于封闭的戒毒所进行戒毒治疗的方法，让其在社区较为宽松开放的环境下接受戒毒治疗。这样，吸毒人员的正常的社会关系和社会生活得以维持，并且有效避免了隔离所带来的种种负面效应。同时，社区戒毒吸纳了民间组织、社会工作者和专业人士等社会力量，并调动社区居民参与其中，减缓了政府负责强戒的压力，降低了戒毒工作的行政色彩。社区戒毒也能对困难的戒毒人员展开一定的帮扶和教育，让其在社区中感受到温暖和信心，对于戒毒人员的社会回归也是大有裨益。综上看来，社区戒毒具有社会工作的特点，然而在我国，它又是一项由公安机关施加的行政强制措施。正因为此，我国的社区戒毒的性质定位并不明确，在两者之间徘徊游离。有学者指出，"强调社区戒毒的治疗服务性质，注重对于吸毒人员的行为治疗及重建对身心有益的人际交往的社会化训练，是工作重点。行政强制手段并非基于惩罚目的，而是为了保证社区戒毒的有效展开"。[2]笔者比较赞同这一说法，但同时需要指出的是，我国的法律体系在社区戒毒和强制隔离戒毒的安排上似乎并没有凸显社区戒毒的价值。

首先，我国《禁毒法》第 38、39 条就社区戒毒和强制隔离戒毒的决定分别作了规定。《禁毒法》第 39 条第 1 款规定，怀孕或者正在哺乳自己不满一周岁婴儿的妇女吸毒成瘾的，不适用强制隔离戒毒。不满十六周岁的未成年人吸毒成瘾的，可以不适用强制隔离戒毒。不仅在"不适用强制隔离戒毒"的类型上规定较少，并且在第 38 条第 2 款规定"对于吸毒成瘾严重，通过社区戒毒难以戒除毒瘾的人员，公安机关可以直接作出强制隔离戒毒的决定。"或许可以判断出，法律对于社区戒毒的地位予以肯定，但并没有特别优先或鼓励使用社区戒毒的意味。

其次，尽管法律目前确立了社区戒毒在国家整个戒毒体系中的地位，但是其与社会工作的冲突也客观存在。具体来说，社区戒毒被赋予了社会工作

---

〔1〕 参见刘建宏主编：《中国吸毒违法行为的预防及矫治》，人民出版社 2014 年版，第 112 页。

〔2〕 参见刘建宏主编：《中国吸毒违法行为的预防及矫治》，人民出版社 2014 年版，第 112 页。

的特点，有一套明确的理论指导，有严格的职业规范，并由专门机构和社会工作者在一套价值理念的基础上，对戒毒人员开展戒治服务。尤其是在社会回归的层面上，社区戒毒与社会工作的工作属性不谋而合。但目前并不清楚的是，社会工作与强制性的社区戒毒如何在实践层面展开。这恐怕对社区戒毒的成效至关重要。

三、社区戒毒的管理模式和戒治措施

我国《禁毒法》在社区戒毒工作方面采取的是大行政体制，由基层人民政府负责。《禁毒法》第 34 条第 1 款规定，城市街道办事处、乡镇人民政府负责社区戒毒工作。城市街道办事处、乡镇人民政府可以指定有关基层组织，根据戒毒人员本人和家庭情况，与戒毒人员签订社区戒毒协议，落实有针对性的社区戒毒措施。公安机关和司法行政，卫生行政，民政等部门对社区戒毒工作提供指导和协助。"社区戒毒"理念的目的是充分发挥我国街道（乡镇）居委会对吸毒成瘾者管理的效应，整合戒毒工作的各种社会资源。[1]例如，公安机关和司法行政、卫生行政、民政等部门应当对社区戒毒工作提供指导和协助。城市街道办事处、乡镇人民政府，以及县级人民政府劳动行政部门对无职业且缺乏就业能力的戒毒人员，应当提供必要的职业技能培训、就业指导和就业援助。据此，社区戒毒是一种具有中国特色的戒毒模式，是一项集戒断、教育、帮助、挽救于一体的综合性戒毒措施。[2]

各地在探索适合自身的戒毒模式的道路中，也发展出了具有当地特点的戒毒模式。这里我们选取了几则媒体报道。广东省是戒毒大省，因其特殊的地理位置，它成了毒品运输、制造、贩卖的主要通道，吸毒人员数量剧增，包括本地人群和外地流动人群，在开展戒毒工作的道路上遇到了许多难题。"三三六"模式的确立是广东省戒治模式的创新与成功。它分为"三期、三分、六法"，"三期"采用了国际通用的"三期戒治"模式，"三分"是通过分型编队、分类戒治、分级处遇来达到激励效果，"六法"是综合运用心理学等科学原理建立康复理疗室等机制提高戒治效果。数据表明，经过"三三六"模式的训练，强戒人员的毒害认知和意志坚强程度分别提高了 16.4% 和

〔1〕 参见刘建宏主编：《中国吸毒违法行为的预防及矫治》，人民出版社 2014 年版，第 118 页。
〔2〕 参见中国国家禁毒委员会办公室：《2012 中国禁毒报告》。

14.1%，成效十分显著。[1]浙江省司法厅积极探索符合解读规律、具有浙江特色的戒毒工作模式，戒毒工作水平有了新的提高。其探索形成"四四五"戒毒模式，即在场所布局上实现四区分离，在教育管理上形成四项机制（分类管理、分别管理、分期管理、分级管理），在戒毒方法上采取五种措施（医疗戒毒、心理矫治、康复训练、认知矫正、习艺培训）。[2]

上海市戒毒管理局在2018年专门下发的《关于践行治本安全观 推进科学戒毒三年行动方案（2018-2020年）》中明确了以科学戒毒为主攻方向。上海市戒毒管理局开发了5项戒毒新技术，包括运用虚拟现实戒毒矫正，重复经颅磁治疗，脑波认知干预，智能心理矫治和运动拟瘾训练。这些技术具有针对性，科学性，在实践运用中取得了一定的效果。[3]此外，如贵州省的"阳光工程"[4]，云南昆明的"金碧模式"[5]，都成功运作并取得了良好的成效。在这些新举措、新模式的背后，应该说，社区戒毒通常都包含如下几个阶段：收治—脱毒—康复—再社会化—跟踪回访，其中脱毒、康复和再社会化是社区戒毒的主体部分[6]。

近年来，针对吸毒成瘾的心理治疗也在实践层面受到重视和推广。过去的单一的药物治疗无法解决吸毒者面临的社会问题、就业问题和家庭问题。吸毒者需要建立起在这个社会中的平等关系，恢复对生活的信心，重塑做人的尊严。作为矫治工作者，要能与戒毒者建立起信任、平等的关系，尊重其使用药物治疗，并在矫治过程中始终将戒毒者摆在主动者的位置，因为只有戒毒者内心有强烈的主观愿望，才能有良好的戒毒效果。对戒毒者进行心理矫治给予他们帮助的最终目的是希望他们能够戒除毒瘾，恢复社会生活。戒毒工作通过专业的人员给予戒毒者帮助，进行专业化的治疗，在与戒毒者的

---

〔1〕 参见广东省司法厅：《三三六新模式科学戒毒淡化心瘾》，载《法制日报》2014年7月14日，第5版。

〔2〕 参见浙江省司法厅：《把握规律形成四四五戒毒新模式》，载《法制日报》2014年7月14日，第5版。

〔3〕 参见《这十年，上海司法行政戒毒的这些"利好"与你有关》，载 http://www.sohu.com/a/234353638_467293，最后访问日期：2019年12月2日。

〔4〕 参见刘志民：《社区戒毒社区康复的实践与创新——学习考查贵州省"阳光工程"建设的几点体会》，载《中国药物滥用防治杂志》2013年第1期。

〔5〕 参见钱宁：《社区戒毒的控制与支持网络——昆明市创建无毒社区活动研究》，载《华东理工大学学报（社科版）》2002年第1期。

〔6〕 参见刘建宏主编：《中国吸毒违法行为的预防及矫治》，人民出版社2014年版，第116页。

沟通教育中，能够让其明白药物滥用的危害及其依赖药物的原因，利用各种戒毒的有利条件，发挥戒毒者本人的主观能动性，树立起戒毒者戒毒成功的信心与决心，积极接受治疗，改变原来的歪曲的信念和认知，从心理上脱毒成功[1]，最终使自己能够摆脱毒品的危害，回归社会，不再沉溺于药物所带来的虚幻的享受，正常地融入家庭、社会生活，成为健康的社会人。

四、社区戒毒的规模和发展

根据 2016-2019 每年发布的《中国毒品形势报告》的数据显示，我国 2016、2017、2018、2019 年"责令社区戒毒社区康复"分别为 30.4 万人次、26 万人次、24.2 万人次和 30 万人次。

社区戒毒在各地政府的支持下，逐步确立了以城市街道办事处、乡镇人民政府为主体，社会治安综合治理部门（或禁毒办实体组织）为责任部门，专职人员和社工开展实际工作，多部门配合协作的社区禁毒组织保障体系。一方面，一些经济发达省份加大经费投入，组建专职专业化社工队伍。

与此同时，社区戒毒也面临一些难题，影响其功能的发挥。首先，思想认识上不够重视社区戒毒工作。戒毒工作只是公安机关或者戒毒所一方职责的思想时有发生，分离社区的关系，忽视了社区戒毒工作的优点与有效性。社区戒毒理应是至关重要的工作，却未被纳入政府工作的计划中和列入政府工作的议事日程中，更没有与之相匹配的详实的、系统的戒毒工作责任制度。

其次，社区戒毒机构发展滞后，工作效率低下。据了解，在实践中对于首次发现吸毒成瘾人员一般采取社区戒毒这一措施，在这之后依旧吸食或者注射毒品的，一般采取强制戒毒措施。如今的情况是，一些街道办事处仅仅设置了社区戒毒专干，只做本辖区吸毒及吸毒人员的表面登记工作，并没有真正意义上的社区禁毒机构，社区戒毒工作就更加无法全面开展。

再其次，社区戒毒工作缺少专业性人员，影响矫治效果。目前，社区居民等相关的社会力量在社区戒毒工作中还没有得以充分发挥，主要还是倚赖于公安禁毒部门。专业性人员在社区戒毒工作中很缺少，社区禁毒队伍难以达到专业化水准，单部门贡献力量的情况很普遍这一定程度上阻碍了社区工作的开展。社区戒毒与康复专业工作人员相当短缺，社区综治员、社工、社

---

[1]　参见杨波等：《毒品成瘾与心理康复》，中国政法大学出版社 2015 年版，第 53 页。

区医生多数是临时抽调或者招募的人员。很多社区戒毒工作人员，对戒毒专业知识了解不多不深，很难在专业上提供帮助，这使得社区戒毒的实际效果大打折扣。社区戒毒对戒毒人员的医疗保护并没有全面、完整地开展，并且基础设施方面的建设还比较缺乏。[1]

最后，社区戒毒工作的宣传力度不足，缺少全民参与相关工作的氛围。要想社会各个领域参与社区戒毒工作中来，给予帮助，就急需解决宣传力度不足的问题。只有大力地宣传相关法规政策，才能推动《禁毒法》的实施，全面开展社会戒毒工作。目前，社区戒毒工作还没有具有全民参与的特性。[2]

五、本章小结

本章对我国的社区戒毒现状做了粗线条的梳理，目的是呈现社区戒毒的现状，这其中既有取得的一些成效，也有面临的很多挑战和困难。社区戒毒距离其所要实现的目标还有一段路，其发展将与我国的经济发展状况、社会政策、社会力量的培育和社会治理水平密切相关。社区戒毒作为我国社会治安综合治理的重要组成部分，其在某种程度上代表了我国的社区治理实践。下一章将结合实证调研分析我国围绕毒品戒治的社区治理呈现哪些特点。

---

[1] 参见王馨锐：《社区戒毒康复人员的分类评估研究——以上海市 M 区为例》，华东理工大学 2014 年硕士学位论文。

[2] 参见刘建昌等：《社区戒毒与社区康复》，中国人民公安大学出版社 2011 年版，第 241 页。

社区戒毒的实践调查

　　为更好地了解社区戒毒的实践，本人和同事曾走访负责社区戒毒项目实施的上海市自强社会服务总社、上海市禁毒志愿者协会、上海市禁毒办和上海市戒毒管理局，与相关工作人员进行一对一或小组座谈。另外，本人还曾在街道层面跟踪一线的禁毒社工的日常工作，了解他们日常的禁毒工作，并对他们的服务对象（即正在进行社区戒毒的人员）进行相关情况的了解。另外，值得一提的是，实务部门也有很多研究课题和报告，并且思维、方法和创新的理念很多都超前于高校研究人员的书斋研究。有了这些前期的准备工作，本人对上海市层面的社区戒毒状况有了一个初步的把握。

　　在完成这些前期工作准备之后，本研究初步确定了如下方案：对社区戒毒（包括社区康复）人员主要进行访谈，辅之以问卷填写，对强制隔离戒毒所进行问卷发放。这个方案有很多现实的考虑。首先，在社区层面进行大规模的问卷发放并非不可能，但是由于对象特别分散，投入的时间可想而知；即便能够借助社工，但由于整个过程缺乏研究人员的掌控，问卷的质量无从确保。其次，封闭的强戒所内人员相对集中，研究人员对问卷的时间和流程上都有所操控，可以一定程度上确保质量。最后，在社区层面的访谈能够就一些问题进行深入的了解，填补了问卷本身不足以展开的内容。这样，本研究在社区和强戒所两个场所同时展开数据收集。

　　定性方法方面，本研究遵循社会学里对于脆弱人群（vulnerable group）的研究手法进行对象接触和访谈开展。并严格遵循匿名保护等研究伦理，对所有知情同意者进行了匿名处理。所有的研究都在对象同意的基础上进行，并且在过程中严格照顾到对象的情绪以及隐私等一系列事项。我国学界虽然对戒毒模式有很多探讨，但是一直缺乏毒品吸食人员的视角。而且我们发现多数研究有个共同的预设——毒品吸食人员是一个"特殊的"、"有社会危害性的"、甚至是"病态的"群体。他们是被当作我们这些正常人群的对立面来研究的。他们在一开始，就没有被当作一个普通人，没有被当作我们社会成员中的普通一员去对待。本研究尝试一个不同的路径，就是和戒毒人群一起做研究。

定量研究方面，本研究选取了 Y 强制隔离戒毒所进行问卷发放。共发放问卷 450 份，回收有效问卷 439 份。采用 SPSS25 进行数据录入和处理。在定性研究的访谈指南（interview guide）以及定量研究的量表编制方面，本研究得益于前人已有理论工作的铺垫。

本章首先对上海市的社区戒毒状况作初步描述，接着就实践层面出现的问题结合课题组的实证研究予以揭示，最后论述实证发现对于社区戒毒制度的完善的启示。有关强制隔离戒毒的状况则在下一章予以阐述。

一、禁毒非营利组织 Z 机构的产生与发展

2003 年由上海市委政法委牵头，通过组建三家社会组织的方式，分别为药物滥用人员、社区矫正人员和"失学、失业、失管"社区青少年提供社会工作服务。上海 Z 机构作为其中一家非营利社会组织，按照"政府主导推动、社团自主运作、社会多方参与"总体思路，于 2003 年 12 月注册成立，通过政府购买服务的方式为上海社区药物滥用人员提供综合社会服务。该机构秉承助人自助的理念和社会工作的专业方法为上海社区药物滥用人员提供以康复辅导服务为主的社会服务以及多元的预防服务。

作为内地首家禁毒非营利组织，其诞生和发展得益于上海得天独厚的资源条件、实践需要和治理理念。[1]在当时，决策者们意识到社会工作对于转变政府职能、深化社会治理、预防和减少犯罪、维护社会稳定所具有的重大意义，提出按照"政府主导推动、社团自主运作、社会多方参与"的总体思路来构建"预防和减少犯罪工作体系"的设想与建议。在 Z 机构创建过程中，上海市政府不仅为其提供了必要的启动资金、办公设施及场所等紧缺资源，

---

〔1〕 参见唐斌：《禁毒非营利组织研究——以上海市 Z 社工服务机构为例》，上海社会科学院出版社 2017 年版，第 1—3 页。

还为其制定了组织、管理、运作等方面的具体规范。Z 机构从组建伊始就得到上海市政府在资金、项目和政策等诸多方面的强力扶持，并没有出现其他体制外的社会机构所面临的生存困境，但在这其中，政府也在追求和实现其部门利益。[1]

　　Z 社工机构按照民办非企业单位的性质，在上海市民政局进行了登记注册，业务主管单位是上海市禁毒委员会办公室。它通过承接政府制定的服务项目的方式，取得政府购买服务的费用以维持其日常运作和支付所聘用社工的薪酬待遇。按照政府与 Z 机构签署的协议来看，二者之间是委托与合作的关系，而非行政隶属关系。其组织架构包括三部分：在市级层面是总社，实行董事会领导下的总干事负责制，董事会设董事长 1 人，副董事长 1 人，董事 3 人，总干事主持日常工作和负责机构管理；在各区县设工作站，工作站并不具有组织上的独立性，而是总社在各区县的派出机构，一般设站长 1 名，工作人员若干名；在各街道、乡镇设禁毒社工点，各社工点的社工人数一般按吸毒人数的 1∶50 来配备[2]。

　　经过近二十年的发展，Z 机构在社区戒毒上发挥着不可替代的作用，其实践探索及其所取得的成效是值得肯定的。2017 年 1 月 20 日，国家禁毒办、中央综治办、公安部、司法部等 12 部门联合印发《关于加强禁毒社会工作者队伍建设的意见》。该意见明确提出，应站在推进平安中国、法治中国建设的战略高度，按照禁毒工作总体目标的要求，明确禁毒社会工作者职责任务，大规模开展专业培训，不断提升现有禁毒社会工作从业人员的专业素质和职业能力，逐步扩大禁毒社会工作者队伍规模；规范禁毒社会工作者职业评价，加大禁毒社会工作者配备使用力度，培养扶持禁毒社会工作服务机构，强化禁毒社会工作者职业保障；建立健全政府购买禁毒社会工作服务制度，研究制定服务标准规范、健全完善服务协同合作机制，促进禁毒社会工作服务全面深入发展。该文件还指出，到 2020 年应建立较为完善的禁毒社会工作者队伍建设运行机制、工作格局和保障体系，禁毒社会工作者总量达到 10 万人，实现禁毒社会工作服务在城乡、区域和领域的基本覆盖。

---

　　[1]　参见唐斌：《禁毒非营利组织研究——以上海市 Z 社工服务机构为例》，上海社会科学院出版社 2017 年版，第 87 页。

　　[2]　参见唐斌：《禁毒非营利组织研究——以上海市 Z 社工服务机构为例》，上海社会科学院出版社 2017 年版，第 39 页。

Z 机构的工作包括社区禁毒和社区康复服务以及预防教育。[1] 在社区戒毒方面，突出特点体现在提前介入、社区康复、家庭为本的服务、同伴互助辅导、就业基地建设、专业支持小组、美沙酮社区维持治疗、爱心支教等。在提前介入方面，社会工作者们为身处监所的药物滥用者提供了相应的提前介入服务，例如采取通信、探访、座谈、签订帮教协议等。社区康复上，Z 机构的社工运用个案、小组、社区三大社会工作基本方法，在社区中为药物滥用者提供综合社会工作服务。例如，在个案辅导中，同伴小组通过一对一的访谈交流，运用同伴关系来疏解和辅导案主，有针对性地评估和发现案主的问题，协助案主建立助人信念，在服务他人的过程中使同伴辅导员更好地保持操守。

家庭为本的服务则是加强和提高家庭的自主能力，在重视个人需要的同时，维持家庭关系的协调。同伴互助辅导，则是运用榜样示范、"同伴教育"等方法，让戒毒成功者带动正在戒毒的其他人共同成长。在就业基地建设方面，Z 机构尝试与企业合作，为药物滥用人员拓展就业基地。专业支持小组则是在社工的带领下，成员解决问题的能力和潜力通过成员间的分享、相互分担和相互支持而发挥出来。美沙酮社区维持治疗方面，上海的长宁、浦东、虹口、徐汇等区都设立了社区美沙酮治疗门诊，提供给海洛因成瘾者。另外，Z 机构还拓展志愿者服务，为药物滥用人员子女提供免费的家教服务。

二、社区戒毒的专业性与人性化

2008 年《禁毒法》一定程度上既是对上海社区戒毒的实践探索及其所取得成效的肯定，也为今后社区戒毒和禁毒社会工作的开展提供了法律依据。该法律明确提出我国戒毒工作应以社区为基础，家庭为依托，采取社会戒毒、强制隔离戒毒、戒毒康复等多种措施，建立戒毒治疗、康复指导、救助服务为一体的工作体系。新的戒毒制度坚持以"以人为本、依法管理、科学戒毒、综合矫治、关怀救助的原则，帮助吸毒成瘾人员戒除毒瘾，回归社会"[2] 为

---

〔1〕 参见张昱等：《禁毒社会工作同伴教育服务模式研究——上海实践》，华东理工大学出版社 2016 年版，第 10-12 页。

〔2〕 参见安玲：《新戒毒制度帮助戒毒人员重返社会》，载《人民公安报》2008 年 6 月 2 日，第 5 版。

宗旨，在执法理念上也由最初的司法惩治，逐步转变为更加注重社区戒毒、社区康复和对吸毒人员的治疗。

上海对社会工作职业化的尝试走在全国前列。早在 1997 年，上海浦东新区社会发展局引进了全国第一批社会工作专业毕业生，开始了推进社会工作专业化的尝试[1]。上海禁毒非营利组织社工的专业化也有先天的优势。一方面，上海社会工作教育的发展为禁毒非营利组织的创建及运作提供了人才和知识方面的储备。一些高校的社会工作理论研究非常丰富，涌现了专门致力于社会工作理论和实务研究的学者及科研人员，并出版了大量关于社会工作方面的著作和译作。这些无疑对上海社区戒毒工作的专业化起到至关重要的推动作用。另一方面，政府的强力推动和支持，也使得禁毒社工组织的发展获得很多体制内的资源支持以及路径依赖，从而得以在短时间内发展起专业的社工队伍。然而，这也决定了 Z 机构的运作逻辑和境况与一般的社会服务组织大不相同。

首先，Z 机构的服务对象不是当前正遭遇生活困境的主流弱势群体，而是被司法机关认定的对社会秩序和稳定有严重威胁的"边缘弱势人群"。因而，在 Z 机构的运作中不可避免地要将维护社会稳定、提高政府管控水平作为主要的部门利益。这与社会机构所秉持的"平等、尊重、接纳"和"助人自助"等理念是背道而驰的。其次，社工机构虽然与对象是一种"平等"的服务关系，但是也应当看到，这既不是对象"选择"的服务，也不是"社工"所追求的平等关系。其中，更多的是一种法定的强制性关系。例如，在上海吸毒人员强戒后必须在社区进行康复治疗。在这种法定强制关系下，社工与案主的信任关系也很难建立。最后，受政府的强力推动和部门利益的驱使，社工也经常被定位成"协助公安机关的工作"，被要求代替公安对社区、戒毒人员等特殊群体实施帮控、监管。因而，一线社工们会经常面临角色上无法调和的紧张与冲突，阻碍其与服务对象的工作关系的开展。

作为政法部门"构建预防和减少犯罪工作体系"的重要组成部分，Z 机构的创建有着时代的烙印和上海的经济、政治和社会背景。政府职能的改革，在经济社会领域留下了广阔的空间，对非营利组织产生了强烈的需求，这也

---

〔1〕　参见唐斌：《禁毒非营利组织研究——以上海市 Z 社工服务机构为例》，上海社会科学院出版社 2017 年版，第 67 页。

是 Z 机构发展的机遇和平台。并且，Z 机构较之于传统的街镇体制也有工作理念和方法的超前和先进之处；这样，对于一部分特殊群体的处遇交由这些社会组织承担，也较过去的工作方法更为有效。然而，Z 机构在为对象提供专业救治的同时，也承担了很多政府部门事务。因为经常被定位为"协助公安机关的工作"，社工被要求对吸、戒毒人员实施帮控监管、督促或带领他们去做尿检[1]。这些对于社工开展专业的服务是极为不利的；当信任关系无从建立，那么后续的服务和帮助也难以开展。另外，Z 社工机构秉持吸毒成瘾者是病人需要关怀救助的理念，以及将个体的染毒原因放置在其所生活的环境来加以分析并实施救助，也与目前现有的禁毒法规政策和社会价值观念形成冲突。比如，按照《禁毒法》的规定，当社工发现案主复吸或其他违法行为时，应当报告公安机关。但是，社工的职业伦理要求其为案主保密。这样的冲突势必会给社工的实际工作的开展带来很多不利、挫折，也使得社工个案工作所要求的尊重和信任荡然无存。因而，比较实际的问题是：究竟上海 Z 机构这样一个社区戒毒模式能否带来其应有的社会回归的价值目标？基于上海的例子，究竟我国的社区禁毒工作体制有哪些需要完善和重构的地方？相应地，我国现存的戒毒体系是否需要以及如何作相应的调整？

三、行动中的社区戒毒：一种微观考察

这里的研究思路是从宏观到微观两个层面来分别阐述社区戒毒的内容、性质和过程。在前面的分析中，我们主要是从宏观的角度考察了 Z 机构的成立背景，及其与上海的经济、政治、社会体制和文化的相关因素。正是由于政府的需求和社会的需求，Z 机构的创设是历史机遇，其发展更是受到政府的强力支持。经过了二十余年的发展，Z 机构的专业性逐渐提高并得到肯定，并成为全国范围内争相学习和效仿的一种实践模式。但是，将 Z 机构的社工专业伦理与现有的禁毒政策放在一起分析，又或将 Z 机构放置在社会治安综合治理这样一个体系中，我们也不难发现其在运行或开展个案活动中所遭遇的冲突甚至困境。下面，我们将聚焦于微观层面的社区戒毒，试图以小见大，管中窥豹，从某个社工点或者某些社工点的工作入手，来考察社区戒毒在最

---

〔1〕 参见唐斌：《禁毒非营利组织研究——以上海市 Z 社工服务机构为例》，上海社会科学院出版社 2017 年版，第 114 页。

基层的单元是如何开展和运行的。

　　传统的研究都是从政策分析入手，缺乏对某一政策在实际层面的运行的考察。就此，本研究从吸毒成瘾者，即社工的案主的视角出发，去分析他们的社区戒毒的经历和感受。如前所述，现存的研究中多数是政策分析或者是理论分析，鲜有研究关注社区戒毒在行动层面如何施加影响。关注社区戒毒的动态运行，方能更好地理解社区戒毒的实践特色在哪里，以及各方面机制如何完善。为此，本研究走访了街道层面的社工工作点，与一线社工进行调查和情况了解，并与正在接受社区戒治的服务对象进行了深度访谈。考虑到保密的研究伦理，我们对所有受访机构和个人进行了匿名处理。对于街道，我们用 J 指代；对于社工，我们用 S 指代；而戒毒对象，我们用 D 表示，并且女性用 F，男性用 M。相应地，D1F 表示第一个访谈对象是名女性戒毒对象，D3M 表示第三个访谈对象是男性戒毒对象。

四、J 街道的基本情况

　　经 S 社工介绍，该街道目前累积在册的有 347 人。其中社区戒毒的 42 人，社区康复的 27 人，11 年来认定戒断的累积 72 人。目前，该街道创建了安置帮教"五所联动"工作机制，即包括司法所、派出所、社保所、房管所和劳保在内的五家机构，以"一站式接待、一条龙服务"为标准，明确职责分工，规范工作流程，优化服务质量，帮助本辖区刑释解教人员、社区戒毒（康复）人员以及社区服刑人员解决在落户、就业、居保、医疗、驻防、教育等方面遇到的实际困难，切实提高工作实效，维护地区稳定。[1]

　　社工分享了这样一则对吸毒人员的成功的帮教案例：

　　案主孙某，女，1968 年 4 月出生，大专文化，已婚，几年前曾因吸毒被劳教过。孙某目前无业，同母亲和儿子同住，丈夫因吸毒目前正在某戒毒所接受强制戒毒，是一个典型的"双职工"家庭（夫妻双方都是吸毒人员）。案主的母亲现年 75 岁，退休在家操持家务，身体不佳；儿子小张，今年 20 岁，某名牌大学二年级学生，该生品学兼优，经常获学校奖学金。孙某本人患有严重的心脏病，一时未能参加工作。

　　司法所通过查阅案主个人及其家庭的基本资料，多次实地走访和正面接

---

〔1〕　根据本人搜集的资料进行整理。

触交流，对信息进行综合分析得知，案主存在以下问题：（1）生活窘迫。孙某没有工作，儿子就读大学，靠低保和母亲退休金维持生活，生活较为拮据。（2）情绪悲观。孙某吸毒近五年，回归社会，家庭本来就是"双职工"，同时家庭经济生活困难，儿子入党也卡在政审环节，不争的现实使案主心理遭受了很大打击，因此对母亲的生活非常悲观，情绪异常低落，表现出一种无助感。（3）无业。孙某已有多年没有工作，并且因有吸毒案底，寻找工作更加困难，加上孙某在经济上对母亲有严重依赖，不利于案主自立自强。（4）心理压力大与复吸风险高。孙某解教后就面临疾病缠身、生活窘迫、情绪悲观低落、无业等问题，种种因素都对案主造成了很大的心理压力，为此有可能为了排遣心中压力而重新走上吸毒老路。

帮教过程：（1）实现小张入党愿望。孙某的问题和困难这么多，该如何对她实施帮教？经研究，大家决定从解决其儿子小张入党的政审问题作为突破口，因为从多年的工作经验来看，社区康复的成功离不开其家庭的支持。司法所领导与社工先期前往小张所在的大学找到小张所在科系的主任及辅导员座谈沟通。校方对小张在校表现交口称赞，称小张学习成绩名列前茅，平时能坚持勤工俭学，是一名表现优异的入党积极分子。当得知小张家庭的基本情况后，校方表示对小张这样的学生更应保持着爱心与尊重的态度，让小张的人生旅途走得更顺畅。（2）解决家庭实际困难。一天，面色憔悴的孙某来到司法所。工作人员温馨地递上热茶，询问其难处。孙某表示，母亲重病住院，自己白天黑夜陪伴；儿子的学费筹措遇到困难；自己的血压飙到 200，加上囊中羞涩，已有三天没有正常服用美沙酮。这些压力让其不堪重负。工作人员积极缓解其负面情绪，帮孙某想办法，找对策。孙某平缓情绪后，司法所与救助所联动，开启救助"绿色通道"，解决了其服用美沙酮的费用问题，并让社工陪同孙某前往普陀区精神卫生中心服药。春节期间，街道领导上门看望孙某，要求社工从生活细节关照对象，让孙某安心养病，树立生活信心，并为孙某送上了助学帮困金。孙某感动流泪。（3）提供就业援助。三月中旬的一天，身体状况转好的孙某再次来到社工点，请求社工帮助寻找工作。考虑到孙某曾在银行工作多年，具有一定的财务知识和经营常识。司法所启动"五所联动"机制，与劳动保障事务所联手，通过就业平台为其寻找合适就业机会，经过不懈努力，孙某终于在嘉定一家物流公司谋得了一份财务工作。工作有了，生活充实了，也减少了接触毒品的机会。

帮教工作取得了实效。孙某给社工和司法所写来了情感真挚的感谢信。信中写满了感激与恩谢。孙某自称自己走过的弯路仿佛是一场梦，而现在她醒过来了，对未来充满信心。她一再表示，是政府帮助她走上了一条健康生活的阳光大道，她一定珍惜这来之不易的机会，好好工作，好好做人。

社工本人也对孙某的戒毒过程进行了思考，认为其成功戒毒一方面离不开社会的关心帮助，离不开多部门的帮困指导，更离不开其家人的支持和配合。有时候，关心她的家人，为其解决一点实实在在的困难和问题，得到的却是事半功倍的效果。同样，社区也要为戒毒人员搭建一个服务于帮教的平台，让他们的新生路走得更稳更坚定。J街道的"五所联动"机制为社区戒毒康复人员理顺了社区支持系统的资源脉络，更夯实了和谐社会的基础。

五、服务对象视角下的"服务"

本人利用某街道提供的调研机会，随机对正在进行社区戒毒（包括社会康复）的毒品戒治者进行了访谈。每个访谈持续约五十分钟，涉及内容包括毒品戒治者对正在经历的社区戒毒的看法和感受，在强戒和社戒环境下实际得到的社会支持等内容。研究揭示，服务对象对于他们直接接触的社工的评价，构成了我国现阶段社区戒毒的主要内容。我国的"社区"嵌入在行政体制中，社区戒毒里的社工服务也不可避免地带有诸多行政管理的色彩。这一部分围绕我们的实践调研将主要呈现三块内容：首先，服务对象实际受到的支持；其次，服务对象对社区戒毒的期待；最后，提出工作改进的建议。为尊重和保护受访人的隐私，我们用数字和字母来代替受访者。我们用 1 到 20 来代表受访人，如果是女性则用字母 F 表示，如果是男性则用字母 M 表示。

（一）服务对象受到的官方或半官方层面的支持

研究发现，服务对象从社工所受到的支持主要是信息提供和实际事务办理方面的协助，极少数的受访者认为从社工那里获得了情感支持；多数受访者并没有觉得社工对他们有多大的帮助。在实际的物质帮助层面，几乎所有对象都认为所受到的来自政府的社会福利支持是极为有限的，这包括在出所后的住处、就业、低保、医疗治疗等方面。然而，更为紧迫的是，尽管政府提供了这些有限的社会救助和福利，戒毒人员的再就业和重新回归社会却受到目前的"犯罪记录"和"动态管控"机制的严重影响。这些机制的存在使政府在很多层面上的努力大打折扣。

"像我一个朋友她告诉我说她碰到刚刚出来三个月又进去的例子，她也是我门口关系很好的，她回来以后什么都没有，住的地方都没有，怎么办，那时候就在我家里住了一段时间，也不可能天天住，她能怎么办，就又吸了……她真的很惨的，她那天吃饭的时候跟我说，她情愿吃官司（注：待在强戒所里面），在外面饭都没得吃。（问：她不能再由社区帮忙找份工作？）社区谁会要她，现在上派出所开无犯罪记录，如果开不出来就不能上班，还有的单位让开无犯罪记录。"（F-1）

就我们所了解的情况看，符合条件的戒毒人员可以享有低保。低保对戒毒人员带来帮助是肯定的，但在出所之际如果没有得到立即、切实、有效的帮助，那么戒毒人员再次吸食的风险也会很高。然而，在低保作为一项福利发放给病人的时候，其实病人真正需要的是自食其力，有一份能够生存下去的工作；用通俗的话讲，便是"有事做"。这样的工作能够使得戒毒人员远离过去的圈子文化，开启新的社会生活。然而，现有的犯罪记录和动态管控严重限制了戒毒对象进行再就业。

"街道或者社区有能力的话，可以短暂的补助，但是，短暂的补助并不是办法。比如说你可以给他介绍一个工作，这是最直接的帮助，对不对？但是在他工作之前，能补助一点就是一点，就比如像我这样，不到很困难的时候，我也不会问你们社区街道里面要，对吧？你说到没有上班之前，能补助一点就是一点，但是最好就是说你要给他安排一份工作，让他能够自食其力，这个才是正果，你说，哦，我一个月街道里面给你补助500、800的，也不能解决问题啊，对不对，还是要靠你自己的。"（M-5）

"很多人回来是没有工作的。没有工作时间一长，到最后还是走这条路，复吸，因为时间一长他们就想真的没劲了，就到外面去跑，跑跑就又聚在一起了，你得给他们时间充足一点，他们就不会往外面跑。"（M-3）

"这个影响太大了。很烦，这个东西真的非常烦。包括你找工作啊，一些社会上的活动，真的很烦。就是很多要用个人身份证的事情，要用个人ID的事情，就被招人避讳，被人厌恶。"（M-4）

社区戒毒或社区康复的戒毒人员直接面对的对象是社工。作为研究课题的一部分，我们也就这些戒毒人员对于社工角色的认知做了调查。研究发现，受访者基本认为社工是介于戒毒者本人和公安之间。部分戒毒者认为社工更靠近戒毒者，因为社工要获得戒毒者的信任，必须更多地关心戒毒者。但也有受访者认为，社工不过是替公安管着他们这些毒品吸食人群。就以上的回答来看，当我们细细研究戒毒者对于社工的评价，不难发现戒毒者其实是将社工看成整个凌驾于他们之上的社会管控体系的一部分。换句话说，这套社会管控体系成为歧视的根源，而动态追踪、犯罪记录等机制正是服务于对于这部分人群的管控，也严重限制了他们的社会回归。换句话说，尽管社工的职业群体提供专业性的扶助并承担预防犯罪的功能，但是这样的初衷并没有改变整个管控体系的一些歧视性机制。

另一方面，对于来自社工的帮助究竟有多少这样一个问题，我们也发现了不同的答案。有戒毒者认为社工对他们起到了一定的帮助。或者认为，"社工对我还算不错的，还可以的"。但持这类回答的人并不多。

"过去没有社工，现在有社工很好的。我过去都不知道办什么，都是他们告诉我的，比如说需要办理什么需要什么东西，他们都会和你说。"（F-1）

"过去我没有觉得，现在我觉得社工真的很好的，跟别人不能说的话和社工可以说，虽然不能解决所有的困难，反正是有事和他说他都会耐心地听你说，很好的，我有什么事都喜欢和他说，他有什么事叫我帮忙，我也愿意帮他忙，他就肯听你说，但家里人我是不可能和他们说的。"（F-1）

"我们社工老师说她也是工作比较负责的，她是一个工作很认真的人，像别的嘛，她也管不了什么，因为这个是她不可控的啊。她跟 X 老师反映，我这工作实在太难做了，这个怎么弄噢，所以她就是对我比较负责的；而且她这个人吧，挺好的。她也是一个很单纯的一个人，不是很复杂的，因为我接触下来，但是她那个时候的话，她有一天跑到我家里来，那时候我想她也是为了我好，她就跟我妈说嘛，所以说虽然手段有点严厉，但是我觉得我后来也是可以理解她的工作。"（F-12）

"社工老师的话，主要是自己的行为认知，包括心理疏导。其实社工老师一个角色是什么，我觉得是游泳池里的救生员，他不会全包你，只不过是把你扔到这个游泳池里去游泳，当你出现危险的时候，他稍微干预一下，然后让你继续走下去，去做后面的事情，我的社工老师对我的做法可能是这样子的，她是结合我自己的性格脾气啊、一些个性方面的东西来的。"（M-14）

大多数受访者认为社工的作用比较有限。譬如，受访者认为社工是"形同虚设""相安无事"。有些受访者对于社工也做了一番对比，"以前的社工他认为你这个人改得好，他尽量把你拉过来。现在的社工，尽情举报。"（F-6）但也有受访者比较了自己两次跟不同的社工的接触情况。

"那时候我和他碰过一次面，留下了电话号码。就感觉我们这种人和社工碰面呢，我们就是被管制了。就好像感觉跟警察一样的。当初想法是这种想法。他们打电话呢，我就跟他们敷衍。想什么呢，社工能对我有什么很大的帮助呢。有的时候还不如自己的朋友能帮忙呢，对吧。"（M-11）

然而，当这位受访者第二次接触社工的时候，发生了改观，但这次对社工看法的改变也是在其真正决定改变自己的轨迹之后："换了个社工。那个时候我过完年以后，我跟他打了个电话聊了一下，他说我知道你是什么时候回来，因为也跟你父亲通过电话。他说我们不要通电话了，最好哪次碰个面。第二天呢我就去了，但是碰面呢我就感觉到不像以前，以前的碰到的时候，因为那个时候呢，就是脑子里有一种感觉，就是社工，让我感觉跟他们有一种很大的距离。这次碰面以后感觉跟我以前的想法有点两样了。去了以后问问我的工作情况，是不是想上班。然后嘛，就是一种很亲切感。人跟人，就是人与人之间给我的感觉说出来的话挺温暖的。'如果你不想现在想工作的话，没有经济来源的话，你最起码可以申请那个低保'，他这样告诉我。"（M-11）

对于这些看似冲突的回应，有必要从受访者们对于社工作用的期待这个角度来思考。戒毒人员真正期待的，是关心帮助和支持他们戒毒过程的社工群体，而在实际过程中遭遇的社工的怠慢、冷落则让他们对于社工群体持有很多不满。这恐怕也是我们在讨论社区戒毒的时候，不可避免要对社工的功能做一番追寻。当然，我国社工的发展才短短十余年，其专业性还有待提升。但我们发现，社工和服务人员之间的关系建立和维系对于戒毒者的戒治尤为重要。换句话说，社工群体真正接纳、包容戒毒人员，是非常关键的环节，但这个环节还很薄弱。很多社工并不真正了解戒毒人群的想法，一些不成熟的工作方法也会对戒毒人员造成一定的负面情绪和抵触。因而，社工自身也需要在人际关系技巧方面加强，和戒毒人群多接触，去了解他们内心真实的想法。在这个方面，或许可以考虑吸收同伴教育人员进入社工队伍。毕竟，成功的同伴教育人员因为有相似的人生经历，懂得如何去感化和引导后来者实现转变，并且这个群体有更大的耐心和信心去帮助他人，助人自助。

（二）对社区戒毒的期待

虽然社区戒毒没有达到服务对象的期待，但是相对于强制隔离戒毒，社区戒毒依然是很多服务对象希望拥有的一项权利（entitlement）。社区戒毒也是一种机会，给予戒毒人员在社区里依靠家人、朋友等力量，对自我进行重塑，从而戒掉毒品吸食的习惯进行自我更新。

"我觉得社区是好的。比方说你把我送到强戒所，精神会很窝火，很烦的，其实社区戒毒也好的，喝药也挺好的，其实把我送进去惨得不得了，很苦的，我出来肯定要腻烦的，为什么要反复吸毒，就是这个道理，因为他们出来以后觉得我们就是吸毒送我进去两年，那么送我去社区戒毒好了，干嘛要送去关两年。"（F-1）

"那时候，我情况不太好，我还在复吸的阶段，×老师也经常会来叫我参加活动的，我是会来参加活动的，还有那个时候就是也是到阳光之家做一些志愿者活动，我觉得蛮有意义的。"（F-12）

从受访人的经历来看，社区戒毒不仅仅是一项法律措施，它更是一个"场域"，一个充满人情、家庭、社会关爱和社会回报等的场域。在这个场域里，戒毒人员通过保持与社会的正常的接触，通过维持与家庭的纽带，通过一些有益的正面的影响，从而完成自我更新。但社区戒毒是否完全排斥国家的强制力？是否只保留"温情"的面纱，而对戒毒人员拿掉一定的强制力和威慑力呢？从本研究的调研发现来看，决然不是。社区戒毒是由公安机关作出的行政决定，当然具有强制性。在社区戒毒过程中，一方面要给戒毒人员以扶持和帮助，而另一方面也应当对他们施加一定的压力，督促其履行社区戒毒的条件和要求。如果缺乏这种压力，那么戒毒人员将得不到应有的监督。从我们的调研来看，这种压力固然包括戒毒人员感受到的来自周围人的影响，也包括"再次被发现将面临强戒命运"的威慑力。作为国家的社区戒毒项目，需要的是在威慑力和支持力之间寻求一种平衡，既督促也鼓励和帮助戒毒人员进行有效地戒治和社会回归之路。要反对两种极端：只讲威慑力，而对戒毒人员没有相应的支持和帮助；或者，只讲帮助，而不对戒毒人员履行协议的过程进行及时跟踪。

社区戒毒的积极一面，相较于过去的强制隔离戒毒有着无可比拟的地位和重要意义。若期待发挥社区戒毒的应有作用，仍需要对社区戒毒进行工作机制上的改良和完善。

六、研究启示

本调查研究对实践有如下启示。首先，加大对社区戒毒的财政投入力度。这里并不是说要扩大社工队伍，而是要提高社工的专业化水平，加大对社工的理念和专业的培训。并且可以吸收成功的戒治者加入社工队伍，因为这些戒断者有着相似的经历和过程，能体会到这个过程中的坎坷，并且知道如何帮助后来的戒治者。换句话说，这种同伴教育模式完全可以得到提倡和发扬。

加大投入还意味着对于戒毒者的生理、心理健康等方面应加大服务投入。积极地挽救一个吸毒者，对其本人、家庭，乃至整个社会都是利大于弊。与此相反，如若弃吸毒者于不顾，不加挽救，而是一味抓捕和排斥，则陷入恶性循环，于社会也是一种危害。加大对吸毒者的投入力度，是基于将其视作病人或者有需要的人，而非恶人或坏人。毒品吸食行为与盗窃、抢劫等犯罪行为相去甚远；我们需要打击的是贩毒制毒等危害社会的行为，而非单纯的毒品吸食者。

其次，应当限制并逐渐消除动态管控这一机制。动态管控的目的是预防犯罪、保护社会，但是实际运行却与这个初衷相去甚远，因而饱受质疑。一方面，对这个群体的特殊管控，其实是将他们视作普通大众的"外人"，是对社会有危害嫌疑之人。但这样的价值预设，与我国的人权保护是相背离的。当社会在发展，人民群众对于自身权益的重视程度越来越高，对于健康、幸福生活的期待越来越强烈。并没有任何研究表明，这类群体对于社会治安有严重威胁。他们已经受到行政处罚和行政强制措施的制裁，付出了代价；但这个时候，额外的管控反而继续限制和阻碍他们的社会回归，将有可能演变成社会之害的根源。另一方面，对于受过强制隔离戒毒的犯罪记录，完全可以借鉴国外的做法进行有差别的处理。犯罪行为在任何社会都会留下印记，这个记录会影响犯罪者的就业、教育等方面。但是，在国外，有做法是不留司法记录——社会机构比如雇主单位能查到的是没有犯罪记录，但是如果此人再次犯罪，那么司法系统内是有该人的过去的犯罪记录的。我国对于毒品戒治者，也可以采取这样的做法，即虽然司法行政系统持有该人的戒治记录，但对于社会机构而言一律出具"无犯罪记录证明"。或许，有人质疑这样对待吸食者惩罚是不是太轻了，但这种质疑是非常容易被驳斥的。第一，这种观点的实质还是将吸食者看成有罪之人，与提倡的病人的理念完全不符；第二，吸食者在我国经历社戒—强戒—社康的阶段，最长可达九年之久；这个跨度意味着吸毒的身份一直伴随其本人，可以想象其本人及其家庭所经历的煎熬；第三，单纯的毒品吸食行为本身就不是犯罪，"无犯罪记录证明"当然没有法律概念上的问题。

　　社区戒毒的实施为毒品戒治提供了另外一种"场域"。这个场域是"以人为本"的理念的体现，开拓了我国毒品戒治道路的新视野和新前景。然而，沿着这个方向，还有很长的路要走。我国应当吸取国外有证据支持的研究结论和政策举措，并且更多的以本国的特点为落脚点，去探寻一条符合我国国情的社区戒毒之路。所谓我国国情，具体就本研究而言，它包含了我国以家庭为本的社会道德根基和价值取向，包含了我国社会对于关系的重视、对于社会回归的重视。社区戒毒无疑与这些理念相吻合，但由于过程中一些机制等因素的阻碍，有必要对这些阻碍因素给予重视并逐步消除。将社区戒毒回归到关系修复和个人重塑的轨道上，不仅是对戒毒者本人有益，对于其家庭、社会都将有长远而重要的意义。

社会支持与社会回归：基于 X 省 Y 市
强制隔离戒毒所的调查

　　针对 20 世纪 80 年代毒品吸食泛滥的状况，我国成立了戒毒所对这部分毒品吸食者进行关押戒治。然而，复吸率一直居高不下，戒毒人员反复进出已是常事。近些年，强制隔离戒毒受到学界的诸多批判。在国际上，对吸毒者采取强制隔离的措施，经常受到批判甚至在被逐渐废弃。[1] 联合国毒品与犯罪办公室等 12 个联合国机构在 2012 年 3 月联合发布了《关闭强制拘禁戒毒中心和康复中心的联合声明》，呼吁存在强制拘禁戒毒和康复中心的国家应毫不迟疑地关闭这些中心，释放被拘留人员，并在社区为需要这些服务的人，在自愿、知情的基础上，为他们提供适合的卫生保健服务。[2]

　　本章从微观入手，以小见大，考察的重点在于"所获社会支持"，并关注封闭场所内的个体的所获社会支持状况，探析该社会支持在社会回归过程中是否以及究竟起到了怎样的作用。为回答这一问题，本章首先从"社会支持"的概念入手，梳理国内外的相关研究文献。其次，在定量研究数据分析的基础上，描述某强制隔离戒毒所内戒毒人员的社会支持状况。最后，分析吸毒人员社会回归的障碍及其原因。

一、社会支持

　　20 世纪 70 年代，社会支持（social support）开始作为一个科学术语被正

---

〔1〕 参见王竞可、王明媚：《基于"利益相关者理论"下的中国"毒品预防分流处置"体系构建》，载李文君等主编：《禁毒研究》（第三卷），中国人民公安大学出版社 2017 年版，第 96 页。

〔2〕 参见王竞可、王明媚：《基于"利益相关者理论"下的中国"毒品预防分流处置"体系构建》，载李文君等主编：《禁毒研究》（第三卷），中国人民公安大学出版社 2017 年版。

式提出来。[1]社会学、心理学、公共卫生、精神病学等领域都对社会支持的内涵做了阐述。然而，早期的研究虽然看到了社会支持作为人际关系的一面，但并未考虑到这种人际关系的性质。Tardy 就指出社会支持在概念（conceptualization）和操作（operationalization）上存在诸多问题。[2]他回顾分析了一些量表，发现这些量表有的只是测量情感支持，有的没有区分支持的来源，又或没有区分支持的提供（provision）和实际接收（receipt），等等。目前，主流的观点认为社会支持的概念主要包含两个维度：结构性的和功能性的。[3]结构上的社会支持概念主要围绕个体社会关系网络的数量和特点，而功能维度上主要围绕支持行为和交往的类型。在操作中，功能维度的社会支持主要包括：收到的支持行为、感知的满意度，以及感知到的支持可获得性。[4]西方学界对于社会支持的研究成果多以定量分析见长。在犯罪学界，Francis T. Cullen 提出将社会支持的不同视角进行整合，并成为一个连贯性的犯罪学范式[5]。然而也有人指出，它究竟是像社会控制理论那样独立的理论，还是包含不同理论成分的整合理论，还有待商榷。[6]国内也有学者提倡建立在社会支持基础上的刑事政策，以更好地预防和减少犯罪。[7]

国内学界对社会支持的关注主要还是在 21 世纪以来，尽管早在 20 世纪 80 年代肖水源先生就开发了社会支持评定量表（SSRS）。贺寨平在《国外社会支持网研究综述》就指出，中国的研究者需要根据中国的社会状况和文化传统，逐渐摸索出一套适合中国国情的方法。目前，大部分国内有关社会支

〔1〕　参见周林刚、冯建华：《社会支持理论——一个文献的回顾》，载《广西师范学院学报（哲学社会科学版）》2005 年第 3 期。

〔2〕　See Tardy, C. H. , "Social support measurement", *American Journal of Community Psychology*, Vol. 13, No. 2. , 1985, pp. 187–202.

〔3〕　See Chronister, J. , et al. , "The relationship between social support and rehabilitation related outcomes: A meta-analysis", *Journal of Rehabilitation*, Vol. 74, No. 2. , 2008, pp. 16–32.

〔4〕　See Chronister, J. , et al. , "The relationship between social support and rehabilitation related outcomes: A meta-analysis", *Journal of Rehabilitation*, Vol. 74, No. 2. , 2008, pp. 16–32.

〔5〕　See Francis T. Cullen, "Social Support as an Organizing Concept for Criminology: Presidential Address to the Academy of Criminal Justice Sciences", *Justice Quarterly*. Vol. 11, No. 4. , 1994, pp. 527–559.

〔6〕　参见于阳：《西方犯罪学社会支持理论研究及其借鉴意义》，载《犯罪研究》2012 年第 6 期。

〔7〕　参见汪明亮：《以一种积极的刑事政策预防弱势群体犯罪——基于西方社会支持理论的分析》，载《社会科学》2010 年第 6 期。

持的研究是针对社会弱势群体，集中于病患者、城乡老年人、妇女、失业者、大学生、儿童等脆弱群体。[1] 但也有研究开始关注社区矫正人群，如井世洁的《社区矫正青少年的社会支持与身心健康的关系研究》《社区矫正青少年的社会支持及其与精神健康的关系——基于上海市 J 区的实证分析》，李晓娥的《社区服刑人员社会支持系统调查研究——以河北省某市为例》，陈钟林、杨娜的《从服刑人员的社会支持看社区矫治的必要性和可行性》，金碧华的《支持的"过程"：社区矫正假释犯对象的社会支持网络研究》。

就毒品吸食人员而言，研究还极其有限，可查询并获取到的有三篇：蒋涛《吸毒人群社会支持网研究：对重庆市南岸区戒毒所的调查》，高培英、潘绥铭《信任重建与社区再融入：社区戒毒长效机制研究》，姚维《毒品成瘾者戒毒—复吸过程中的社会支持研究》。对这三篇文献进行分析，不难发现，蒋涛的研究着重分析了毒品支持网、情感支持网和经济支持网，并发现吸毒人员的毒品网络规模大于经济支持网络规模，经济支持网络规模大于情感支持网络规模；吸毒网络具有秘密性和牢固性；相识关系提供毒品支持，朋友关系和亲戚关系提供情感和经济支持。[2] 高培英、潘绥铭的研究发现目前吸食者中复吸率高达 90% 以上，既有的司法模式过分强调司法强制和医学介入，忽视了吸食者的社会关系和戒毒工作的社会属性。该研究指出，目前在政策和实务层面，对社区戒毒的理念、理论和理性仍然缺乏深入的讨论，把社区戒毒仅仅局限为一种操作方法。[3] 姚维的研究则是通过对 13 名戒毒人员（8 名强戒、5 名社戒）的访谈发现，他们在戒毒过程中体验到的社会支持是微弱而匮乏的，尤其是来自当地政府、社区、医疗机构的支持；支持结构单一；社会排斥、歧视和污名普遍存在。作者建议，生存支持、尊严性与关爱性支持、人性化的戒毒监督、专业的指导和建议、心理辅导治疗、社区整合支持这六个方面的社会支持对毒品成瘾者具有重要意义。当然，作者也指出未来的研究可以比较不同性别、不同毒品类型吸食者的社会支持状

---

〔1〕 参见周林刚、冯建华：《社会支持理论——一个文献的回顾》，载《广西师范学院学报（哲学社会科学版）》2005 年第 3 期；参见贺寨平：《社会经济地位、社会支持网与农村老年人身心状况》，载《中国社会科学》2002 年第 3 期。

〔2〕 参见蒋涛：《吸毒人群社会支持网研究：对重庆市南岸区戒毒所的调查》，载《社会》2006 年第 4 期。

〔3〕 参见高培英、潘绥铭：《信任重建与社区再融入：社区戒毒长效机制研究》，载《山西师大学报（社会科学版）》2014 年第 3 期。

况差异。[1]

本人前期跟实务部门的座谈也印证了文献中的观点："（强制隔离）戒毒人员所获得的社会支持尤其是来自家庭方面的支持是因人而异的，但总体可以发现，受到家庭关爱的人员往往在戒毒方面取得的进步也大，而遭到家庭抛弃乃至遗忘的人员也容易自暴自弃，对自己丧失信心和希望"（座谈笔录，2016 年 7 月 15 日）。

本研究采用了定量研究，重点调查强戒所内戒治对象的社会支持状况。问卷包括三个部分，即受调查对象的基本情况、毒品使用与社区支持状况、情绪状况。

二、实证调研发现

本研究对 X 省 Y 市的男性强制隔离戒毒所发放问卷 450 份，回收 440 份，有效问卷 439 份（有效率为 97.6%）。问卷发放采用了整群随机抽样的方法。方法的选取主要是考虑强戒所的管理特点，为便于研究实施和组织。但整群随机抽样的结果往往能反映被调查对象的特点，因而某种程度能代表该强制隔离戒毒所的整体情况。该问卷所获得的数据的真实性与可靠性有所保障。问卷所回收的数据通过 SPSS25 软件进行处理。

（一）基本特征与情况

调查对受调查者的人口学特征、家庭婚姻状况、毒品吸食类型、戒毒经历、对强制隔离戒毒方式的认同做了初步统计。

根据统计分析，受调查者的年龄分布在 19~60 岁，平均年龄为 36 岁，其中 19~30 岁占总数的 31.21%，31~40 岁占 39.41%，41~50 岁占 24.60%，51~60 岁占 4.78%。受调查者中，农村户口人数为 239 人，城市户口的为 184 人，分别占比 54.44% 和 41.91%。

在受教育程度方面，平均受教育年限为 9.37 年，最高学历为本科，然而超过 6 成受调查者仅有初中/中专学历，整体学历水平处于较低的状态。具体而言，文盲 6 人，占比 1.37%；小学 60 人，占比 13.67%；初中/中专 265

---

[1] 参见姚维：《毒品成瘾者戒毒—复吸过程中的社会支持研究》，载《中国药物依赖性杂志》2017 年第 1 期。

人，占比 60.36%；高中/职高为 83 人，占比 18.9%；大专 13 人，占比 2.96%；本科 10 人，占比 2.28%。

就受调查人入所前的职业来看，没有从事任何有报酬的工作的有 129 人，占比 29.36%；从事过有报酬的工作的有 310 人，占比 70.64%。

受调查人的家庭状况中，188 人无子女，占比 42.82%；子女数为 1 个的有 199 人，占比 45.33%；为 2 个的有 50 人，占比 11.39%；为 3 个的有 2 人，占比 0.46%。有子女人和无子女的人数基本上持平，但有子女的比例稍高（57.17%），且其中大部分是有 1 个子女。从年龄分布来看，未成年子女数量在拥有子女的人数中占据绝大多数。160 人有 1 个未成年子女，占比 36.45%，有 2 个的为 36 人，占比 8.2%。在婚姻状况方面，单身的比例最高，达 40.77%；已婚者占 31.44%；离异者占 27.79%。

在吸毒和戒毒经历方面：麻古和冰毒在吸食毒品中依次分列前两位。受调查者中近 6 成首次进强戒所，3 次以内的占 95% 左右（具体分布详见表 1）。

表 1

进入强戒所次数	人数	所占受调查者百分比	累积占受调查者百分比
1	270	61.5	61.5
2	97	22.1	83.6
3	49	11.16	94.76
4	12	2.73	97.49
5	7	1.59	99.09
6	1	0.23	99.32
7	2	0.46	99.77
9	1	0.23	100
Total	439	100	100

超过半数的受调查者（57.57%）认为强戒所对于戒除毒品成瘾有效和非常有效，更有 22.02% 的参与者认为比较有效（表 2）。受调查者中，有过社区戒毒经历的占 58.16%，没有的占 41.84%。

表 2

效果	人数	所占受调查者百分比	累积占受调查者百分比
一点效果都没有	24	5.5	5.5
效果不是很明显	65	14.91	20.41
比较有效	96	22.02	42.43
有效	168	38.53	80.96
非常有效	83	19.04	100
Total	436	100	100

（二）抑郁与自尊的情绪状态

我们借用了自评抑郁量表（Self-Rating Depression Scale，SDS）测评了受调查者的抑郁状态。该量表共由 20 题目组成，每道题目设有"从无或偶尔""有时""经常""总是如此"四个选项分别计为 1~4 分。将总得分累加后量表最终结果取值为 20~80 分，为方便计算，本章每份量表结果统乘以 1.25，结果取值区间为 25~100 分。测评人的抑郁状态根据量表的最终结果取值分为四类：得分为 50 以下的为正常状态，50~59 的为轻度抑郁，60~69 为中度抑郁，70 以上为严重抑郁。正常状态的人数为 114 人，占比 33.53%；轻度抑郁状态的人数最多，为 138 人，占比 40.59%，中度抑郁的人数为 80 人，占比 23.53%，严重抑郁的人数较少为 8 人，占比 2.35%（表 3）。

表 3

抑郁状况	频数	百分比
正常状态	114	33.53%
轻度抑郁	138	40.59%
中度抑郁	80	23.53%
严重抑郁	8	2.35%

同时，自尊量表（The self-Esteem Scale，SES）被用作测量受调查者的自尊状态。该量表一共 10 个题目，分四级评分：非常符合、符合、不符合、很不符合。受调查者根据回答依次得 1~4 分，总分值区间为 20~40 分。得分越

高，表明自尊性越强。统计发现，年龄越大，自尊状态越差；收入越高，自尊状态越好；子女越多，自尊状态越强；离婚/丧偶的相对于单身的来讲，自尊状态较好（表4）。

表4

自尊状态得分	人数	所占受调查人数百分比
20	1	0.27
21	1	0.27
22	3	0.8
23	11	2.92
24	13	3.45
25	11	2.92
26	36	9.55
27	24	6.37
28	46	12.2
29	23	6.1
30	41	10.88
31	16	4.24
32	28	7.43
33	24	6.37
34	20	5.31
35	8	2.12
36	17	4.51
37	11	2.92
38	13	3.45
39	14	3.71
40	16	4.24
总数	377	100

（三）实际受到的家庭支持

实际受到的家庭支持的程度分为"非常不支持""不怎么支持""比较支持""非常支持""不知情或从未表态/没有这方面资源"。这里的"家庭支持"包括父母、配偶、子女。

统计发现，年龄越大，家庭支持越低；子女越多，家庭支持越多；已婚（同居）相较单身的支持度越低，离婚/丧偶相较单身的支持度越高。

表 5

变量	回归系数
年龄	−0.116 *** （0.042）
户口	−0.180 （0.62）
教育程度	0.0715 （0.12）
收入	0.0000835 （0.000058）
子女数量	2.883 *** （0.53）
婚姻状态	0.154 （0.45）
婚姻满意度（无所谓）	−1.807 ** （0.77）
婚姻满意度（满意）	2.046 *** （0.72）
严重相处问题	0.786 （0.57）
入所时间	−0.0677 （0.069）
父亲教育水平	−0.148 （0.12）
母亲教育水平	0.0772 （0.11）
重要他人支持	0.0580 （0.078）
常数	13.40 *** （2.39）

（四）对外界支持的需要程度

对来自所外的支持的需要程度分为"非常需要""一般需要""无所谓"。统计发现，对外界的支持需要程度总体上来说都较高，仍然主要集中在关系亲近的近亲属之中，呈现出了差序格局（表6）。自尊状况越低对家庭支持需求更高。

表6

	非常需要 （百分比）	一般需要 （百分比）	无所谓 （百分比）	总样本
父母	329（87.04）	31（8.20）	18（4.76）	378
配偶	166（84.26）	17（8.63）	14（7.11）	197
子女	153（82.70）	17（9.19）	15（8.11）	185
亲戚	179（69.65）	57（22.18）	21（8.17）	257
同事	76（48.72）	55（35.26）	25（16.03）	156
朋友	178（66.17）	68（25.28）	23（8.55）	269
邻居	88（47.31）	48（25.81）	50（26.88）	186
街道或居委会	144（64.57）	52（23.32）	27（12.11）	223
社会爱心人士	83（50.61）	34（20.73）	47（28.66）	164
其他（姐姐、女友）	6（46.15）	2（15.38）	5（38.46）	13

（五）期待获得的社会支持及期待程度

根据统计结果，受调查者对出所后的社会支持的期待都比较高。其中家庭接纳占比最高，同时就业支持也拥有较大的需求，社会关爱、好友帮助比例超过70%，医疗支持、政府救助等公共支持比例达到65%左右。可见，出所后戒毒人员首先需要能够为自己家庭接纳，解决心理上的障碍，同时还希望能够自立，解决就业和经济问题。

（表7）

	家庭接纳 （百分比）	就业支持 （百分比）	政府救助 （百分比）	医疗支持 （百分比）	社会关爱 （百分比）	好友帮助 （百分比）	其他
非常期待	341（90.93）	258（83.23）	171（66.02）	151（63.98）	189（71.86）	200（74.91）	
一般期待	26（6.93）	31（10.00）	48（18.53）	42（17.80）	41（15.59）	44（16.48）	
无所谓	8（2.13）	21（6.77）	40（15.44）	43（18.22）	33（12.55）	23（8.61）	
样本量	375	310	259	236	263	267	

三、戒毒人群的社会回归

戒毒在一定意义上是脱毒、康复以及回归社会这几个过程的组合体。如果说过去的戒毒模式主要围绕心理康复和生理脱毒，那么政府和社会也开始越来越多的关注戒毒人员的社会回归。对于戒毒人员来说，"回归社会后才是其整个戒毒过程当中尤其突出的重要部分，它不但决定着戒毒人员今后是否会复吸，同时也关乎着戒毒工作最后是否取得了胜利"。[1] 但是，也应当看到，戒毒人员的再社会化也面临诸多难题，包括微观（自我排斥）、中观（社会关系破裂）和宏观层面（社会排斥）上的障碍与不适。

（一）标签效应下的自我排斥

首先，标签效应下，"吸毒者"的标签会一直伴随着戒毒人群[2]，这不仅包括他们个体的自卑心理、自我认同感降低，还包括来自社会的对他们的强烈排斥。戒毒人员大多怀有自卑敏感的心理，难以相信他人，也对自己再社会化缺乏自信。部分戒毒人员只能回归自己的"毒友圈"，进一步加深朋辈之间的毒瘾联系。重塑行为模式和价值观念的过程需要有良好健康的心理支撑，然而长期吸毒会产生一系列症状，表现为焦躁、烦躁、被害妄想等，这使得戒毒人员比一般人更加敏感脆弱。戒毒的挫折和无法正常进行社会生活让他们对自己的评价变得更加负面。如果一直受自卑桎梏，那么他们也可能再次陷入吸毒。

（二）社会关系的破裂

大多数戒毒人员回归社会后会面临社会的冷眼相待，包括原来应该给予支持的亲朋好友。吸毒期间的隐瞒、欺骗、暴力等行为破坏了吸毒人员与家人朋友之间的信任关系。戒毒人员因为长期与社会隔离、被社会排斥等原因难以顺利融入社会，急需家人、朋友的引导与鼓励才能打开与社会接触的第

---

〔1〕　参见林小丹：《戒毒人员回归社会的管理研究——以福建省为例》，华侨大学 2017 年硕士学位论文。

〔2〕　参见李钰：《标签理论视野下的强制隔离戒毒人员回归社会问题研究》，载《中国司法》2017 年第 5 期。

一个关卡[1]，但是人际关系网的破裂，尤其是家庭支撑系统的破碎，导致戒毒人员失去了强有力的后盾，戒毒人员在原有的社会关系都无法保持正常联系的情况下，在社会排斥下建立新的社会关系更是难上加难。

（三）社会排斥

吸毒是与社会主流文化相背离的行动，从小到大，我们在课堂上学习到的是鸦片战争使中国开始沦为半殖民地半封建，生活中也到处都是禁毒的公益广告，对毒品的痛恨可以说根植于大部分人心中，这也导致了社会主流对吸毒者是难以容忍的。大众对吸毒者没有一个清楚的认知与定位，大部分人都认为吸毒者等同于犯罪者。戒毒人群回归社会后感受不到社会的温暖，更多的是戴着有色眼镜的目光，他们作为反面教材被人不断拿来作警示，这就使其"吸毒者"的标签更加难以被撕下，也更加让社会中的大部分人对他们避而远之。

在就业问题上，更多时候戒毒人群在求职过程中因为吸毒史屡屡碰壁，用人单位对于吸毒人员存有歧视甚至恐惧，导致戒毒人员很少能够获得就业的机会。同时，获得工作岗位或自主创业的戒毒人群还会面对强戒后的"动态管控"，在工作中一旦用到身份证就会联动自动触发预警系统，当地警察会根据情况对其采取尿检等多种检查。[2]这种"检查"会让家人、同事等望而却步，非常不利于戒毒人群开展正常的生活、社交或职业活动。

四、本章小结

据我们的调查样本显示，强戒所内的戒毒人员对于外界的支持的需求是非常高的。就支持的来源和性质来说，对来自家庭方面的支持的期待非常高。应该说，强戒所这样一种隔离的方式严重抑制了正常人对亲情、社会交往的需求。为了提高强戒所的戒治效果——从改变行为人的行为方式和社会生活而言，可以探索半开放式的管理与治疗，充分融入和发挥家庭在戒治过程中的作用。

---

[1] 参见姜祖桢、李晓娥：《戒毒人员回归社会的理论选择与实践探索》，载《中国药物依赖性杂志》2017年第2期。

[2] 参见林少真：《制度排斥与社会接纳：吸毒人员回归社会的困境与出路》，载《贵州社会科学》2015年第5期。

　　就社工工作而言，应当在出所前期就对戒治人员进行筛选和实施干预。在筛选中，了解这些人员的家庭关系状况，掌握他们对于家庭关系修复的需求。这样，在帮助其回归社会的过程中，社工及社区层面可以有针对性地开展一些项目，搭建起戒治者和其家庭成员的桥梁。对于一些家庭关系并不乐观的戒治人员来说，则需要付出更多的努力和干预。

　　当然，戒毒人员对支持的期待不仅包括家庭方面（主要期待），也包括就业、救助、医疗以及社会关爱等方面。在此，政府投入也可以适当地朝这方面努力。毕竟，就成本分析来看，帮助、挽救一个有志向要回归社会的人，于个人、家庭和社会都是善莫大焉。让他们成为一个重新融入社会的人，也是在为社会造福。这不仅节省了国家在强戒所这方面的资金投入，也使得他们成为社会里的建设者。

社会治理背景下戒毒体系的应然构建

前面两章的研究表明：强戒所内的戒毒人员对于外界的支持的需求是非常高的。就支持的来源和性质来说，对来自家庭方面的支持的期待非常高。应该说，强戒所这样一种隔离的方式严重抑制了个体对亲情、社会交往的正常需求。就社区戒毒而言，我们的研究同样发现，本体论意义上的"社区"和方法论意义上的"社区"在社区戒毒中的作用并没有得到很好的凸显。主要表现在：政府成立的社会组织在实际中过于强调管控，而在教育和帮扶上没能很好地回应对象的实际需求；即便处于社区的环境中，戒毒人员被抓捕的风险也随时存在；与之相对应，戒毒人员的自我转变的意识和动机及其社会资本在当前的戒毒实践中没有得到应有的重视。

我国的戒毒体系是当前不法行为规制体系的一部分。结合前面两章对社区戒毒和强制隔离戒毒在运行层面的考察，在吸毒行为的法律规制方面，我们已分析得出当前围绕毒品滥用规制体系的结构及实质——一种柔性不足而严厉过剩的"倒金字塔"结构。本章结合我国当前社会共治的背景，借助本研究中对吸毒者的实证研究，提倡一种"正金字塔"的规制结构。

一、我国的戒毒制度：法律框架与法律现实

2008 年的《禁毒法》确定了我国当前的戒毒体系，即强制隔离戒毒—社区戒毒—自愿戒毒三种模式并行。而其中的强制隔离戒毒，是对毒品吸食人群所实施的监禁性处遇，让毒品吸食人群在与外界隔离的环境下接受戒毒治

疗与教育康复。[1]

（一）　当前戒毒体系的制度缺陷

2008 年的《禁毒法》给予社区戒毒非常重要的地位，社区康复成为强制隔离戒毒解除之后的"标配"——规定强制隔离戒毒的决定机关可以责令戒毒人员接受不超过三年的社区康复。鉴于社区戒毒被赋予了"促进毒品吸食人员更好地回归社会"的功能，与之实质内容等同的社区康复也理所当然成为强制隔离人员回归社会过程中的缓冲地带。[2]从这个设计来看，戒毒体系的重心似乎转移至社区戒毒和社区康复。然而事实上，强制隔离戒毒在当前戒毒制度中的主导地位并未动摇，其所意图实现的"矫正性"和"恢复性"——"帮助吸毒人员矫正并促进其回归社会"的制度诉求，也因其惩罚性而大打折扣。

一方面，社区戒毒、自愿戒毒实际上被吸收进了强制隔离戒毒体系。[3]从《禁毒法》第 38 条第 1 款的四种情形来看，[4]强制隔离戒毒的决定是在社区戒毒得不到遵守的情况下才可以作出。因此，社区戒毒本来应占据戒毒措施的基础地位，即优先适用社区戒毒，其次强制隔离戒毒、再次社区康复。[5]但是紧接着，该条第 2 款中规定的"成瘾严重""通过社区戒毒难以戒除毒瘾"等内容，又赋予了公安机关作出强制隔离戒毒决定的绝对权力。在没有

〔1〕　2011 年的《公安机关强制隔离戒毒所管理办法》第 2 条规定："强制隔离戒毒所是公安机关依法通过行政强制措施为戒毒人员提供科学规范的戒毒治疗、心理治疗、身体康复训练和卫生、道德、法制教育，开展职业技能培训的场所"。随着劳动教养被废除，"劳教戒毒"也不再被提；目前的强制隔离戒毒主要是强制隔离戒毒所内所实施的戒毒处遇。只是，目前的强制隔离戒毒所在实施和管理上，有的属于公安机关，有的属于司法行政机关，但强制隔离决定一律由公安部门作出。

〔2〕　参见胡鹏：《禁毒法视角下的社区戒毒工作研究》，载《青少年犯罪问题》2008 年第 6 期。

〔3〕　参见褚宸舸：《"戒毒和收容教育法律问题"学术研讨会发言纪要》，载《贵州警官职业学院学报》2014 年第 6 期。

〔4〕　《禁毒法》第 38 条："吸毒成瘾人员有下列情形之一的，由县级以上人民政府公安机关作出强制隔离戒毒的决定：（一）拒绝接受社区戒毒的；（二）在社区戒毒期间吸食、注射毒品的；（三）严重违反社区戒毒协议的；（四）经社区戒毒、强制隔离戒毒后再次吸食、注射毒品的。对于吸毒成瘾严重，通过社区戒毒难以戒除毒瘾的人员，公安机关可以直接作出强制隔离戒毒的决定。吸毒成瘾人员自愿接受强制隔离戒毒的，经公安机关同意，可以进入强制隔离戒毒场所戒毒。"

〔5〕　参见胡鹏：《禁毒法视角下的社区戒毒工作研究》，载《青少年犯罪问题》2008 年第 6 期。

明确的适用标准时，判断标准和决定都由公安机关来掌握。[1] 因而有人质疑，《禁毒法》第 38 条看似鼓励社区戒毒和自愿戒毒，但其实是通过变相操作将强制隔离戒毒永续化。[2] 而我国的司法实践似乎也在强化这一立场，如《人民法院报》的参考性案例就指出"社区戒毒不是强制隔离戒毒的前置程序。对通过社区戒毒难以戒除毒瘾的吸毒成瘾严重人员，公安机关直接作出强制隔离戒毒决定的，人民法院应予支持。"[3]

另一方面，虽然强制隔离戒毒措施的法律性质既非刑罚，也非《治安管理处罚法》所规定的行政处罚，但它的严厉程度并不亚于刑罚。强制隔离戒毒剥夺了行为人的人身自由，使其在一个封闭的环境里进行戒治，这本身带有刑罚的痛苦成分。一直以来，对强制隔离戒毒措施"重惩罚、轻戒毒、复吸率高"等现象所生的诟病不断。[4] 并且，吸毒人员因不服公安机关强制隔离戒毒决定而提起行政诉讼乃至行政赔偿的情形也并不少见。以"维护社会秩序"为名而对吸毒者进行强制隔离戒毒措施，并没有体现戒毒措施应有的教育和矫治功能，这与其所宣称的"矫正性"是冲突的。可见，与其说隔离吸毒人员是为了防卫社会，不如说这样的戒毒措施以一种"妖魔化"毒品吸食者的方法迎合了公众脆弱的安全感，以此获得了将吸毒者采取隔离性措施的正当性。

从效果上看，国家在强制隔离戒毒设施上的巨大投入与强制隔离戒毒本身并没有直接关联。随着打击毒品违法犯罪活动的力度加大，强制隔离戒毒所收治的戒毒人员数量也在不断攀升，[5] 这给场所安全带来极大的压力。就

---

〔1〕 即便将成瘾认定交由戒毒医疗机构，如《上海市禁毒条例》中规定"吸毒成瘾人员应当进行戒毒治疗。对于初次查获的吸毒人员，公安机关应当委托戒毒医疗机构开展吸毒成瘾认定"，但该条中委托认定的问题依然很多。比如，实践中是否一直贯彻委托认定的做法，受委托的认定机构是否中立，吸食人员对认定结论能否提出异议，以及公安机关在该认定程序和结论中的利益立场等。

〔2〕 参见褚宸舸：《"戒毒和收容教育法律问题"学术研讨会发言纪要》，载《贵州警官职业学院学报》2014 年第 6 期。

〔3〕 参见江朝丽、张家齐：《社区戒毒不是直接作出强制隔离戒毒的前提条件——袁麒麟诉重庆江北公安分局强制隔离戒毒决定案》，载《人民法院报》2015 年 1 月 22 日，第 6 版。

〔4〕 参见陈泽宪：《强制性戒毒制度及其改革》，载 iolaw. cssn. cn/zxzp/200410/t20041025_45936 12. shtml，最后访问日期：2019 年 1 月 15 日。

〔5〕 参见邓时坤、翁胜强：《广东省吸戒毒人员趋势变化调研报告》，载《犯罪与改造研究》2017 年第 4 期。

云南省而言，全省平均警戒比[1]8.9%，而最低的场所仅 2.8%。[2]不仅如此，在场所资金投入有限的情况下，人满为患的局面也将进一步考验强制隔离戒毒能否真正实现收治功能。以广东省为例，截至 2015 年 12 月底，大部分场所已满员收治，而省直场所持续爆满，在所 2.1 万人，床位仅 1.6 万张，超容 31.5%。[3]除了场所投入外，智能信息技术管理、戒毒医院，以及解戒人员的后续照管方面都离不开国家财政资金的持续投入。另外，司法行政的戒毒工作继续由过去从事劳教工作的警察承担，在专业化、科学化方面暴露出严重的短板。例如，从事劳教工作的警察因没有从事心理矫治工作必备的专业训练，很难胜任专业性极强的对戒毒人员的心理矫治工作。

其次，出所后的高复吸率，成为困扰政府、实务界及当前社会的主要难题。强制隔离戒毒本身是否有效，并不能从"铁窗疗法"本身的戒断"成效"来判断。虽然我们无法将出所后的各类问题都归结到强制隔离戒毒本身，然而无法忽视的是，强制隔离戒毒给戒治者本人带来的污名，对其社会回归造成了一系列阻碍。并且，这种"污名化"的后果也会施加在其家庭成员身上。这一切都可能会加深个体及其家庭与社会的对立。

最后，建立在对被规制者进行隔离排斥基础上的社会政策，也并没有对社会公众的安全感提供助益。社会公众的安全感来源于稳定的社会秩序，来自国家对于毒品犯罪的惩处和防范。面对我国严峻的毒品态势，打击重点应当是危害社会秩序和公众生命健康的毒品犯罪，而非成瘾的人。早在 21 世纪初，我国社会就认识到吸毒者是毒品的受害者，是需要医疗戒治的患者。[4]而对其所谓的"保护隔离"，与真正的戒治还相差很远。对于单纯的毒品戒治者，应当给予更多的引导、教育、关怀和帮助。理性、平和的社会秩序才是

---

[1]　根据《公安机关强制隔离戒毒所等级评定办法》，小型所（日均在所人数不足 200 人）、中型所（200 人以上不足 400 人）、大型所（400 人以上不足 800 人）和特大型所（800 人以上），民警分别按照不低于日均在所人数的 11%（且不低于 15 人）、10%（且不低于 22 人）、9%（且不低于 40 人）和 8%（且不低于 72 人）配备。另外，司法部 2014 年的《司法行政强制隔离戒毒所安全警戒工作规定》第 4 条规定，专兼职安全警戒人员与强制隔离戒毒人员总数的比例应为 2%-3%。

[2]　参见徐颖：《新公共管理视角下强制隔离戒毒社会化研究——以云南省为例》，云南大学 2018 年硕士学位论文。

[3]　参见邓时坤、翁胜强：《广东省吸戒毒人员趋势变化调研报告》，载《犯罪与改造研究》2017 年第 4 期。

[4]　参见万艳、张昱：《我国强制隔离戒毒制度与实践的断裂与重构》，载《云南大学学报（社会科学版）》2019 年第 2 期。

公众安全感的直接源泉。鉴于此，当前的强制隔离戒毒制度很难实现真正意义上的戒治，也意味着所追求的公众保护还建立在一种惩罚性的手段和设施上。

（二）社区戒毒的"名"与"实"

从社会治理的角度来说，如果强制戒毒是"硬"和"严厉"的，那么社区戒毒应当更多体现出"软"和"关怀"的一面。但这里，同样有必要审视社区戒毒的适用现状。一个隐含的问题是，我国的社区治理能否承载起对不法行为的监督、矫正和教育？

《禁毒法》第33条规定："对吸毒成瘾人员，公安机关可以责令其接受社区戒毒，同时通知吸毒人员户籍所在地或者现居住地的城市街道办事处、乡镇人民政府。社区戒毒的期限为三年。戒毒人员应当在户籍所在地接受社区戒毒；在户籍所在地以外的现居住地有固定住所的，可以在现居住地接受社区戒毒。"而第34条、35条规定了社区戒毒工作具体由城市街道办事处、乡镇人民政府负责，与戒毒人员签订社区戒毒协议；政府应提供职业技能培训、就业指导和就业援助；接受社区戒毒的戒毒人员应定期接受检测，违反协议或复吸的，由社区戒毒的工作人员进行批评教育，严重的应向公安机关报告。我国的社区戒毒工作也大致在这个立法框架下展开。

以上海为例。上海在开展社区戒毒方面具有全国其他地区无法比拟的优势和特色。早在2003年，上海成立了中国内地首家专门从事社区禁毒业务的非营利组织。该社工机构通过引入社会工作的理念和方法，由专业的禁毒社工深入社区为戒毒人员提供个性化的戒毒康复指导、生活关心等服务，积极协助他们改变不良心理、生活态度和行为方式，巩固戒毒效果，帮助戒毒人员重新融入社会。这也表明戒毒的理念从"羁押、惩戒"转向"关怀救助、以人为本"。[1] 由此看来，社区戒毒较之于强制戒毒，具有行为矫治、个别化处遇以及恢复戒毒人员社会功能等方面的重要意义。

然而，本人在调研中却发现社区戒毒其"实"难副，以上之"名"并未在实际中得到应有的体现。首先，社区戒毒（包括社区康复，下同）人员所获得的实际支持严重匮乏。如果说社区戒毒是一个政府部门与社会组织多方参与和通力合作的平台，那么公安、人力资源和社会保障部门、卫生行政部

---

〔1〕 参见李昊：《论完善戒毒人员社会救助制度的法律对策》，载《河南师范大学学报（哲学社会科学版）》2014年第3期。

门、司法行政部门、居委、禁毒社会组织等在毒品预防和戒治方面进行力量整合，势必能为社区戒毒人员提供能力建设的基础。但是，无论是正在进行社区戒毒或者经历过社区戒毒的对象，都表示其获得的支持其实很少。在实际生活方面，例如出所后的临时住宿安排，就业岗位的提供以及心理帮助，都远远不能满足戒毒对象的实际需求。另有实证研究也揭示社区戒毒康复领域的专业人员及专业素养的缺失，例如社区缺乏必要的医疗设备和专门的戒毒工作场所去开展心理干预工作。[1]

"社区戒毒实际上通过戒毒资源的分配使得政府、社区和戒毒人员承担与之相匹配的戒毒责任，从而在他们之间形成良好的互动互助关系"。[2]社会力量和市民力量的介入也能弥补政府治理的能力有限性。[3]然而，实然状况的社区戒毒处于"管控"和"帮扶"的摇摆状态。一方面，由社会组织协助公安实施定期尿检、行为跟踪等管控措施；另一方面，社会组织也协助政府进行扶危帮困，包括生活或医疗救助等。然而，由于社会组织的社工与戒毒人员理论上是一种服务与被服务的关系，社工实施管控有损其职业伦理和对象信任，使得随后的戒治和服务沦为空谈。从这个意义上讲，国家层面的管控不应凌驾甚至侵蚀社区层面的戒治和帮助。另外，政府救助是体现政府"抚恤"弱者的一面。作为由政府主导成立的民办非企业单位，社会组织从财政来源到活动和服务开展都严重依赖行政资源。[4]对戒毒人员的社会帮扶也是来自政府层面，虽然戒毒措施在福利供给方面存在很大不足，但也无法否认其具有的福利性成分。但遗憾的是，管控的错位和福利的不足让社区戒毒处于一个左右困窘的境地：既得不到戒毒人员的认可，也让国家财政大幅度地投入在社会组织身上。[5]调研发现，社区戒毒人员大多认为社工不过是帮助公安来实施管控的助手，实际对他们并没有起到多少帮扶作用。对于出所后进行的社区康复的人而言，情形同样如此。

---

〔1〕 参见王馨锐：《社区戒毒康复人员的分类评估研究——以上海市 M 区为例》，华东理工大学 2014 年硕士学位论文。

〔2〕 参见曾文远：《论社区戒毒的基本理念》，载《广西警官高等专科学校学报》2011 年第 4 期。

〔3〕 参见何增科：《政府治理现代化与政府治理改革》，载《行政科学论坛》2014 年第 2 期。

〔4〕 参见仇立平、高叶：《路径依赖：强政府体制下的上海司法社工实践——以 J 区 G 社工点为例》，载《江苏行政学院学报》2008 年第 3 期。

〔5〕 这里并不是说不要投入。

　　基于以上对我国在规制吸毒这一不法行为方面的应然和实然考察，可以大致勾勒出一个"倒金字塔"结构（如图1所示）。也就是说，虽然戒毒措施在体系架构上有自愿戒毒和社区戒毒的适用空间，但实际非常薄弱，给予规制对象的选择极其有限。立法者并没有明确社区戒毒的优先适用地位，使得社区戒毒实际处于庞大的强制隔离戒毒的笼罩之下。强戒与社戒之间的这条边界，不仅仅涉及规制者的权力约束，即一直受到批判的行政权力监督的有效性问题，也同样关系到这种规制安排能否获得被规制者的认可，即在实践中是否有效的问题。

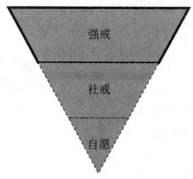

图1："倒金字塔"结构

二、体系构建的另一种可能

　　以上对毒瘾人员的强制隔离戒毒和社区戒毒措施的分析，揭示出我国目前对此类不法行为规制的尴尬境地：一方面，隔离所带来的"惩罚"难以站得住脚，另一方面社区处遇又难副其实。然而，《禁毒法》引入社区戒毒的思路隐含着对社区治理的重视。究竟在不法行为的规制上有没有其他的方案，从而能获得民众的遵从？

　　在西方，在政府资源特别是执法成本有限的情况下，反应性规制（responsive regulation）应运而出。所谓反应性规制，是指在决定一项介入性措施是否确有必要时，治理必须是对规制环境及规制对象的行为的反应。[1] 执法

――――――――――

〔1〕　See Ian Ayres, John Braithwaite, "Responsive Regulation: Transcending the Deregulation Debate", *American Political Science Review*, Vol. 87, No. 3. , 1993, p. 782.

者可以视对象（公民个人或社会主体）的自我规制成效而决定是否升级其介入手段。[1] 这样，传统的"只要有害行为发生，一律要进行执法干预"的预设被颠覆。当不法者在实施了违法行为之后能积极赔偿损失、补偿被害人等，监禁就不再是必须采用的处置办法。[2] 作为反应性规制的一种，"规制金字塔"（regulatory pyramid）这样一个模型正是集恢复性、威慑和剥夺为一体的层级递进（如图 2 所示）。[3] 每一层级都对应不同的行动者。[4] 一个本质善良的行为人，当运用教育、说服等措施能使其改变行为之时，便没有必要再动用威慑乃至剥夺的手段。

图 2："规制金字塔"结构

在"规制金字塔"的规制结构中，底层代表着恢复性司法的实践，即通过规劝、教育、对话的方式来使行动者守法；当对话等尝试失败后，规制的

---

　　[1]　See Braithwaite, J., "Types of responsiveness", in P. Drahos ed., *Regulatory Theory*: *Foundations and Applications*, Australian National University Press, Vol. 1, 2017, pp. 117–132.

　　[2]　See Braithwaite, J., "Types of responsiveness", in P. Drahos ed., *Regulatory Theory*: *Foundations and Applications*, Australian National University Press, Vol. 1, 2017, pp. 117–132.

　　[3]　模型来自 Braithwaite, J., "In search of restorative jurisprudence", In L. Walgrave ed., *Restorative Justice and the Law*, Willan Publishing, Vol. 1, 2002, pp. 150–167; Braithwaite, J., "Types of responsiveness", In P. Drahos ed., *Regulatory Theory*: *Foundations and Applications*, Australian National University Press, Vol. 1, 2017, pp. 117–132.

　　[4]　比如，在最底端，规制对象是一个具有良好道德品行的行动者（a virtuous actor），可以通过自我规制以调整自己的不当行为使之符合规制者的要求；在威慑层，规制对象是一个理性的行动者（a rational actor），能够衡量什么样的决定是能够承受的，分析后果的利弊得失；在顶端的剥夺层，规制对象被认为是无能力或不理性的行动者（an incompetent or irrational actor），当其他方法穷尽之后仍然不能很好地履行其责任，那么规制者就有必要剥夺其资格或者监禁。

层级也将逐步上移，威慑和剥夺将升级成为执法手段。这里的层级并非对应行为的严重性；[1] 相反，这个规制结构强调的是，执法者针对任何一种行为都应当先从对话和沟通开始，优先适用底端的措施，只有在底端措施失效的时候，规制手段才往上升级。[2] 单一的恢复性司法、威慑或者剥夺理论，在民众遵从方面都存在局限，而这个"正金字塔"的规制结构则有效克服了恢复性司法、威慑和剥夺的单一理论的不足。

本书并非预设这样一个规制模型必然适用于我国，或者是想当然地认为其能够为中国问题提供"良方"。然而这样一个模型也带给我们一些启示：在我国当前重视社会治理的大背景下，[3] 对不法行为的规制更重要的是要审视底层结构，扩大恢复性的实践，从下至上，从"柔性"到"刚性"推进，而不是本末倒置，优先"严厉"而后"宽缓"。如果说"柔性"和"宽缓"能增进违法者的守法，那么"刚性"和"严厉"可能会恶化违法者对规则的漠视和对执法主体的蔑视。

尽管如此，立法者在《禁毒法》中并没有彻底摒弃"惩罚优先"的思维，强制隔离戒毒仍然以带有惩罚性处遇的措施承担着较大规模的吸毒者矫治和社会保护功能。[4] 然而，这种强制隔离的"过分严厉"带来的高复吸率的恶性循环，显然不是立法者所希望看到的。从被规制者的视角来看，强制隔离戒毒并没有得到认可。在我们的实证研究中，相当一部分访谈对象都知道吸毒违法，也不想在吸毒的道路上一直走下去，但是高压打击并没有给予他们一次违法后的革新机会；另外，他们认为自己只是吸毒而并没有去犯罪，强制隔离对他们人身自由的剥夺等同于将他们视作犯人，因而对这一制度的目的产生了强烈的质疑。

在访谈中本人发现，很多人停止复吸，不是因为强制隔离帮助他们"改造"，也不是强制隔离所对他们形成了某种威慑，而往往是一种"要摆脱过去"的决心。这种决心大多来自对自身及家庭状况的审视，渴望弥补自己的

---

[1] 并不是最严重的行为对应着金字塔的顶端而底端的大面积空间预留给不严重的行为。

[2] See Braithwaite, J., "Types of responsiveness", in P. Drahos ed., *Regulatory Theory: Foundations and Applications*, Canberra: Australian National University Press, Vol. 1, 2017, pp. 117-132.

[3] 参见张文显：《中国社会治理的法治思维》，载 http://www.aisixiang.com/data/114687.html，最后访问日期：2019 年 1 月 22 日。

[4] 参见包涵：《强制隔离戒毒制度研究报告》，载黄京平主编：《特殊强制措施司法化研究：轻罪案件快速审理的中外实践》，法律出版社 2018 年版，第 79-97 页。

行为给家人带来的伤害，而寻求重新修复家庭纽带；也有出于对周围之人（community of care）给予支持和关注的反馈，即不想再让这些人失望。这些"改变的机会"——通过说服教育或实际帮助所带来的改观，也只有当不法者身处社区和与社会的正常互动中才能获得。

行为人的家庭纽带的作用在我们的研究中屡次凸显。大多数访谈者都提到父母的作用。研究发现，父母既是行为人赖以获得支持的途径，也是行为人在犯法之后进行转变的动力来源。即使行为人认识到转变"最主要还是靠自己"，但这种认识还是基于看到"父母年迈"抑或认识到自己的行为给父母带来伤害的基础之上。"我父母啊。毕竟家里人，最主要也是家里人帮助你呀"（F-19）。"主要是，家里父母岁数大了，你说是吧，而且自己岁数也大了，再吸毒没什么意思了"（F-20）。"走以前的路（指复吸再次被抓）嘛，不确定。那我想好好做人，改嘛，也没有很大的信心。反正那时候也很志忑的。就是回来以后（指从强戒所出来）正好巧，回来过年后，我就回父母家。吃年夜饭的时候，我父母跟我说，你呢岁数也大了，小孩么也挺大了，你也进去过两三次了，我们父母岁数也很大了，你如果不想好好做人的话，就是可能我这一生就废掉了。跟我谈了好长时间。"（M-11）"我回房间（指强戒所内）第一个感触就是，我自己犯了错，我承认我自己犯了错，却在惩罚我母亲。那时候我觉得就好像网络上说的，我不能认亲啊，就好像是连带呀，虽然不是我老妈的罪，但是在精神上对她是损失了嘛，对不对啊。她肯定想我儿子看不到她了嘛。我就觉得这是一方面。"（M-16）

当然，除了父母之外，子女的未来以及整个家庭的"面子"也是促使行为人进行转变的契机。"回来之后想想自己岁数大了，父母岁数也大了，也不想让他们操心了，让他们担忧了，当时老是为这种事情担忧。自己想想，小孩也大了，他们也要成家了。我嘛老是在里面（指关在强戒所），如果他的，就是我的亲家如果知道我这个事情的话，是很不光彩的事情，对小孩也是一种伤害。我回来想的时候呢，想的东西多了，不像以前想得挺简单的。所以我对自己说呢，现在已经属于长大了，成熟了，不像以前呢好冲动。"（M-11）

与此同时，从行为人的角度来看，由戒毒者群体所形成的互帮互助小组也能实现相互激励。这种内部的压力或支持机制也在戒毒者中形成了一种支撑。这种同伴教育（peer education）利用了同伴之间的相似性，通过榜样的示范作用，使同伴更好地接受信息，对同伴施加影响。[1]

"我个人觉得，对我本人来说，戒毒有帮助的，就现在这个同伴，真正有帮助。什么社工，都是放屁。这个（指同伴活动）每次去，他们里面（指同伴小组）的人会跟我们说一遍，什么吸毒的什么事情，然后我们这帮朋友坐在一起大家谈谈自己感受，然后大家互相勉励。这个是真正有帮助的。大家都会谈，他那里谁谁吸毒，怎么样，以前怎么样，现在怎么样。人都有心态的，还有一种，人没有一个人他说不想信心向上的。没有一个人。哪怕一个人每天扫地，他也会想哪天发财了。对吧？只不过是时间没到，那没办法。对吧？对我本人来说，我只有一样东西对我有鼓励，那就是这个同伴。我去了以后，大家在一起聊天啊什么，她会做很多活动，她会提出很多问题。有的时候她会引导我们，让我有的时候想不到的问题，哎他一说，哎，对的。"（M-15）

无论从家庭还是同伴，所依赖的都是建立在人与人之间相互依赖的结构基础上，通过发挥行为人的社会资本（social capital）来实现行为转变，改"邪"归"正"。这种压力机制以隐藏在背后的国家强制力为后盾，优先通过说服、教育等方式促使行为人行为转变。然而，这样看似符合"正金字塔"规制结构的做法，其实并没有真正形成层级递进。事实上，以社会组织为代表的社会协作，由于其戒治和服务功能没有得到很好的发挥，而事实上成为国家管控的一种延伸。这就回到前一部分的问题：冠名为"社区戒毒"的以社会组织和社会力量为代表的社会协作，能否承担起对违法行为的矫治和教育？

前面的分析指出社区戒毒名不副实，不仅在于戒治服务的匮乏和欠专业性，也在于社工的服务与管控的角色错位。由于嵌入在政府的行政体制中，社会组织目前在运作上出现了严重的职责与目标的冲突。街镇政府部门、居委会、公安执法部门对于禁毒社工工作的干预严重。[2] 从我们的研究来看，戒毒者对于社工的作用存在很大的质疑和不信任。在一些受访者看来，社工的作用不过是帮助警察实施管控，或者是"隐形警察，时时刻刻盯住你"；在

---

〔1〕 参见张昱等：《禁毒社会工作同伴教育服务模式研究——上海实践》，华东理工大学出版社 2016 年版，第 26 页。

〔2〕 参见唐斌：《禁毒非营利组织研究——以上海市 Z 社工服务机构为例》，上海社会科学院出版社 2017 年版，第 161 页。

社工所起的帮扶作用方面，仅仅是限于了解行为人的家庭是否困难以及协助行为人去街道申请低保等。即便当行为人处于社区之中，来自警察方面的强制力和干预也无时不在，尤其是通过检测的手段给行为人造成极大的威慑（再次被抓的风险）。

　　结合第三章里对国外做法的考察，可以说，以澳大利亚为代表的西方国家目前有两个特征值得关注：一是整个政府和社会对毒品吸食者的观念转变，二是以警察为代表的刑事司法部门与医疗机构、矫正部门的跨部门协作。戒毒者被给予机会在社区内接受监督、评估和矫正，但并不代表这些项目是没有力度的。当行为人不能通过这些项目进行自我转变，等待的依然是刑事干预。

　　就我国而言，既需要进一步发挥家庭、邻里、学校、单位等力量参与对行为人的说服教育——重要的是使行为人在深刻认识到自己行为错误的同时不至于被"一棍子打死"，同时也要提升社会组织的专业性并限定其职能为专业的戒治服务。这样，多方的协调和共同参与使得行为人有了实现转变的可利用的社会支持和社会资本。尽管预防犯罪的落脚点在于公众安全，但社会组织的定位理应回归到服务为本。只有这样，社区戒毒才能成为名副其实的实现行为人行为转变和社会回归的"缓冲"地带。

　　以上的设想也有丰富的理论支撑。就微观层面而言，赫希的"社会控制（social control）"理论揭示社会纽带（social bonds）对行为人守法的重要性。[1]一般而言，个体与社会（家庭、学校等）的纽带越是紧密，其从事违法犯罪活动的可能性也降低。这种非正式的社会控制，在中国这样一个强调人际关系和谐的文化情境下，依然发挥着不可忽视的作用。就中层理论而言，萨瑟兰的"差别交往（differential association）"理论则将个体放置在社会交往之中；个体从事有益的积极的社会交往，其实也是无形的再社会化过程。[2]宏观层面的理论，诸如"社会解组（social disorganization）"则说明，当非正式控制的社会结构面临解体的时候，犯罪与越轨则成为一种必然的社会现象。[3]然而，这并不代表越轨者一定要被置于标签化和污名化的效应

---

　　〔1〕　参见高欢：《社会控制理论》，载曹立群、任昕主编：《犯罪学》，中国人民大学出版社 2008 年版，第 126-143 页。

　　〔2〕　参见许章润主编：《犯罪学》，法律出版社 2016 年版，第 33 页。

　　〔3〕　参见吴瑜宁、孙懿贤：《社会解组与犯罪》，载曹立群、任昕主编：《犯罪学》，中国人民大学出版社 2008 年版，第 21-41 页。

中；相反，对越轨者进行社区层面的和非正式的社会化过程，能有效降低再次犯罪的可能性。

三、对社会治理"悖论"的思考

我国的戒毒制度反映了我国社会治理中"隔离"与"社区"的选择的问题。无疑，在对吸食毒品这一违法行为的规制上，我国目前仍旧处于严重依赖旧有的"隔离"体制，而"社区"的建设和参与还不充分。当然，我国的社区嵌入在基层行政组织中，这与西方自治意义上的社区有很大不同。然而，同是调动社区的参与，我国需要考虑的是如何重整社区的力量，让其真正发挥对不法行为的监督、矫正和教育的作用。从这个意义上说，对不法行为的规制可能要突破的，不是从行政权到司法权这样的权力壁垒，而是在国家动用强硬的手段之前能否预留一片土壤，让社会发挥自我规制的功能。换句话说，我们可以考虑扩大社区戒毒的规模和范围，让对象在社区层面得到戒治，优先适用说服、教育等能够保存戒治对象现有社会关系和正常社会生活的方法，帮助并鼓励其逐步摆脱毒瘾。

当前的毒品戒治体系，其实也给我国整个不法行为规制体系的构建提供了值得进一步深思的问题。首先，在不法行为的规制体系的构建上，设定明确的规制理念，并审慎地给这类行为人"留下生路"。具体而言，就是要明确惩罚、矫治、教育或者预防这些目的的主次位阶，避免"惩罚"思维先入为主，更避免"不讲目的和后果，有什么就拿来用"的轻率做法。很多行为人可能在公安刚刚介入之时就已经认识到了行为的过错并吸取教训，这个时候再进行起诉和审判，反而会添加一层不必要的"严厉"色彩。这不仅使得升级了的规制变得多余——对国家审判和监禁资源造成了浪费，更会招致行为人对这层规制的不满，加深行为人与社会的对立、隔阂，为公众安全埋下安全隐患。规制的轻缓化，注重教育和劝诫，能让行为人在吸取教训之后继续从善；而过于严厉的做法，会不当贬损行为人的人格和尊严，为新一轮的恶行埋下伏笔。

其次，在强调社会治理的背景下，应当改变过去的管控社会的思维模式和做法，对于不同的行为人及行为进行区别对待，注重矫治和教育。以我国目前的工读学校为例，它发端于 1955 年，是介于普通中小学与少管所、劳教所之间的一种防控形式，意在用教育而非管制的手段来容纳和矫治那些处于"犯罪边缘"的未成年人。[1]然而，六十多年的工读学校的发展也日渐呈现出"刑事监狱化""职业学校化""普通学校化"的色彩。[2]换言之，其教育矫治已让位于规训与惩罚，封闭的设施和管理难以与教育和矫治理念挂钩。与之相对应，我国的强制隔离戒毒措施或许存有同样的诟病。值得注意的是，《预防未成年人犯罪法》已经将未成年人的偏差行为分为不良行为、严重不良行为、犯罪行为等由轻及重的三个等级，并根据不同的等级采取相应的措施。这是我国在理性认识未成年人犯罪问题上迈出的重要一步。在戒毒的制度设计中，也应当扩大社区层面的处遇，尽量使戒毒人员在社区层面得到矫治、教育和帮助。进而，当下在构建不法行为规制体系的问题上，我们需要严谨地区分每一类对象和行为，并审思对每种对象和行为规制的初衷是什么，从而才会有更好的制度设计。

最后，应当让社会力量更广泛地参与到国家对不法行为的监督和矫治中去。无论是预防青少年违法犯罪，还是吸毒成瘾戒治，都需要改变管控的思路，让社会力量真正参与进来。值得注意的是，我国的司法社工事业已经起步，其力量不容小觑。虽然社工的专业性和服务性还有待提高，需要在服务关系建立、矫治水平等方面加强能力提升，但是，他们的存在和发展，可以为矫治对象带来行为转变、社会关系恢复等方面提供帮助。

---

[1] 参见石军：《中国工读教育史60年：回顾与反思》，载《当代青年研究》2017年第4期。
[2] 参见姚建龙、孙鉴：《从"工读"到"专门"——我国工读教育的困境与出路》，载《预防青少年犯罪研究》2017年第2期。

第四编　社会治理的实践困境：
青少年的社区处遇

社会治理背景下的未成年人处遇体系

　　未成年人是国家的未来，未成年人的健康成长是整个社会的关注焦点。近年来，未成年人恶性事件不断诉诸媒体报道，从"少年弑母"〔1〕到"校园霸凌"，不断挑战公众对未成年人群体的认知。仅 2023 年以来，校园霸凌的议题甚嚣尘上，从湖南娄底 7 岁女童被十余名同学"短暂围住拍打"，到山西大同 10 岁男童持续两年遭受同寝 2 名男生欺辱甚至性侵，再到福建一初中生被同学逼迫吃粪便……"涉事未成年人呈低龄化趋势且霸凌形态多样化"现象引发社会各界广泛关注和热议。媒体报道之余，摆在学界面前的问题依然是如何更好地规制未成年人的违法犯罪行为。

　　校园霸凌或弑母案件的实施者在当时多为未达到刑事责任年龄的未成年人，或者欺凌后果尚没有达到我国刑事犯罪的"量"的要求，因而难以按照公众的期待给予刑罚惩罚。这种落差引起公众的强烈不满，也成为近年来主张严罚低龄未成年人违法犯罪行为（包括降低刑事责任年龄）呼声再起的重要原因。这种呼声最终导致我国 2020 年底通过的《中华人民共和国刑法修正案（十一）》（以下简称《刑法修正案（十一）》）下调了最低刑事责任年龄，即"已满十二周岁不满十四周岁的人，犯故意杀人、故意伤害罪，致人死亡或者以特别残忍手段致人重伤造成严重残疾，情节恶劣，经最高人民检察院核准追诉的，应当负刑事责任。"

──────────

〔1〕 2019 年 3 月 18 日上午，江苏盐城建湖县某小区发生一起 13 岁未成年人弑母恶性案件。2018 年 12 月 31 日跨年夜里，13 岁少年因家庭琐事，锤杀双亲并淡定逃跑，被抓获后没有表现出一丝一毫愧疚之意。2018 年 12 月，湖南省一个小镇上一名 13 岁男孩因母亲不让他抽烟，弑杀母亲，被发现后还笑着谎称母亲是自杀。2017 年 12 月 3 日，四川省大竹县 13 岁少年袁某因怨恨 43 岁母亲陈某管教过严亲手将其杀死在家中。

对此，刑法学界很多人持赞成态度，认为我国应毫不犹豫地降低刑事责任年龄[1]，而少年法学界则批驳这种为迎合民意的非理性回应。姚建龙将我国关于刑事责任年龄的争议实质归结于三个观念性分歧："一是，如何看待和区分'未成年人'与'成年人'，即童年观的分歧；二是，对未成年人罪错行为应于报应主义与保护主义二者之间如何取舍，即罪错观的分歧；三是，在保护未成年人利益与保护社会利益之二元价值冲突之间应怎样权衡，即保护观的分歧。只有在此三大话语平台与必要共识下，才可能对刑事责任年龄是否应当下调作出理性的评价"[2]。本人认为，这种总结是深刻且透彻的，其将我国降低刑事责任年龄的举动视作立法上严重的"历史性倒退"[3]，亦是基于一种人本主义的少年司法立场。

但就此，也可以看出，我国的未成年人司法制度一直处在矛盾的境地。一方面学界认为我国的未成年人司法制度尚有许多空缺并未能贯彻"教育为主，惩罚为辅"原则，另一方面在舆论上，认为未成年人相关制度太过宽松并不能有效地抑制犯罪的批评占据了主流。

究竟我国的未成年人处遇是"宽缓"还是"严厉"呢？首先需要对我国围绕未成年人行为的规制体系作一番梳理。

一、我国未成年人刑事处遇体系

在《刑法修正案（十一）》以前，"未成年犯"指称的是年龄在 14～17 周岁之间被法院定罪的未成年人。[4]这一群体的犯罪，自 1990 年以来在整个刑事犯罪中的比重呈现先升后降的趋势，但自 2010 年以来的十年间（除 2019 年）一直呈下降趋势。[5]然而这并不代表我国未成年人犯罪已得到有效控制。原因是多方面的，其中之一是我国未成年人犯罪刑事政策强调宽缓，较大比重的未成年人犯罪在审前即被分流。[6]针对这部分犯罪，在检察阶段可以通

---

[1] 参见王恩海：《应毫不犹豫降低刑事责任年龄》，载《青少年犯罪问题》2020 年第 2 期。
[2] 参见姚建龙：《不教而刑：下调刑事责任年龄的立法反思》，载《中外法学》2023 年第 5 期。
[3] 参见姚建龙：《不教而刑：下调刑事责任年龄的立法反思》，载《中外法学》2023 年第 5 期。
[4] 根据《刑法修正案（十一）》的修改，现在"未成年犯"年龄应为 12～17 周岁。但要启动对年龄在 12～14 周岁的未成年人追究刑事责任，需满足限定条件。
[5] 根据《中国法律年鉴》（1990～2020）的数据整理。
[6] 参见姚建龙：《不教而刑：下调刑事责任年龄的立法反思》，载《中外法学》2023 年第 5 期。

过附条件不起诉等不起诉制度予以处理，进入法院后或判处实刑或判处缓刑。

　　针对那些未达到刑事责任年龄的未成年人，过去只能责令家长严加管教或者必要时由政府收容教养。这被民众普遍诟病，认为这是对触法未成年人的纵容，实则让未成年人逃脱了法律制裁，且没有对其施行有效的教育矫治。对此，《刑法修正案（十一）》在处遇措施上，将收容教养修改为专门矫治教育，与修订通过的《预防未成年人犯罪法》相衔接。这既是回应了民众对安全与秩序的需求，也是国家为提升未成年人犯罪治理现代化能力的重要举措。那么究竟何谓"收容教养"，何谓"专门矫治教育"呢？这在下面部分予以专门介绍。

　　与此同时，我国治理青少年违法犯罪，主要依据两部核心法典：《中华人民共和国未成年人保护法》（以下简称《未成年人保护法》）与《预防未成年人犯罪法》。2020 年修订的《未成年人保护法》明确将儿童最大利益原则、国家亲权原则写入，与平等保护原则一起构成三大原则。此外，确立了六大保护，即家庭、学校、社会、网络、政府、司法，让我国的未成年人保护体系更为层次鲜明、内涵丰富，实现了"福利法"的转向——以未成年人福祉为首要考虑。

　　2020 年修订的《预防未成年人犯罪法》，则立足于对未成年人的教育与保护，坚持预防为主、提前干预。该部法律对未成年人的不良行为和严重不良行为进行了相对明确的界定，以实现分级预防、干预和矫治的目的。

　　由此，我国的未成年人处遇体系大致包含两类：

　　针对实施了刑法所规定的犯罪并达到刑事责任年龄的，一般按照现行刑法的规定，可以适用拘役、有期徒刑、无期徒刑等监禁刑罚措施，也可能判处管制、缓刑等从而在社区进行教育矫正。对于涉嫌刑法分则第四章、第五章、第六章规定侵犯公民人身权利、财产权利或者妨害社会管理秩序的轻微犯罪，并且是依法可能被判处一年以下有期徒刑、管制、拘役或单处罚金处罚的犯罪，可以在检察阶段适用附条件不起诉制度，从而可能从刑事司法中分流出去。

　　对于实施轻微犯罪行为、一般违法行为及严重不良行为，依法不构成犯罪或者不需要追究刑事责任的未成年人，主要实行收容教养或者治安处罚。教养处遇在性质上类似于国外的保安处分，包括责令管教、工读教育、收容教养等措施。责令管教适用于未达到刑事责任年龄而不予刑事追究，又无收容教养必要的未成年人。工读教育、收容教养和劳动教养均属于机构性处遇措施，其中，收容教养具有明显的剥夺人身自由的强制性特点，工读教育则被认为是一种半强制的教养处遇措施，而劳动教养则在 2013 年底被废除。

这一处遇体系跟国外相比而言，存在对未成年犯罪人施行监禁刑处遇为主导、社会化处遇不足的问题。另外，专门针对未成年人的处遇措施，如收容教养、工读教育亦存在自身的问题，而饱受诟病。且这一类机构性处遇措施具有明显的惩戒处分性质，社会救济性和保护性较弱。[1]

二、机构性处遇措施的变迁

收容教养、工读学校长期存在于我国的未成年人处遇体系中，成为跟未成年人绑定在一起的"法律名词"。这两种机构性处遇措施在时代变迁中跌宕发展，在当下面临着新的转型。

（一）从收容教养到专门矫治教育

收容教养采取集中关押式的非刑罚处罚措施，剥夺或限制了触法未成年人的人身自由。《刑法修正案（十一）》颁布前的《刑法》第 17 条、2012 年修订的《预防未成年人犯罪法》第 38 条均规定了"收容教养"，但是无论是在规范依据、程序设计，还是在执行方式上，收容教养皆面临许多诟病。

首先，在规范依据上，两部法律均没有具体规定收容教养的运行程序和处遇措施，导致实践中仅以公安部发布的位阶较低且内容零散的部门规章或政策性文件作为执法依据。[2]其次，决定收容教养、提前解除收容教养或减少收容教养期限的权力都由公安机关负责行使，且均依据内部行政程序。一方面，缺乏法定代理人参与或合适成年人在场、聘请或指定律师提供辩护或帮助、当事人申辩等程序设计，导致未成年人的合法权益很难得到保障，其权益被侵犯之后亦缺乏救济途径；另一方面，提请、决定或执行均由公安机关，

---

〔1〕 参见冯卫国：《"后劳教时代"未成年人刑事处遇制度的改革与完善》，载《山东警察学院学报》2016 年第 3 期。

〔2〕 参见王顺安、陈君珂：《中国少年收容教养制度的系统思考》，载《上海政法学院学报（法治论丛）》2020 年第 4 期。

缺乏相应的法律监督，收容教养被滥用的风险时刻存在。[1]

本来，对于触法未成年人应当以教育矫正为主，然而收容教养对人身自由的长期限制甚至比某些刑罚还要严重，出现了严厉性倒挂的问题，导致处遇措施与触法行为之间严重失衡。拘禁关押的模式完全违背了对触法未成年人教育矫治优先、给予特殊保护的原则，成为过分强调惩罚威慑的单一性处遇措施。在我国劳动教养被废止后，收容教养的执行有的由少年犯管教所承担，有的由监狱执行，执行机构混乱且导致未成年人在机构中交叉感染。未成年人因人生观、价值观尚未成熟，容易沾染不良习性，收容教养的集中拘禁模式让未成年人脱离社会且被贴上犯罪标签，对其身心健康和未来生活产生了极为负面的影响。收容教养制度的弊端引发了改革。

2020 年《刑法修正案（十一）》与《预防未成年人犯罪法》以专门矫治教育取代收容教养，并纳入中国少年司法处遇措施体系之中。专门矫治教育意欲实现实体上的非刑化、个别化，克服过去的惩罚化的弊端，而将性质上定位于"提前干预、以教代刑"的保护处分措施。这实则是吸纳了"国家亲权"的理念，认为实施犯罪行为的未成年人本身也是受不良家庭、学校和社会等因素的影响，需要的是国家的教育保护和矫正帮教，而非惩罚。从专门矫治教育的功能定位——教育矫治——来看，意味着应对行为人进行犯因性需求的评估并进行针对性、个别化处遇，同时以融入复归社会为目的。理论上，触法未成年人的主观恶性、成长环境、受教育水平、身心特点等因素因人而异，应采取与其相适应的心理疏导、家庭干预、康复等措施。

然而，从《预防未成年人犯罪法》第 45 条第 1 款对专门矫治教育的规定来看，即"未成年人实施刑法规定的行为、因不满法定刑事责任年龄不予刑事处罚的，经专门教育指导委员会评估同意，教育行政部门会同公安机关可以决定对其进行专门矫治教育。"其对专门矫治教育语焉不详，只是在第 3 款提到由"公安机关、司法行政部门负责未成年人的矫治工作，教育行政部门承担未成年人的教育工作"，然而，专门矫治教育并不等于"矫治工作"加"教育工作"。从该法对专门教育的规定来看，也仅提到"有针对性地开展道德教育、法治教育、心理健康教育、职业教育、义务教育"等，除此之外并

---

〔1〕　参见刘双阳：《从收容教养到专门矫治教育：触法未成年人处遇机制的检视与形塑》，载《云南社会科学》2021 年第 1 期。

没有提到可以有哪些有效的方法、措施、项目来促进未成年人认识错误、改过自新。目前，国家尚无对专门矫治教育的专门规定出台，在实践中的操作可想而知。

此外，专门矫治教育的实施程序值得关注。根据《预防未成年人犯罪法》第45条的规定，"经专门教育指导委员会评估同意，教育行政部门会同公安机关可以决定对其进行专门矫治教育。"由此，专门教育指导委员会行使调查评估权与提请权，教育行政部门、公安机关行使决定权，专门学校行使执行权。结合《预防未成年人犯罪法》第46条的规定，具体流程是"评估—决定—执行—转出"。首先，专门教育指导委员会受教育行政部门或公安机关委托调查评估后，出具关于触法未成年人的人身危险性与触法行为的社会危害性的调查评估报告；其次，一般由教育行政部门会同公安机关根据评估结果审慎决定是否将触法未成年人送入专门学校接受专门矫治教育以及确定执行期限；再其次，专门学校接收后，应制定个别化的处遇方案，对触法未成年人进行分类教育矫治，并在每个学期适时提请专门教育指导委员会对专门矫治教育对象的教育矫治情况和处遇效果进行综合评估；最后，对经评估适合转回普通学校就读的，专门教育指导委员会应当向原决定机关提出转回普通学校就读的书面建议，原决定机关在充分听取未成年学生本人、其父母或者其他监护人、原所在学校的意见后，作出是否转回普通学校就读的决定。

从专门矫治教育的理念、定位、功能与实施流程来看，较之收容教养有了巨大的进步，是我国在青少年处遇方面取得的时代进展。然而，在拍手称赞之余，对专门矫治教育的隐忧恐怕也是存在的。第一，专门矫治教育并没有将决定权予以司法化，那么与未成年人权益保护相关的合适成年人制度、律师的法律帮助、听证程序等恐怕也无从落实。第二，专门矫治教育仍然是在封闭的场所内实施，那么伴随过去收容教养的限制人身自由的一系列弊端，专门矫治教育又将如何克服？这种对人身自由的限制，如何避免刑罚化？既然未成年人犯罪是家庭、社会等不良因素的后果，那么要作用的不仅是对未成年人的教育，还应包括对其家庭的干预。但显然，将未成年人送至专门学校，很容易将视线转移到大门之内的未成年人，而不是其家门之内的父母、家庭。第三，专门矫治教育的措施能否根据未成年人的身心需要实现多元化的处遇，这部法律中依然没有任何规定。

专门矫治教育的场所在专门学校，那么何谓"专门学校"？

（二）从工读学校到专门学校

我国的工读学校发端于 1955 年，是介于普通中小学与少管所、劳教所之间的一种防控形式，意在用教育而非管制的手段来容纳和矫治那些处于"犯罪边缘"的未成年人。[1]改革开放之后，在国家法律法规、政策文件的保障下，工读教育的规模有所扩大。1986 年的《中华人民共和国义务教育法》（以下简称《义务教育法》）将工读教育视为普通教育的补充。1999 年《预防未成年人犯罪法》将工读学校作为"严重不良行为"的未成年人的教育矫治场所，但实行"父母、监护人或所在学校提出申请"的"三自愿"原则。工读学校专门接收违法及轻微犯罪的未成年人，对其进行教育改造，为社会治安稳定服务。

工读学校是专为在校青少年犯罪者设立的社区犯罪控制计划。1999 年《预防未成年人犯罪法》将工读学校的功能定位于教育和预防。工读学校接收被诊断为有"不良行为"或"严重不良行为"，以及被认为不适合继续在普通学校学习的青少年。根据 1999 年《预防未成年人犯罪法》，"不良行为"包括旷课、夜不归宿；携带管制刀具；打架斗殴、辱骂他人；强行向他人索要财物；偷窃、故意毁坏财物；参与赌博或者变相赌博；观看、收听色情、淫秽的音像制品、读物等；进入法律、法规规定未成年人不适宜进入的营业性歌舞厅等场所；其他严重违背社会公德的不良行为。"严重不良行为"涉及更严重的违法行为，包括纠集他人结伙滋事，扰乱治安；携带管制刀具，屡教不改；多次拦截殴打他人或者强行索要他人财物；传播淫秽的读物或者音像制品等；进行淫乱或者色情、卖淫活动；多次偷窃；参与赌博，屡教不改；吸食、注射毒品；其他严重危害社会的行为。

然而，根据学界的观察，六十多年的工读学校的发展也日渐呈现出"刑事监狱化""职业学校化""普通学校化"的色彩。[2]工读学校施行封闭、半封闭的军事化管理，严格限制学生自由，甚至出现了强制入学的情况；开展职业教育，但忽视了对"严重不良行为"的教育矫正。为了应对生源危机，

---

〔1〕　参见石军：《中国工读教育史 60 年：回顾与反思》，载《当代青年研究》2017 年第 4 期，第 116-121 页。

〔2〕　参见姚建龙、孙鉴：《从"工读"到"专门"——我国工读教育的困境与出路》，载《预防青少年犯罪研究》2017 年第 2 期。

许多工读学校扩大招生规模，将既未违法犯罪，又无严重不良行为的学生纳入到工读教育之中。工读学校的境况是我国时代变迁的浓缩，其背后是我国社会环境、政策法规的一系列变化，但更为重要的是工读学校的"污名化""惩罚性"，难以满足教育、矫治未成年人的需求，更与我国保护未成年人的理念相违背。

工读学校的设想是让这部分处于犯罪边缘的未成年人，在不脱离学业的情况下，半工半读，培养一技之长，成为对社会有用的守法公民。然而，送入工读学校成为一段"不光彩"的经历，给未成年人贴上了标签，严重影响他们未来的就业。社会对工读学校的评价认为，这些工读生就是不良少年甚至少年犯。可想而知，这对已经处于无助甚至绝望的未成年人更是思想、精神上的包袱。工读学校内的学生心理障碍问题较为突出，而这些工读学校根本无法提供心理健康咨询服务。其落后的管理和教育，让人们对工读学校既拒又怕，无从实现其教育矫治的目标，更谈不上预防犯罪。

鉴于"工读"二字的弊端，2006年《义务教育法》修订，将"工读学校"转变为"专门学校"，2007年修订的《未成年人保护法》也废除了"工读学校"的提法，代之以"专门学校"。2016年《关于进一步深化预防青少年违法犯罪工作的意见》改成了"专门学校"的称谓。与过去的送入工读学校的"三自愿"原则不同，2020年修订的《预防未成年人犯罪法》43条、第44条、第45条对于送交专门教育的方式，区分不同情形、不同行为类型分别采取申请和自行决定方式，后者意味着经专门教育指导委员会评估同意，教育行政部门会同公安机关可以决定将未成年人送入专门学校或者进行专门矫治教育，而不必依赖监护人或学校的申请。[1]根据2020年的《预防未成年人犯罪法》第38条的规定，严重不良行为包括两种类型：未成年人实施的有刑法规定、因不满法定刑事责任年龄不予刑事处罚的行为，以及严重危害社会的九种情形。对于有刑法规定，因不满法定刑事责任年龄不予刑事处罚的行为，教育行政部门会同公安机关可以决定对其进行专门矫治教育而无需监护人、所在学校的申请；而对于未成年人严重危害社会的行为，则仍然需要监护人、所在学校的申请。这九种情形包括：结伙斗殴，追逐、拦截他人，强拿硬要或者任意损毁、占用公私财物等寻衅滋事行为；非法携带枪支、弹

---

〔1〕 参见林维：《未成年人专门教育的适用难题与制度完善》，载《探索与争鸣》2021年第5期。

药或者弩、匕首等国家规定的管制器具；殴打、辱骂、恐吓，或者故意伤害他人身体；盗窃、哄抢、抢夺或者故意损毁公私财物；传播淫秽的读物、音像制品或者信息等；卖淫、嫖娼，或者进行淫秽表演；吸食、注射毒品，或者向他人提供毒品；参与赌博赌资较大；其他严重危害社会的行为。

　　然而，专门教育在设施、理念、措施等方面仍然不完善，为了最大限度地保护未成年人的利益，专门教育指导委员会的评估就变得格外关键。毕竟社会对专门学校的评价不可能马上改变，专门教育经历对未成年人的标签效应依然存在。什么样的情形是经评估可以送入专门学校，而在哪些情形下不用送入专门学校，就成为实践操作中的重要环节。《预防未成年人犯罪法》第44条对此作了限定性条件。首先，必须经专门教育指导委员会评估同意；其次，教育行政部门会同公安机关可以决定将其送入专门学校接受专门教育，但不是"必须"；最后，未成年人的行为必须符合四种情形之一：实施严重危害社会的行为，情节恶劣或者造成严重后果；多次实施严重危害社会的行为；拒不接受或者配合本法第四十一条规定的矫治教育措施；法律、行政法规规定的其他情形。从措辞来看，似乎是比较柔性对待"送入专门学校"的，毕竟立法者希望实践中一切从未成年人保护的角度考量。

　　《预防未成年人犯罪法》对专门教育提供了"转出"通道，即未成年学生可以转回普通教育。根据第46条的规定，转回普通学校的评估由专门学校提请专门教育指导委员会进行，然后由专门教育指导委员会书面向原决定机关建议，并由原决定机关决定是否转回。可以看出，在这个过程中，未成年人是否转回普通学校完全受专门学校的管制，未成年人及其监护人的参与、选择等权利和功能难以得到保障。换句话说，专门学校基本"垄断"了提出建议的话语权。[1]根据学者的分析，是否转回普通学校的过程，可能出现两种违背未成年人意愿的情形。一是，未成年人或监护人认为该未成年人可以转回普通学校，客观上也确实符合转回条件，但他们没有提出申请的权利，而专门学校可能出于种种原因未提请评估，从而客观上侵害了未成年人的合法权利。在这种情形下，由于专门学校不提请评估的行为并不属于行政决定，未成年人及其监护人也难以提出行政复议或者行政诉讼。二是，监护人甚至未成年人本人不愿意转回普通学校，但专门学校出于种种原因希望其尽快转

[1]　参见林维：《未成年人专门教育的适用难题与制度完善》，载《探索与争鸣》2021年第5期。

回普通学校，从而建议原决定机关决定将其转回普通学校。[1]因而，第46条的设计可能存在对利益相关主体的权利的忽视以及专门学校的权力滥用的隐忧。

从上述分析中不难看出，无论是专门矫治教育，还是专门教育，都是在相对封闭的设施中进行，尽管教育、矫治写进了《预防未成年人犯罪法》第47条，但是很难勾勒出该教育矫治与之前的工读学校有何明显区别。在一个封闭的设施里，如何保障未成年人的权益、身心健康、因需矫正，因缺乏透明性和公众的监督而无从得知。此外，根据第48条的规定，专门学校"为父母或者其他监护人、亲属等看望未成年人提供便利"，可以得知，未成年人在专门学校里是不允许离开的，除非"转回普通学校"。这样一个将未成年人圈在一定场所内实施教育保护，很容易被滥用甚至异化为对未成年人的惩罚。

从决定程序来看，未成年人及其监护人的意见没有得到尊重，不排除违背未成年人及其监护人意愿的情况。加之"评估"程序的不健全以及不透明，且根本不用考虑未成年人及其父母、监护人的观点，那么很难说未成年人的利益是得到最大保护的。尽管第49条规定了未成年人及其父母或者监护人可以依法提起行政复议或者行政诉讼，但此仅仅针对"行政决定"。换句话说，专门学校很可能沦为教育行政部门与公安机关之间的"权力场"，而未成年人及其父母、监护人的观点和需要并没有得到考量。

三、《预防未成年人犯罪法》第41条的矫治教育措施

将收容教养改为"专门矫治教育"，或者对未成年人的严重危害社会行为进行专门教育，都没有逃离机构性处遇的悖论：即，教育矫治让位于规训与惩罚。毕竟，封闭的设施和管理难以与教育和矫治理念挂钩。

值得一提的是，《预防未成年人犯罪法》对未成年人的不良行为、严重不良行为、犯罪行为进行了相对明确的界定，以实现分级预防、干预和矫治的目的。具体来说，对应于未成年人行为的严重程度，可以采取的处遇措施也呈现不同力度。对于未成年人的不良行为，由监护人或学校履行相应的监护或管理教育职能；对于严重不良行为，则必须向公安机关报告，此时公安机

---

〔1〕 参见林维：《未成年人专门教育的适用难题与制度完善》，载《探索与争鸣》2021年第5期。

关的介入成为必要。公安机关视情形可以责令监护人消除或者减轻违法后果并严加管教（第 40 条），也可以直接采取一系列矫治教育措施（第 41 条）。或者，对该严重不良行为的未成年人评估后决定送至专门学校接受专门教育（第 44 条）。具体详见下表。

《预防未成年人犯罪法》的干预策略

行为类型	干预措施	干预主体	配合
应受刑法处罚的犯罪行为	教育、感化、挽救；采取的措施符合未成年人特点	公、检、法以及社区矫正机构、未成年犯管教所	居民委员会、村民委员会、社会工作服务机构、社会组织、安置帮教工作部门、社会志愿者等
严重不良行为	公安机关的矫治教育措施；专门学校的专门矫治教育	公安机关；教育行政部门	
不良行为	监护职责、学校管教措施为主	父母等监护人；学校	

以上规定，塑造了在应对未成年人罪错行为上的社会（家庭、学校等）与国家机关协作配合模式。这一模式，似乎是对过去"强制介入"或"放任不管"二选一的局面的纠正。即，对于一般的不良行为，社会层面（主要是监护人、学校、社区）可率先进行干预；当干预不成功，即行为的严重性在不断升级，那么国家强制力将介入。

这其中，公安部门的矫治教育措施值得关注。《预防未成年人犯罪法》第 41 条，对有严重不良行为的未成年人，公安机关可以根据具体情况，采取以下矫治教育措施：予以训诫；责令赔礼道歉、赔偿损失；责令具结悔过；责令定期报告活动情况；责令遵守特定的行为规范，不得实施特定行为、接触特定人员或者进入特定场所；责令接受心理辅导、行为矫治；责令参加社会服务活动；责令接受社会观护，由社会组织、有关机构在适当场所对未成年人进行教育、监督和管束；其他适当的矫治教育措施。

这实质上是由公安机关对未成年人进行矫治教育，而非公安机关的行政处罚。这与公安机关决定专门教育的机构性处遇形成鲜明的对比。以上九类教育矫治措施是在社区层面对未成年人进行处遇，这就超越了我们过去对公安决定的角色的认识。从第 41 条来看，公安机关是"责令"这些措施的实施者。这种角色的转变，体现了我国在理性认识未成年人犯罪问题上迈出的重要一步，也是我国在《预防未成年人犯罪法》中重视社区处遇的一次理念转变。

这九种措施体现了多元和包容性，冲击了前述机构性处遇下所谓的"教育矫治"。例如，"责令赔礼道歉、赔偿损失"以及"责令参加社会服务活动"就要求未成年人向其行为的受害方、所在社区采取恢复性措施，"责令接受心理辅导、行为矫治"则是对未成年人的犯因性需求作出治疗，"予以训诫""责令具结悔过"则是对未成年人的教育措施，而"责令定期报告活动情况""责令遵守特定的行为规范，不得实施特定行为、接触特定人员或者进入特定场所"以及"责令接受社会观护"则是限制未成年人的活动从而保卫社会的重要举措。

然而，我国在针对未成年人的矫治措施彼此之间缺乏衔接，导致在选择适用时可能侵害未成年人的合法权利。《预防未成年人犯罪法》规定的严重危害社会的 9 种情形，在范围上与《治安管理处罚法》所规定的违法行为存在吻合之处。[1] 按照前者，"殴打、辱骂、恐吓，或者故意伤害他人身体"，属于严重危害社会的行为，公安机关可以采取第 41 条的矫治教育措施，但同时，根据后者第 43 条第 1 款的规定"殴打他人的，或者故意伤害他人身体的"，公安机关可以实施治安管理处罚。那么在矫治教育和治安管理处罚之间，哪种措施能够最大程度保护未成年人的利益？目前对于两种措施如何进行适用，尚缺乏明确规定。另外，公安部门没有专门处置未成年人违法行为的内设机构，在实践中恐怕很难有时间和精力投入到第 41 条的履行中去。因而，虽然理论上公安部门可以督促未成年人积极实施第 41 条的行为或履行义务，但很难做到及时跟踪并反馈，教育效果大打折扣。此外，实施严重危害社会行为若达到了"送入专门学校接受专门教育"的门槛，那么，在治安管理处罚与专门教育之间又如何适用？公安机关的行政处罚、矫治教育与专门学校的专门教育三者之间还缺乏一定的衔接。

目前针对前端的"不良行为"，还缺乏系统、有效的介入，因而导致在前端没能扣好行为人的"第一粒扣子"。学校和家庭是前端"不良行为"的重要纠正人和管教者。但未成年人的这些问题行为，往往与其成长环境、身心

---

〔1〕 参见林维：《未成年人专门教育的适用难题与制度完善》，载《探索与争鸣》2021 年第 5 期。

状态、人际关系等因素交织在一起。学校是否在课业之余采取有力的措施来关注问题行为人，在与家庭的沟通方面是否关注学生的家庭成长环境和家庭关系，能否给予一系列的指导措施等，都是"不良行为"端亟待解决的问题。"未成年人成长过程中出现问题的原因不仅在未成年人自身，更主要的是各种不良因素、社会管理机制缺陷和恶劣环境交互作用的结果。"〔1〕因而，需要在未成年人出现前端"不良行为"时通过系统、专业的干预，夯实对未成年人的个体行为和所处环境的处置，并通过这些有力措施的落实在社区层面构筑起一道坚实的保护墙。2021 年通过的《中华人民共和国家庭教育促进法》便是在未成年人保护上构筑起家庭教育的重要一环，让家庭切实履行教育未成年人的责任。该法第 43 条规定，"中小学校发现未成年学生严重违反校规校纪的，应当及时制止、管教，告知其父母或者其他监护人，并为其父母或者其他监护人提供有针对性的家庭教育指导服务；发现未成年学生有不良行为或者严重不良行为的，按照有关法律规定处理。"不难发现，在未成年人有不良行为的端倪时，讲求的是学校、家庭的协同配合、共同干预。

从未成年人视角出发，行为的危害程度之别以及未成年人的可塑性，决定了未成年人应接受何种处置。处置的目的在于教育，而非惩罚，处置的主要手段不在于关押或监禁，而在于通过社会化的方式使之对未成年人的影响降低到最低。因而，需要构筑起前端的体系，充分应对未成年人的各种心理、行为偏差，使之构成我国应对未成年人犯罪体系中最坚实的底端，充分发挥社区和社会力量，可以避免"罚"与"放"的极端，真正将未成年人矫正纳入有效治理的一环。

我国对未成年人的社区处遇远非《预防未成年人犯罪法》的第 41 条。实际上，我国《刑法》第 37 条规定的非刑罚处置措施，包括训诫、责令具结悔过、赔礼道歉、赔偿损失，亦是在对被告人宣告有罪的前提下的一种非刑罚处理。除此之外，在起诉阶段对未成年人的分流、刑事和解以及判刑后的社区矫正都是重要的社区处遇措施。

---

〔1〕 参见孙谦：《关于建立中国少年司法制度的思考》，载《国家检察官学院学报》2017 年第 4 期。

附条件不起诉中的监督考察

适用于未成年人的附条件不起诉制度由我国 2012 年《刑事诉讼法》正式确立。对于未成年人涉嫌侵犯公民人身权利、民主权利、财产或者妨害社会管理秩序罪，可能判处一年有期徒刑以下刑罚，符合起诉条件，但有悔罪表现的，人民检察院可以作出附条件不起诉的决定。在考验期内，由人民检察院对被附条件不起诉的未成年犯罪嫌疑人进行监督考察。附条件不起诉制度是一项介于起诉和不起诉之间的刑事制度。最早可追溯至起诉便宜主义。起诉便宜主义是指检察机关在是否提起诉讼的问题上有一定的自由裁量权。即使是在存在客观嫌疑和符合起诉条件的情况下，检察机关也不必然提起公诉，而是有权依据法律的授权，根据案件情况和价值位阶来衡量是否对犯罪嫌疑人作出不起诉的最终决定。附条件不起诉制度的价值在于通过分流，最大限度地教育挽救涉罪未成年人，避免标签化和刑罚化。

20 世纪末，随着联合国《儿童权利公约》[1]对我国生效和我国对未成年人保护工作的重视，我国逐步确立了对未成年人的"教育、感化、挽救"和"教育为主、惩罚为辅"的司法工作原则。[2]未成年人由于受年龄限制和生

---

[1] 1991 年 12 月 29 日第七届全国人民代表大会常务委员会第 23 次会议批准了《儿童权利公约》。第四十条：缔约国确认被指称、指控或认为触犯刑法的儿童有权得到符合以下情况方式的待遇，促进其尊严和价值感并增强其对他人的人权和基本自由的尊重。这种待遇应考虑到其年龄和促进其重返社会并在社会中发挥积极作用的愿望……缔约国应致力于促进规定或建立专门适用于被指称、指控或确认为触犯刑法的儿童的法律、程序、当局和机构，尤应：（A）……（B）在适当和必要时，制订不对此类儿童诉诸司法程序的措施，但须充分尊重人权和法律保障。

[2] 1992 年 9 月 22 日发布的《最高人民检察院关于认真开展未成年人犯罪案件检察工作的通知》强调：对未成年人坚持教育为主，惩罚为辅的原则，立足于教育、感化、挽救。各地刑事检察部门应在保证工作重点的同时，加强领导，把这项工作认真开展起来。

理发育的影响，他们中的大多数人往往心智不成熟、社会化不足，没有完全的意志自由和理性判断能力，其对自我行为的认识是极其片面的。未成年犯罪嫌疑人在心理特性、行为动机、犯罪目的等方面均与成年人存在差别，因此其所得到的司法处遇也应有别于成年人，"把少年投入监禁机关始终应是万不得已的处理办法。"[1]可见，把尚未发展成熟的未成年人轻易投入监禁并不是治理良方。根据"去标签化"理论，社会将一些实施了背离主流社会规范行为的人定义为越轨者或犯罪人，一旦这些人认同、内化了这一负向标签，他们将加入越轨或犯罪群体，再次实施犯罪。[2]标签理论揭示了未成年人再犯行为的发生和发展过程。应当尽量避免尚未发展成熟、尚且不能对自己的行为产生清醒认知的未成年犯罪嫌疑人被标以"罪犯"的标签。若被标以"罪犯"的标签，对于未成年人来说，其将难以被社会接受，难以融入社会，会增加其重新犯罪的可能性。因此，相较于成年人的罪错自负原则，未成年人的司法制度更注重"国家亲权"[3]下罪错少年的矫正教育。在这些理论的基础上，附条件不起诉制度在我国法律中逐步发展和确立。2012 年修正的《刑事诉讼法》中首次规定了附条件不起诉制度。2018 年修正的现行《刑事诉讼法》第 282 条至 284 条的三个条文对该制度进行了规定。我国 2019 年司法解释《人民检察院刑事诉讼规则》也对该制度进行了阐述。

一、监督考察的重要作用

附条件不起诉制度的核心在于监督考察。监督考察意味着，不仅未成年犯罪嫌疑人应遵守相应规定，作为主导部门的检察机关也应因势利导，制定明确具体、可操作的监督管理条件和帮教措施。通过这些措施的落实，鼓励涉罪未成年人积极承担起责任，在社会化的环境中改正自新。

检察机关在作出附条件不起诉决定时，根据其犯罪情节设定考验期并附

---

[1]　1985 年 11 月 29 日联合国第 96 次会议通过的《联合国少年司法最低限度标准规则》第 19.1 条。

[2]　参见杨丽璇、刘洪广：《标签理论视角下未成年人再犯预防——自我形象重塑》，载《湖北警官学院学报》2020 年第 6 期。

[3]　国家亲权理论：是指国家对儿童和其他法律上无行为能力人享有一般的监护权。参见肖姗姗：《少年司法之国家亲权理念——兼论对我国少年司法的启示》，载《大连理工大学学报（社会科学版）》2018 年第 4 期。

加一定条件，要求其遵守有关法律规定，并完成相应的义务活动。《刑事诉讼法》第 283 条第 3 款对其义务作了明确规定：（一）遵守法律法规，服从监督；（二）按照考察机关的规定报告自己的活动情况；（三）离开所居住的市、县或者迁居，应当报经考察机关批准；（四）按照考察机关的要求接受矫治和教育。在这段时期，若犯罪嫌疑人没有新的犯罪事实或严重违反监督规定的行为。检察机关将不再对其提起诉讼。在考验期内，检察官需要通过犯罪嫌疑人的行为来综合判断其是否已经不具有社会危险性和再犯可能性。对其行为的监督和评价是检察机关的一项重要任务。考验期是对未成年犯罪嫌疑人进行监督的重要区间，也是检察官对未成年犯罪嫌疑人进行行为评价的重要时期。

我国未成年司法工作的原则是"教育、感化、挽救"和"教育为主、惩罚为辅"。这一原则阐明了惩治与教育的关系。未成年人区别于成年人的标志在于其思想、行为认知还未成熟，相较于成年人，其可塑性更强。给未成年人一个改正错误的机会几乎已经成为全社会的共识。在考验期内对未成年人进行矫治教育可以帮助未成年人认识到自己的过错，远离犯罪。因此，对于未成年犯罪嫌疑人的改造应采取一种特殊的方法，即教育与帮教相结合。在一定的教育和帮助下，让他们能够回到正轨，更好地融入社会。在《人民检察院刑事诉讼规则》中对此进行了规定：人民检察院可以要求被附条件不起诉的未成年犯罪嫌疑人接受矫治和教育，包括完成戒瘾治疗、心理辅导、向社区或者公益团体提供公益劳动和接受相关教育等。[1]教育矫治也是附条件不起诉制度赋予检察机关的一项职责。

由此，附条件不起诉的监督考察实质上包含以下内容：一定的处遇措施；社区补偿和社区安全；保安处分；赔偿被害人；对未成年嫌疑人的教育。为此，有学者提出，未来附条件不起诉制度由检察机关负责，由社区主导，多部门参与。[2]《人民检察院刑事诉讼规则》第 474 条第 2 款规定，人民检察院

---

〔1〕《人民检察院刑事诉讼规则》第 476 条规定："人民检察院可以要求被附条件不起诉的未成年犯罪嫌疑人接受矫治和教育：（一）完成戒瘾治疗、心理辅导或者其他适当的处遇措施；（二）向社区或者公益团体提供公益劳动；（三）不得进入特定场所，与特定的人员会见或者通信，从事特定的活动；（四）向被害人赔偿损失、赔礼道歉等；（五）接受相关教育；（六）遵守其他保护被害人安全以及预防再犯的禁止性规定。"

〔2〕参见李倩：《德国附条件不起诉制度研究》，载《比较法研究》2019 年第 2 期。

可以会同未成年犯罪嫌疑人的监护人、所在学校、单位、居住地的村民委员会、居民委员会、未成年人保护组织等的有关人员，定期对未成年犯罪嫌疑人进行考察、教育，实施跟踪帮教。事实上，附条件不起诉的实施无法脱离社区层面；而在与社区的联系方面，显然，社区矫正机构具有检察机关所无法比拟的优势。

然而，根据最高人民检察院的情况通报，实践中"社会调查流于形式，所附条件缺乏个性化和针对性，社会化支持不足，导致考察帮教难以全程、深入和精准"。[1]

二、附条件不起诉监督考察的实施现状

近年来，未成年人犯罪附条件不起诉制度适用人数逐步扩大。2014年至2019年被附条件不起诉的人数年均上升1.44个百分点，整体附条件不起诉率为8.78%。[2]随着教育理念的发展，附条件不起诉制度必将在未成年人犯罪领域广泛适用。但是附条件不起诉的考验期在实际操作中却遭遇了很多问题。

（一）法律规定的简单匮乏

我国法律对考验期的相关工作规定较为简单且欠缺可操作性。第一，在关于监督考察的主体责任问题上。法律规定人民检察院为监督主体，监护人配合人民检察院做好工作，人民检察院可以会同其所在学校、单位、居住地的村民委员会、居民委员会、未成年人保护组织等的有关人员，定期对未成年犯罪嫌疑人进行考察、教育，实施跟踪帮教。[3]然而我国法律中并未提及各个主体应当如何分工协助、相互配合，各个主体应当如何分配责任等问题。第二，在关于监督考察期间被考察对象应当遵守的义务规定上。我国《刑事诉讼法》规定被考察对象应当遵守法律规定、服从监督、报告自己的活动情况的义务。《人民检察院刑事诉讼规则》规定，人民检察院可以要求被附条件

---

〔1〕《最高人民检察院第二十七批指导性案例情况通报》，载 https://www.chinanews.com/gn/2021/03-03/9423363.shtml，最后访问日期：2023年2月26日。

〔2〕《未成年人检察工作白皮书（2014—2019）》，载 https://www.spp.gov.cn/xwfbh/wsfbt/202006/t20200601_463698.shtml#2，最后访问日期：2023年2月26日。

〔3〕参见《刑事诉讼法》第283条第1款和《人民检察院刑事诉讼规则》第474条第2款。

不起诉的未成年人完成戒瘾治疗、心理辅导、参加公益活动等[1]。但是相关规定中对不同情况的未成年犯罪嫌疑人并未给予区别对待，而是一概而论。第三，在应当撤销附条件不起诉的情形中，我国法律规定的情形仅有：实施新的犯罪或者发现决定附条件不起诉以前还有其他犯罪需要追诉的；违反治安管理规定或者考察机关有关附条件不起诉的监督管理规定，情节严重的。[2]然而对于违反怎样的管理规定才能算情节严重没有具体标准。这一规定过于笼统，给了检察机关太多的自由裁量权。

总体而言，在规范层面，法律规定过于简单零散，细节处仍未完全明晰，给了检察机关过大的自由裁量权且不具有实际的可操作性。我国附条件不起诉制度在立法上虽然已经形成了基本的框架，具有一定的规模，但立法不完善的问题还没有完全解决，细节还需要进一步充实。

（二）检察机关的角色冲突问题

检察机关肩负着起诉犯罪行为的职责，在司法体系中扮演和发挥着国家公诉人的角色和作用。然而在监督考察和教育矫治中，检察官则扮演着国家监护人的角色。这两种角色的职责有区别也有联系，同时还在一定程度上存在交叉重叠的现象。两种身份经常发生冲突并造成问题。

1. 检察官的角色定位排斥问题

国家公诉人的角色定位要求其严格审查案件、打击犯罪行为。然而决定是否适用附条件不起诉制度，考验期结束后依据表现决定是否最终不诉时，作为国家公诉人的检察官需要根据未成年犯罪嫌疑人行为表现和法律规定来作出决定。对未成年犯罪嫌疑人违反规定或者有偏差的行为，检察官应当立即撤销附条件不起诉，并依法提起诉讼。因此检察官必须与犯罪嫌疑人保持距离，严格以法律为准绳，以事实为依据作出决定。当检察官作为国家监护人时，检察官扮演关爱和帮助罪错未成年人的角色。检察官将作为一个长者和朋友与未成年人频繁互动、拉近距离，与未成年犯罪嫌疑人建立充分的信任基础。此时未成年人与检察官之间的感情基础意味着检察官对未成年犯罪嫌疑人在考验期内出现的违规行为可能不会简单地"一诉了之"。在附条件不

---

[1] 参见《人民检察院刑事诉讼规则》第 476 条。

[2] 参见《刑事诉讼法》第 284 条和《人民检察院刑事诉讼规则》第 479 条。

起诉中，检察官的国家公诉人和国家监护人的双重角色可能存在一定的冲突和矛盾。

2. 检察官的职能适应困难问题

监督考察、教育矫治等职能与传统的办案职能有很大不同，需要检察官加强与未成年人的沟通、联系和引入社会资源，适应并调控未成年人在生活中可能出现的各种状况。[1]目前我国的检察官队伍存在着专业程度不足的问题，很多检察官尚且不具备对未成年人进行监护教育的专业知识和专业能力，很难出色完成考验期内的工作。相较于混乱和琐碎的监督考察工作，在选择是否适用附条件不起诉时，检察官们往往选择不适用。这就导致了各地未成年犯罪嫌疑人附条件不起诉适用比例较低，这一制度无法发挥其应有的作用。

3. 检察机关权力运行制衡问题

检察机关的双重角色身份意味着检察机关既是是否适用附条件不起诉、考验期结束后是否起诉的决定作出者，又是考验期内的行为监督者。关于前者，检察机关行使的是具有明显司法性质的刑事处分权。而现行法律没有对这一权力设定相应的监督制约机制，即没有对这一权力进行监督制约的程序设定。在这种情况下，如果再将考验期的监督权力交由检察机关行使，这意味着检察机关在一个案件中既是附条件不起诉的适用决定机关、不起诉决定作出机关，又是考验期的监督考察机关。检察机关完全主导了附条件不起诉制度的全程运作。这显然不利于限制起诉自由裁量权。这就出现了权力自我封闭运行、缺少外部监督的现象。因缺乏有效的发现机制和纠正机制，如果这一自由裁量权在实践中被滥用或错用，其结果轻则影响到具体案件处理的妥当性，重则会影响到整个国家刑事法治的建设水平。[2]这种将多重职责集于一身的角色定位虽然让操作更加方便简单，但这显然违背权力分权制衡的原理。

（三）社会各界参与力度不够

附条件不起诉制度长达半年以上的监督、走访工作无疑给检察官增添了

---

〔1〕　参见何挺、李珞珈：《附条件不起诉监督考察的主体：基于参与观察的研究》，载《国家检察官学院学报》2017 年第 3 期。

〔2〕　参见张绍谦：《完善我国附条件不起诉制度的思考》，载《青少年犯罪问题》2016 年第 5 期。

更大的办案负担，加剧检察机关资源紧缺的态势。这使得监督考察中的很多工作都无法落实到位。根据《人民检察院刑事诉讼规则》第 474 条第 2 款的规定，人民检察院可以会同未成年犯罪嫌疑人的监护人、所在学校、单位、居住地的村民委员会、居民委员会、未成年人保护组织等的有关人员，定期对被附条件不起诉的未成年犯罪嫌疑人进行考察、教育，实施跟踪帮教。根据这一规定，检察机关应当充分吸收和利用各种社会资源参与到对涉罪未成年人的观护教育工作之中。但是，我国目前社会力量参与观护教育的程度比较低：一来能够提供高质量观护教育的社会组织和社工人员数量极为有限，难以为附条件不起诉的监督考察提供足够的监护教育服务；二来很多社会志愿者只是名义上的志愿，既不想也不愿意花费自己的时间和精力去观护教育未成年人。由此，对考察对象跟进不足，缺乏关注，使考察对象对附条件不起诉和国家法律的严肃性产生随意性的认识，观护教育达不到预期的效果。

（四）监护人难以履行监督职责

监护人是与未成年犯罪嫌疑人日常生活联系最为密切的人。法律要求监护人配合检察机关的工作，同时在考验期内加强对未成年人的管教。然而，很多监护人却往往无法履行监护人的职责。首先，有的监护人家庭贫困，自顾不暇，且身处偏远地区连交通成本都难以负担，又何谈要求其时刻陪伴未成年人履行法定义务，承担考验期内的自身食宿成本。其次，被附条件不起诉的未成年人往往家庭亲子关系已经破裂，监护人的教养方式本身就是一个隐患，其已经不适宜再继续承担监护责任了。如果监护人是一个严厉的人，其有很大的可能性会切断未成年人与外界的一切往来，对其长期责骂和打压，引发更严重的未成年人心理问题。这样的监护效果只会适得其反。如果遇到一个对孩子百般呵护的监护人，其可能会因为内心亏欠而对孩子溺爱，维护甚至包庇考验期内的违规行为。监护人作为监督考察的参与主体，其履行职责的能力往往是不具有可期待性的。

（五）其他参与主体监督效果不佳

人民检察院可以会同未成年人所在学校、单位、居住地的村民委员会、居民委员会、未成年人保护组织等有关人员，定期对未成年犯罪嫌疑人进行考察、教育，实施跟踪帮教。[1]而在监护人履职不到位的情况下，这些主体成了检察官了解未成年人日常情况的重要信息来源。但是，这些主体的监督考察也存在不少问题。第一，缺少法律规制。相关法律并没有规定其应当如何履职，经常出现相互推诿、擅离职守的情况，是否对未成年人进行监督考察完全依赖于自身的职业素养。第二，了解的信息因其角度的单一性和基于对未成年人的关护而往往片面且充满主观性。当他们向检察官报告未成年犯罪嫌疑人的信息时，尤其是当要传递的信息包括负面信息时，这一方面会破坏双方的互信基础让以后的工作开展更困难，另一方面也会让人质疑，他们没有尽到应尽的监管义务。这使得其处于一种两难境地。如果参与主体了解的信息或者汇报的信息不全面、不及时，检察官可能会依据这些残缺的信息作出错误的决定。这对落实附条件不起诉制度极为不利。

（六）监督考察体系未能全面建立

我国《刑事诉讼法》虽然规定了附条件不起诉的程序制度，但并无配套实施细则，给检察机关监督考察体系的建立带来了无法可依的障碍。法律并未明确监督考察的具体实施主体、具体内容和监督考察的标准。检察机关监督考察过程中以司法职能协调多主体履行社会管理职能存在困难，导致监督考察协调难、落实难、效果差。这也意味着一个地区的监督考察体系建立是非常困难的。

但是由于检察机关办案压力和时间的限制，一个附条件不起诉案件的监督考察不得不流于形式。一般由未成年犯罪嫌疑人定期提交书面汇报材料，帮教考察机关对材料进行总结，检察机关通过这些书面材料了解未成年犯罪嫌疑人的思想动态、改造情况。监督考察完全停留在书面材料的审查上，检察机关无法对被附条件不起诉人在考验期的变化作出全面、客观的评价，也无法开展有效的教育矫治活动。[2]

---

〔1〕《人民检察院刑事诉讼规则》第474条规定："在附条件不起诉的考验期内，由人民检察院对被附条件不起诉的未成年犯罪嫌疑人进行监督考察。人民检察院应当要求未成年犯罪嫌疑人的监护人对未成年犯罪嫌疑人加强管教，配合人民检察院做好监督考察工作。人民检察院可以会同未成年犯罪嫌疑人的监护人、所在学校、单位、居住地的村民委员会、居民委员会、未成年人保护组织等的有关人员，定期对未成年犯罪嫌疑人进行考察、教育，实施跟踪帮教。"

〔2〕参见朱鉴丰：《未成年人附条件不起诉制度研究——以高安市检察院为例》，江西财经大学2016年硕士学位论文。

在法律规定不够完善情况下，检察机关在监督考察上有极大的自由裁量权。检察机关可以根据法律现有规定，针对考察对象的现实情况制定相应的监督考察计划，但这对检察机关及相关工作人员的责任感和专业度提出了很高的要求。

从目前附条件不起诉的运行实践来看，其适用人数在不断增加，但适用效果高度依赖于社工参与、观护基地等社会支持体系的发育程度。[1]有学者发现，附条件不起诉的程序过于繁琐且非"一次性行为"，导致检察官较少愿意适用附条件不起诉。[2]附条件不起诉制度的核心在于给予未成年人一段时间的考验期以观后效。然而，围绕监督考察的一系列问题，包括如何开展监督考察、各方主体如何参与，实质上影响着附条件不起诉制度的适用及其效果。解决问题的关键恐怕在于将"决定权留给检察官，实施和操作留给社区"，也即构建一个内涵丰富的未成年人社区矫正体系。针对未成年人的附条件不起诉是我国青少年司法体系的重要一环，与追求非犯罪化、非刑罚化的未成年人社区矫正在价值取向、理念宗旨上完全一致。

三、附条件不起诉制度与社区矫正的衔接

监督考察中遭遇的种种困难表明，检察机关的现有工作条件和工作机制无法适应附条件不起诉监督考察的实际要求。同样是在社会化的环境中对涉罪之人进行监督、考察，并且都要遵守高度类似的规定和履行相应的义务，附条件不起诉与社区矫正在很多方面具有重合度。或许，可以将附条件不起诉制度的监督考察工作纳入社区矫正的范畴，由社区矫正机关配合完成考验期内的工作。这有助于克服附条件不起诉监督考察目前存在的问题，实现对未成年人的教育矫治。

首先，可以实现决定权与监督权的分离与制衡。现有制度下，检察机关既是考验期的裁决者，又是执行者和监督者。从权力运行机理来说，决定权、执行权和监督权不应当集于一身，否则容易导致权力滥用和司法腐败。然而由社区矫正机关来完成对被附条件不起诉未成年人的监督考察和教育矫治，

---

〔1〕 参见何挺：《附条件不起诉制度实施状况研究》，载《法学研究》2019 年第 6 期。

〔2〕 参见董林涛：《我国附条件不起诉制度若干问题的反思与完善》，载《暨南学报（哲学社会科学版）》2015 年第 1 期。

能够实现决定权与执行权分离，执行权与监督权分离。这将会使附条件不起诉制度的权力运行符合相互制衡原理。并且，监督考察的性质符合社区矫正机关的职能设计。在我国司法设计上，检察机关是公诉机关，社区矫正机关是司法决定的执行机关。检察机关作出的附条件不起诉决定的性质和法院作出的缓刑判决基本相似，包括被适用者在考验期间应遵守的义务。同理，既然缓刑判决的执行机关是社区矫正机关，那么附条件不起诉的监督考察机关也应当是社区矫正机关。[1]虽然社区矫正针对的是已决犯，附条件不起诉针对的是未决犯，但笔者认为这仅是对社区矫正机关的职能限定，并不能影响其社区矫正的法律定位特点。只要修改法律，放开其对社区矫正机关的限定即可。社区矫正机关来负责附条件不起诉的监督考察在法律原理上更具合理性。

其次，我国社区矫正逐渐系统化和专业化。我国针对未成年人的司法工作原则决定了考验期的设计初衷除了监督考察，还有教育矫治。在附条件不起诉考验期，除了监督未成年人不违反法定要求，还要根据其犯罪原因和性格特征，进行行为监督、心理矫治和法治教育。这些工作具有很强的针对性和专业性，不仅需要有专业的固定工作人员来负责，而且还需要有矫正专业知识和矫正专业经验的工作人员来完成。其专业性的特点对考验期的工作提出了更高的要求。

我国的社区矫正机关正好具备开展这一工作的条件。自 2003 年全国社区矫正工作开展试点以来，社区矫正的机构、队伍、场所的建设已经取得了全面发展。截至 2015 年底，全国共有 31 个省的司法行政机关经所在省批准设立了社区矫正机关。全国共有 339 个地（市、州）司法局单独设立社区矫正局（处、室）、2780 个县（市、区）司法局单独设立社区矫正局（科、股），分别占全国地（市、州）和县（市、区）建制数的 98% 和 97% 左右。各地采取政府购买公益岗位、聘用社区矫正社会工作者、招募社会志愿者等方式，积极争取包括专家、学者、离退休人员、高等院校师生在内的社会力量参与到社区矫正工作中，截至 2017 年全国共招募从事社区矫正工作的社会工作者8.3 万余人，社会志愿者 69 万余人。截至 2015 年 12 月，全国共建立社区矫正中心（中途之家）1339 个。有的地方在社区矫正中心建立信息指挥平台，

---

[1]　参见张绍谦：《完善我国附条件不起诉制度的思考》，载《青少年犯罪问题》2016 年第 5 期。

纵向实现省、市、县、乡信息共享，横向与公安、检察院、法院、监狱实现互联互通。[1]可见，社区矫正工作已经具备充足的经验和制度支持。由社区矫正机关来完成附条件不起诉的监督考察工作将会获得更加专业化的帮助。

最后，能够有效促进我国司法资源的合理配置。我国现行的社区矫正机关，主要负责对未被收监但又构成犯罪的犯罪人群进行监督矫治。国家在社区矫正机关中投入了大量的司法行政资源，逐步建成了成熟的管理制度、专门的工作机制和专业的社工队伍。由检察机关来进行监督考察，相当于在社区矫正机关之外再建立一套监督考察体系，这是一种制度的重复建设和资源的浪费。与检察机关相比，社区矫正机关具有明显的专业优势和力量优势，能够更加有效地完成对未成年人的矫治任务。这一制度设计也可以减少检察官在监督考察中的工作量，缓解检察官的工作压力，同时实现节约和合理配置资源的目的。

四、制度探索：将监督考察交由社区矫正机关负责

将附条件不起诉未成年人纳入社区矫正对象的讨论也一直不断。总的来说，学界大多支持将社区矫正对象扩大至附条件不起诉的未成年人。但仔细分析，这些讨论的基点并不完全相同。比如郑丽萍教授主张将附条件不起诉的未成年人纳入社区矫正，一是基于检察机关的工作性质和工作职责决定其不能承担具体的矫正工作，二是"对于与矫正对象存在着相同的'矫正'需要，适用对象事实上也存在相当范围的重合，仅仅是因检察机关行使起诉裁量权而意图使其提前分流的附条件不起诉人，在矫正执行机构上毋需划归两个不同的部门，而应整合资源，集中统一由专业的社区矫正机构负责"。[2]另外的观点则主张社区矫正可嵌入附条件不起诉，因为"无论从社区矫正与附条件不起诉的设置理念、价值追求上看，还是从运行程序以及实施效果上看，两种制度有诸多相似或共通之处"。[3]

将附条件不起诉与社区矫正制度进行衔接，检察机关和社区矫正机关各

---

　　[1]　参见司法部社区矫正管理局编：《全国社区矫正发展情况与数据统计》，法律出版社2017年版，第19-20页。

　　[2]　参见郑丽萍：《互构关系中社区矫正对象与性质定位研究》，载《中国法学》2020年第1期。

　　[3]　参见胡必坚、范卫国：《社区矫正与附条件不起诉》，载《湖北社会科学》2013年第9期。

司其职、相互配合。充分明确检察机关和社区矫正机关的工作和责任机制。具体可从以下三个阶段入手：

在检察官作出附条件不起诉决定前，检察官应当将未成年犯罪嫌疑人的有关情况告知县级司法行政机关。司法行政机关根据未成年人的犯罪情况和自身现有的资源，制定监督考察计划。监督考察计划应当报检察机关审核通过后才能实行。检察官在告知司法行政机关有关情况时，可以根据案件的情况提出对监督考察期间的工作要求。司法行政机关应当进行社会调查，在充分了解未成年人日常生活情况的前提下，制定监督考察计划。监督考察计划应当协同未成年犯罪嫌疑人的监护人和社会参与主体等有关人员，对未成年犯罪嫌疑人进行考察、教育。其中，司法所侧重对附条件不起诉对象的监管和教育；家庭负责对未成年犯罪嫌疑人的亲情教育和家庭关爱；学校则可以为未成年犯罪嫌疑人提供入学机会和相关法制教育；社区可提供就业培训和就业机会等；志愿者和社会团体可以专注于提供心理疏导、社会公益活动等服务和工作。[1]监督考察计划应当明确各方的责任，分工合作，相互配合。

监督考察计划经检察官批准通过后，具体的执行工作则由县级司法行政机关负责，各参与主体在其带领下开展工作。为了避免各方主体敷衍了事、相互推诿，针对每一个具体的监督考察对象，参与监督考察活动的各个主体都应当定期向县级司法行政机关报告情况，县级司法行政机关也应当定期向检察机关报告未成年犯罪嫌疑人的义务履行情况和教育矫治情况。如果考察对象出现异常波动情况，各方主体应当立即上报，检察官应当立即组织各方落实责任，调整监督考察计划。除此之外，检察官应当每月当面与被考察对象进行交流，了解未成年犯罪嫌疑人的生活状态。

考验期结束后，县级司法行政机关在综合整个考验期内的考察情况后向检察机关作出报告，同时应附上处理建议书。司法行政机关的处理建议书对于检察机关来说具有较强的参考性，但是也不能完全依靠处理建议书作出决断。检察官应当综合考验期内各个参与主体的工作情况和被考察对象的表现，作出最终是否起诉的决定。此外，检察机关应当组织各个参与主体参与座谈

---

〔1〕 参见余频：《附条件不起诉监督考察与社区矫正的对接路径探究》，载《南海法学》2019 年第 2 期。

会，在了解情况的同时，当场或择期作出是否起诉的决定。至此，检察机关作为决定主体，决定未成年犯罪嫌疑人是否符合适用条件和是否履行了相关义务并最终不起诉；作为监督主体，监督各参与主体的监督考察工作和被考察对象的具体行为表现。

未成年人社区矫正

自 2003 年以来，社区矫正在我国进行得到尝试并不断发展完善，形成了对缓刑、管制、假释和暂予监外执行的罪犯进行社区管理的模式。社区矫正作为一个综合性概念，包含了监督管理、教育矫正、帮扶安置的内容。

我国于 2003 年开始在部分地区进行社区矫正试点工作，并于 2009 年推广至全国。2003 年《最高人民法院、最高人民检察院、公安部、司法部关于开展社区矫正试点工作的通知》明确指出："社区矫正是与监禁矫正相对的行刑方式，是指将符合社区矫正条件的罪犯置于社区内，由专门的国家机关在相关社会团体和民间组织以及社会志愿者的协助下，在判决、裁定或决定确定的期限内，矫正其犯罪心理和行为恶习，并促进其顺利回归社会的非监禁刑罚执行活动。"

2011 年《中华人民共和国刑法修正案（八）》规定，"对判处管制的犯罪分子，依法实行社区矫正""对宣告缓刑的犯罪分子，在缓刑考验期限内，依法实行社区矫正""对假释的犯罪分子，在假释考验期限内，依法实行社区矫正"。2012 年修正的《刑事诉讼法》规定，"对被判处管制、宣告缓刑、假释或者暂予监外执行的罪犯，依法实行社区矫正，由社区矫正机构负责执行"。

2019 年底《社区矫正法》颁布并于 2020 年 7 月 1 日正式施行，首次对我国未成年人社区矫正制度作出了专门性的规定。该法强调社区矫正对象的重新融入社会，强调社区矫正对象亦是社会的一分子，在行为矫正、社会资源等方面需要接受来自国家的帮助。该法第 4 条第 2 款尤其明确了"社区矫正工作应当依法进行，尊重和保障人权。社区矫正对象依法享有的人身权利、财产权利和其他权利不受侵犯，在就业、就学和享受社会保障等方面不受歧视"。由此，《社区矫正法》的颁布是落实法治现代化的要求之一，体现了对公民权利的尊重。

一、《社区矫正法》对未成年人矫正的规定

《社区矫正法》以专章形式对未成年人的社区矫正作出规定，与其说是对于青少年矫正的特别规定，不如说是在社区矫正的大框架下对于未成年人罪犯这一特殊群体作出特别要求。显然，《社区矫正法》所针对的未成年人对象在行为严重程度上比较高。《社区矫正法》以专章规定未成年人矫正，一方面肯定了未成年人较之于成年人的特殊处境和身心特点，另一方面也反映立法者认为社区矫正理应遵循教育未成年人和为未成年人的利益着想的原则，帮助未成年人更好地回归社会。

《社区矫正法》第七章着重规定了接受社区矫正的未成年人享有的权利保护，包括身份信息受到保密的权利，接受义务教育和获得就业帮助的权利，以及受平等保护的权利。除了肯定未成年人对象的权利，在具体矫正措施的落实方面社区矫正机构也依赖非国家部门的配合。首先，矫正小组的组成方面，一般包括未成年人的重要社会关系人；其次，未成年矫正对象的监护人在此过程中依然要履行监护责任，承担抚养、管教等义务；最后，未成年人正常的受教育以及就业帮助等，都离不开学校等有关机构的配合以及来自社会各方面的资源支持。因而，可以看出，就《社区矫正法》而言，其在未成年人矫正方面的思路依然是在社区内动用社区资源对未成年人进行纠偏、改正、帮助其重回正轨。

前面提到，《预防未成年人犯罪法》实质上已搭建了一个以行为严重性为基础的处遇体系，而社区矫正只是针对触犯刑法并应受刑罚处罚的部分未成年人。实践中，被纳入社区矫正的未成年人在所有社区矫正服刑人员中的比重极低。根据司法部社区矫正管理局的数据，截至 2015 年 11 月底全国社区服刑人员中，18 周岁以下的仅占社区服刑人员人数的 2%。[1] 这样的情形极

---

[1] 参见吴宗宪：《我国未成年犯罪人社区矫正的主要问题与对策》，载《贵州民族大学学报（哲学社会科学版）》2015 年第 5 期；司法部社区矫正管理局编：《全国社区矫正发展情况与数据统计》，法律出版社 2017 年版，第 258 页。

大地限制了社区矫正制度发挥应有的功效。与此同时，未成年人犯罪附条件不起诉率逐年上升，2016 年至 2020 年，全国检察机关对未成年犯罪嫌疑人附条件不起诉率分别为 8%、10.06%、12.15%、12.51%、20.87%，此外附条件考验期满不起诉占所有情形不起诉的比率由 2016 年的 32% 上升到 2020 年的 36%。[1]

由于未成年人社会经验不足而独立意识较强、自我控制能力较弱而容易发生行为冲动、认识能力较弱而逆反心理较强等，我国在探索科学的未成年人矫正制度还有很长的路要走。根据吴宗宪学者的观点，未成年人社区矫正的发展方向，应当包括：开展审前调查，恰当判处非监禁刑，并恰当确定服刑义务；发展专门的未成年人社区矫正工作者队伍，科学组建矫正小组，选择适合的社区矫正官、社会工作者、志愿者等人；有效进行评估并解决未成年人心理问题、家庭问题，同时重视教育帮助；避免在过程中给未成年人贴上消极标签。[2]

可以看出，未成年人社区矫正工作是一项专业性极强的社区处遇措施。我国《社区矫正法》中亦特别强调监护人的作用，突出监护人在社区矫正过程中的监护职责。但遗憾的是，未成年人犯罪很多是由于破裂的家庭、失责的父母，因而《社区矫正法》第 53 条的规定很显然没有从根源上帮助未成年人。法律中"未成年社区矫正对象的监护人应当履行监护责任，承担抚养、管教等义务"，或者"未成年社区矫正对象的监护人应当依法保证其按时入学接受并完成义务教育"等类似规定，有避重就轻之嫌疑，背离了社区处遇的真正目的。社区处遇应当是帮助未成年人根据其犯罪原因而采取人性化的对策。但类似的规定似乎是将这种责任推给监护人，而没有去帮助未成年人解决问题的实质。

其次，《社区矫正法》寻求保障未成年人的教育和就业不受影响，但是根据我国的实践，未成年人在被采取强制措施或被判刑时，学校往往依据校规对未成年人进行开除处分。因而，不确定实践中社区矫正机构如何"通知并配合教育部门为其完成义务教育提供条件"。一个可能的情形是，未成年人可

---

〔1〕 参见《未成年人检察工作白皮书（2020）》，载 https://www.spp.gov.cn/spp/xwfbh/wsfbt/202106/t20210601_519930.shtml#2，最后访问日期：2024 年 6 月 15 日。

〔2〕 参见吴宗宪：《论未成年人社区矫正的发展方向》，载《山东警察学院学报》2012 年第 4 期。

能并不愿意回到原先的学校，因为那里的所有人都知道他的犯罪史。那么在这种情况下，如何保障一个有犯罪记录（尽管可能被封存）的未成年人再转至其他学校继续完成其九年义务制教育，恐怕存在一定的制度障碍。

最后，法律不仅要求共产主义青年团、妇女联合会、未成年人保护组织等参与到未成年人社区矫正工作中，并且鼓励其他未成年人相关社会组织参与进来。依靠社会力量参与矫正工作从社区矫正在我国推行伊始，便格外强调，但在实践中面临着参与积极性不高等情形。然而，《社区矫正法》中并没有提供解决办法。

二、我国社会力量参与未成年人社区矫正的主要模式

社会力量参与社区矫正，是近些年来出现的一种新型的社区矫正治理模式，指的是在特定的社会环境中，社会力量的参与主体在参与社区矫正工作的过程中所形成的相对稳定的具有可复制性、可推广性的结构形式。在这种模式下，社会力量的参与让传统的刑罚执行方式发生了变化，同时也使社会的人力、物力、技术等资源成为社区矫正的有力支撑，对于预防犯罪、维护社会的和谐稳定具有重要意义。

为了更好地提升社区矫正的工作效益，《社区矫正法》中有一系列相关的条款对其加以保障：如第 13 条"国家鼓励、支持企业事业单位、社会组织、志愿者等社会力量依法参与社区矫正工作"、第 35 条"县级以上地方人民政府及其有关部门应当通过多种形式为教育帮扶社区矫正对象提供必要的场所和条件，组织动员社会力量参与教育帮扶工作。有关人民团体应当依法协助社区矫正机构做好教育帮扶工作"等。

此外，我国《未成年人保护法》《预防未成年人犯罪法》《人民检察院办理未成年人刑事案件的规定》《检察机关加强未成年人司法保护八项措施》等诸多法律法规、规章制度为社会力量参与我国未成年社区矫正工作提出了总体要求。2016 年中共中央国务院印发的《国务院关于加强困境儿童保障工作的意见》和 2017 年共青团中央联合民政部、财政部共同发布的《关于做好政府购买青少年社会工作服务的意见》，以及最高人民检察院、共青团中央共同签署的《关于构建未成年人检察工作社会支持体系的合作框架协议》规定的实施办法则更为具体地为社会工作专业力量参与未成年人社区矫正指明了实

践方向。以上表明我国对社会力量参与未成年人社区矫正的重视与支持。

"上海模式""北京模式""广东模式""天津模式"成为实践中四种比较具有代表性的社会力量参与社区矫正的实践模式。

（一）上海"三分矫正"模式

上海市自 2002 年率先开展社区矫正工作试点以来，围绕"政府主导推动、社会组织自主运作、社会多方参与"的工作思路，培育和发展社会组织参与社区矫正工作。[1]在教育矫正方面逐渐形成了"三分矫正"体系，即分析社区矫正对象各个矫正阶段、各类不同群体及现实表现等情况的基础上，研判其存在的问题及需求，开展以分段矫正、分类矫正、分级矫正为核心的教育矫正工作。[2]所谓分段矫正，是根据各矫正阶段社区矫正对象的阶段特点和普遍需求，运用集中教育、个别教育、社区服务、心理矫正等方法及形式，系统有序开展入矫阶段、中期阶段和临解矫阶段的教育矫正工作。分类矫正则是以犯罪类型（案由）和犯罪原因为主要分类标准，针对同一类型的社区矫正对象开展有针对性的项目化教育矫正工作。分级矫正是以矫正等级评估及分级管理为基础，由矫正小组针对不同矫正级别的社区矫正对象制定相对应的矫正方案，实施不同强度和内容的个别化教育矫正工作。[3]"三分矫正"充分围绕社区矫正工作的社会化特点，突出项目化运作，依靠专业社工组织和社会力量，提升社区矫正工作效果。

（二）北京"3+N"模式

北京从 2003 年成为全国第一批省市试点社区矫正以来，逐步形成了以司法行政工作者为主体、抽调社区矫正干警为骨干、社会力量为补充的"3+N"模式。在动员社会力量参与社区矫正方面，首先明确了社会力量参与社区矫正的构成，即由司法社会工作者，承接政府购买服务的社会组织、企业、事业单位、社会中介机构，基层群众性自治组织，志愿组织、志愿者四部分构

---

[1] 参见司法部社区矫正管理局编：《组织社会力量参与社区矫正工作的探索与实践》，法律出版社 2017 年版，第 37 页。

[2] 参见陈耀鑫主编：《上海市社区矫正"三分矫正"工作实务指南》，上海人民出版社 2019 年版，第 1 页。

[3] 参见陈耀鑫主编：《上海市社区矫正"三分矫正"工作实务指南》，上海人民出版社 2019 年版，第 1 页。

成。其次，明确了司法社工的配备标准，在街道、乡镇司法所按照不低于30名社区矫正和安置帮教人员配备一名司法社工的标准配备。最后，明确了购买服务的流程。[1] 近年来，"北京模式"也在新形势下不断创新，发展出阳光中途之家，针对社区矫正对象和刑满释放人员提供矫正教育、心理辅导、就业指导和过渡性安置等服务，不断融入社会工作元素。[2]

（三）共青团参与社区矫正的广东模式

在引导鼓励社会力量参与社区矫正方面，广东以青少年社区矫正为突破口，在加强对青少年社区矫正对象进行重点监管的同时，重视对青少年社区矫正对象教育矫正和适应性帮扶，组建专业化的青少年社区矫正工作队伍，基本形成了司法行政机关为主导，共青团、青少年事务社工为主力，社会各界广泛参与的工作体系，实现了青少年社区矫正对象的全面覆盖和有效帮扶。[3] 为探索未成年犯罪社区矫正的新路径，广东省团委还探索"社工+义工"的工作模式，组织志愿者和社会热心人士共同参与社区青少年保护工作。

（四）天津"心理咨询师+司法社工"模式

天津从2008年建立了全国首个市级社区矫正机构以来，逐步建立了以政府购买服务的方式由专业机构提供心理咨询、职业技能培训等社会化服务。天津爱恩"打开心墙"社区矫正心理矫正项目即为事例之一。[4]天津爱恩公司作为社会力量积极参与未成年人社区矫正对象的教育矫治。该项目派出的心理咨询师和驻司法所社工，在与未成年人社区矫正对象的接触与沟通中，运用心理学和社会工作的专业知识、方法，打开对象的心结，调整其心理状态，并积极修复未成年人与其家庭成员的关系。此外，他们还为需要帮扶的未成年人提供及时的支持与帮助。正是这些真诚的帮助以及心理咨询师和司

---

〔1〕 参见司法部社区矫正管理局编：《组织社会力量参与社区矫正工作的探索与实践》，法律出版社2017年版，第1—2页。

〔2〕 参见熊贵彬：《社区矫正"北京模式"新实践特征分析——基于朝阳区阳光中途之家的调查》，载《社会福利（理论版）》2016年第6期。

〔3〕 参见司法部社区矫正管理局编：《组织社会力量参与社区矫正工作的探索与实践》，法律出版社2017年版，第81—82页。

〔4〕 参见刘晓梅、颜心茹：《社会力量参与社区矫正修复社会关系的探析》，载《天津法学》2020年第3期。

法社会工作者的帮扶指引，为未成年人顺利回归社会起到了积极的促进作用。[1]

三、域外未成年人社区矫正的做法与借鉴

未成年人社区矫正并非我国《社区矫正法》的独创。在国外，未成年人社区矫正在少年司法的框架下已经形成了非常丰富、多元的实践。社区矫正的概念也并非局限于已决犯，而是将犯罪人在社区所接受的一切处遇措施都称作社区矫正，无论是在审前、审后，甚至已被释放。[2]例如，澳大利亚维多利亚州就将社区矫正定义为"对在社区的被告人进行管理和监督"。[3]

（一）英美法系的未成年人社区矫正制度

澳大利亚采用了专门针对未成年人的社区矫正制度管理系统和模式，主要体现在：（1）缓刑监督。法官可以对缓刑监督附加特别条件，例如，少年社区司法管理局对于 18 岁以下的未成年人给予监督。（2）社区服务令。法院任命合格的罪犯在社区中无偿提供工作，服务或参与相关活动。（3）少年犯管教中心令。要求罪犯每周在放学前后或其他特定时间到少年管教中心参加特定活动的命令[4]。此外，澳大利亚还有一个特别制度，即本书第四章介绍的少年司法小组会议。这是让相关社区工作人员集体协商来处理未成年人轻罪的一种方式，这种方式提供了讨论的机会，让青少年罪犯能够认识到自身行为所带来的责任，让社区工作人员更深刻地了解犯罪原因并加以分析，有助于预防他们再次犯罪。澳大利亚学者 John Braithwaite 还积极倡导恢复性正义和重整羞耻理论，强调加害人与受害者和解的机制，双方在协调员的帮助下，找到最合适的解决问题的方式，让少年犯在被尊重的环境中了解自己行为的危害性并寻求被社会重新接纳。

---

〔1〕 参见刘晓梅、刘晓雯：《加强社会力量参与未成年人社区矫正工作——以社会支持理论为视角》，载《预防青少年犯罪研究》2021 年第 5 期。

〔2〕 参见齐岩军：《中西方未成年人社区矫正制度比较研究》，载《中国犯罪学研究会第十四届学术研讨会论文集（上册）》，2005 年 7 月 1 日，第 439~475 页。

〔3〕 See "Community Corrections", at https://www.corrections.vic.gov.au/community – corrections, last visited on April 18, 2023.

〔4〕 参见张芝芳、张晶：《国外青少年社区矫正制度之启示》，载《北京政法职业学院学报》2010 年第 4 期。

美国的社区矫正制度与少年司法制度的建设和完善密不可分。在少年司法体系下，从刑事起诉前的拘留审查评估，到少年法庭的裁决，再到少年法庭的处置环节均有社区矫正的参与。[1]社区矫正项目较为丰富，包括就学、社区服务、戒毒治疗、精神健康法庭、赔偿被害人等。旨在让未成年人脱离司法程序的转向处遇措施，包括了让未成年人与被害人进行对话和调解的恢复性司法会议。此外，美国借助家庭、学校、社区机构等力量实施未犯罪前的预防和犯罪矫治处遇后的预防。青少年实施偏差行为可能有多种因素，例如缺少父母的支持以及管教，学校的组织结构问题、不良的社区结构的影响等。这些预防性的社区处遇方案包括亲职教育、学校组织体系建设、社区服务网络构建等内容。[2]

新西兰立法长期以来一直规定通过社会解决青少年犯罪问题，家庭小组会议（family group conferencing）制度就是一个典型的例子。在家庭小组会议中，社区工作者和召集人通常监督组织和协调工作。一般来说，在青少年事故发生后的 20 天内，如果肇事者及其父母都同意以这种方式处理事件，社区工作者和召集人会安排受害者和肇事者之间面对面进行交流。[3]参与者可能包括警察、问题青少年的父母、律师和其他亲属、教师等。同样地，受害者也可以邀请家庭中的亲属成员参与。在这个过程中，人们会对未成年犯进行发自内心的教育，让他们充分认清自己行为的过错，教育他们为自己的错误负责，也让麻烦制造者懂得解决问题，比如参与社区有偿服务，利用休息日赚钱补偿，并参与现有的社区项目，以纠正未成年犯的错误使他们充分接受教育。家庭小组会议使用的方法没有固定的模式，它可以根据每个社区的情况进行选择。[4]

（二）大陆法系的未成年人社区矫正制度

社区矫正一词来源于美国，德国的法律制度中并无直接对应的名称，但

---

〔1〕 参见江山河：《美国的未成年人社区矫正及其对中国的启示》，载《青少年犯罪问题》2021年第 1 期。

〔2〕 参见刘洪峰：《美国少年犯机构化处遇研究》，中国政法大学出版社 2019 年版，第 241~245页。

〔3〕 参见许晨夕：《青少年社区矫正与恢复性少年司法：澳大利亚和新西兰经验及启示》，载《预防青少年犯罪研究》2018 年第 2 期。

〔4〕 参见许晨夕：《青少年社区矫正与恢复性少年司法：澳大利亚和新西兰经验及启示》，载《预防青少年犯罪研究》2018 年第 2 期。

德国刑法中的缓刑帮扶制度，可以被视为是广义的社区矫正制度。关于缓刑帮扶（Bewaehrungshilfe），基本条款规定在《德国刑法典》第 56d 条第 1 款和第 2 款："若法官决定对被告人适用缓刑，则需为其指定一名缓刑助员""只有对 27 周岁以下判处了 9 个月以上自由刑的犯罪人，可以宣告缓刑。"相应的，《德意志联邦共和国少年法院法》第 22 条至第 25 条明确规定了对符合缓刑宣告条件的未成年人进行缓刑帮助的执行程序，以及缓刑助员的义务。完整系统的法律规范在国家立法方面予以了规范性安全保障，也深入贯彻了国家的教育理念，同样为未成年罪犯提供了个别化的处遇。德国市一级检察院都设有未成年人犯罪科，凡是涉及年龄为 21 岁以下犯罪嫌疑人的案件，一般都由当地警方移送至未成年人犯罪科，由专职的检察官负责处理相关案件。隶属于州政府部门管辖的青少年局将同时开始介入。而在法院则设有专门的少年法庭，来审理涉及未成年人犯罪的案件。在当庭宣告实施缓刑后，该未成年罪犯的信息管理工作将移交给州法院下属的缓刑帮扶处，帮扶的具体过程也能够独立个性化的进行。因此，在处理未成年人犯罪的框架设计中也能清晰地实现该项制度的目的。[1]

德国未成年人社区矫正制度主要由教育处分、惩戒措施和未成年人刑罚这几种矫正措施构成，主要针对不同类型犯罪的未成年犯罪人。在教育处分措施中，未成年犯的教育帮扶矫正方式主要由法官按照法律规定来决定，矫正工作则交由地方青少年福利局宣布实施，并根据未成年人生理年龄和发育状况等因素区分为不同的教育小组，由不同的小组分别对自己所监管的未成年人进行教育。

（三）西方国家未成年人社区矫正制度的相似点

第一，纵观这几个西方国家，都建立了独立的少年司法制度。在未成年人最佳利益和非监禁化原则的指引下，各国进行了宝贵的社区处遇探索。这些社区矫正措施的最终落脚点在于未成年人的需求与利益，且都围绕着如何帮助未成年人、如何矫治未成年人以及如何实现未成年人的再社会化。这些国家建立的社区矫正工作机构有的隶属于非政府组织，有的隶属于国家行政部门，且由不同专业背景的官员、医护工作者、心理学家等人员组成，共同

---

〔1〕 参见沙建嵩、敬力嘉：《中德未成年人社区矫正制度之比较——以德国莱茵兰普法尔茨州与四川省为视角》，载《刑法论丛》2016 年第 1 期。

负责督导社区矫治处遇。未成年人面对的困境或难题，从来都无法通过单一学科解决，而不同专业知识和多元资源的投入，从行为训练、心理康复和就业指导等方面多措并举，形成对未成年人矫治处遇的合力。

第二，通过法律规定，为社区处遇提供程序上的保障。前面提到，这些国家的国内法律为未成年人社区矫正提供了立法保障。除了实体规则外，还有相配套的程序规定。例如，对未成年人被转介的条件和程序进行详细规定；在针对未成年人的社区会议中，确保会议过程尊重未成年人的人格，听取其发表的见解并尊重其选择；在协议未达成的情况下，依然充分保障未成年人的权利。在对未成年人施加社区监管令的时候，确保该措施应与未成年人的理解水平和认知能力相符合。这些程序性的规定确保未成年人的权利始终受到关注和保护。

第三，完善和持续的科学评估。近些年来，西方国家社区矫正的重要趋向是通过风险评估确保公共安全。为此，对社区矫正对象的全面的动态评估成为一项重要工作。例如，调查官需要就未成年人的个人和家庭情况、社会关系、有无前科、是否吸毒或酗酒、犯罪的社会危害程度等制定详细的评估报告，并递交法院供参考。社区工作者也会详细考量未成年人的情况，决定是否适用恢复性处遇措施。除此之外，未成年人的社区处遇项目也会受到研究者的跟进和评估。未成年人后续的表现，包括是否再犯、就业就学情况也成为评估社区矫正项目是否成功的重要方面。受害者以及社区居民对该项目的参与情况和评价，亦成为决定该项目是否持续运行的重要因素。

四、将恢复性司法理念融入未成年人社区矫正

从我国《社区矫正法》对未成年人社区矫正的专章规定来看，着重点在于对未成年人的教育矫治，而不在于对被害人的补偿和社区的恢复。与此相对应，我国《预防未成年人犯罪法》的第41条却融入了恢复性的矫治教育措施。因而，产生的疑问是，为何在严重不良行为的矫治教育中可以引入恢复性司法理念和做法，但是在判刑后的未成年人社区矫正过程中却没有法律的相关规定。

可能的解释是，在判刑后，未成年人再去积极弥补受害人的意愿并不强烈。跟国外的社区矫正概念有所不同，我国的社区矫正仅限于"对被判处管

制、宣告缓刑、假释或者暂予监外执行的罪犯"。而在域外，恢复性司法在前端可以作为替代性措施，如果未成年人实施了一系列恢复性举动和努力后，那么较严厉的措施便不再使用。由于我国将社区矫正限定在判刑后的阶段，对未成年人而言，犯罪化、刑罚化已经实现，未成年人也已经被成功地贴上了犯罪人的标签。这种刑罚处遇，虽然以非监禁的方式进行，但已经实现了国家对未成年人的惩罚。未成年人再去补偿被害人或者其他恢复性努力，等同于一种"额外的负担"。此外，由于我国对缓刑适用的限定性条件，被判处缓刑的未成年人事实上属于社会危险性较小的一群人，再犯可能性较小。

然而，总体来看，在我国的社区矫正中引入恢复性司法，还面临着诸多障碍。

根据国外的经验，将恢复性司法融入对未成年人的社区处遇，具有极大的制度优势，表现在通过恢复性司法，鼓励犯罪人发掘并展示自己的善良人性，真正认识到自身行为对他人造成的伤害并发自内心进行忏悔与弥补，承担起个人责任，有效避免其再次犯罪，提升犯罪人的社会责任感。此外，恢复性司法还帮助在犯罪人与社会之间缔结一种更积极的关系，减少犯罪人重新适应社会的难度，避免给犯罪人贴上罪犯的标签，帮助其获得职业教育，恢复家庭与社交关系，顺利重归社会生活。

恢复性司法重视对社区的修复，能够有效消除冷漠、对立的邻里关系，促进文明和谐友好社区的建设。社区有相当大的控制力与凝聚力，以地域关系为基础的群众在社区内建立相互认同和归属关系。恢复性司法通过被害人、犯罪人与社区成员之间的充分交流、参与和协商，弥合社会分歧并恢复社区居民对社区环境安全的信任感，避免社区成员之间的间隙与情感上的针锋相对，加强人与人之间的联系，并将社区中的人际关系提升到更和谐稳定的状态。

但从我国来看，存在思想认识、社会参与以及执行实施方面的障碍。首先，许多社区矫正工作人员还不了解恢复性司法理念的基本概念，或者大多只能从字面上理解恢复性司法的大致概念，实际上并不了解其思想内涵。而为数不少的社区矫正工作者甚至认为，社区矫正的根本目的与主要作用应该与传统的监狱服刑保持一致，因而执法理念偏向依法严惩并严厉打击，就工作态度和手段而言更注重于惩罚和控制。司法所的矫正思路仍然停留在传统的管理、控制和惩罚，所谓的社区劳动与思想教育流于形式，忽视教育矫正、心理疏导等方面的工作。另外，在问到有关案例被害人的情况时，社区矫正工作人员表示大多数案件中被害人基本不会被考虑参与到矫正环节当中，对他们的具体情况也知之甚少。在实践中如果出现被害人与犯罪人所属同一个社区的情况，甚至会根据《刑法》中"对居住社区有重大不良影响"的相关规定在判决阶段就排除适用缓刑，因此更加不会出现犯罪人与被害人相接触的情况。这些都表明，当前刑事司法系统还没有考虑在执行阶段采用恢复性司法的理念，导致执法主体的执法思想没有根本的转变，这是恢复性司法渗透社区矫正模式中最关键的思想阻碍。

其次，社区矫正和恢复性司法都需要有效的社会参与。但是，从被害人及社区居民的角度来看，大多数被害人基于仇恨心态难以对犯罪人宽容与谅解。同时，社会大众在思想上仍然保留着"严惩"的传统刑罚观念，认为"危险"的犯罪人在社区中进行矫正存在一定的风险，多数人有意识地避开与犯罪人的接触，甚至对矫正工作人员也产生排斥心理，社区矫正工作难以获得大众的认同与支持。另一方面，对于犯罪人而言，社会对其缺乏接纳和理解，往往导致其自暴自弃，甚至引发对社会仇恨进行报复，间接地影响到社区矫正目的的实现。

最后，由于我国的社区发展水平较低，目前社区矫正的执行能力与实施效果并不是十分理想。根据《社区矫正法》第25条的相关规定，社区矫正工作的基层组织形式是矫正小组，它主要由街镇一级司法行政干部、村（居）委会工作人员、社会工作人员、社区矫正对象的亲友、志愿者等组成。可见，社区建设和发展水平对社区矫正的实施能力有着相当重要的影响。现代化社区成为对社区矫正人员进行有效监督管理、教育矫正和帮困扶助的先决条件，是社区矫正人员顺利融入社会的空间载体，可以说，现代化社区是社区矫正制度成败的关键因素。[1]从当前我国总体的社区发展现状来看，大部分地区的社区发展"还带有较浓重的'单位化'、'行政化'色彩，缺乏现代社区应有的社区意识、一致的行为规范、持续的互动关系和共同的利益追求"。[2]大部分居民在日常生活中对所属社区只有地域上的归属感，对于社区活动及相

---

〔1〕 参见李飞：《中国社区矫正制度的本土适应》，载《中国社会科学报》2014年2月7日，第A08版。

〔2〕 参见李飞：《中国社区矫正制度的本土适应》，载《中国社会科学报》2014年2月7日，第A08版。

关事务并不在意，这种事不关己的态度必然导致社区矫正工作中执行力量不足、监督管理措施不到位、相关部门协作配合不默契、社会力量参与程度不理想等。

我国《社区矫正法》第 1 条规定了社区矫正的目的是"提高教育矫正质量，促进社区矫正对象顺利融入社会，预防和减少犯罪"，第 3 条规定了"有针对性地消除社区矫正对象可能重新犯罪的因素，帮助其成为守法公民"。这些规定彰显了社区矫正制度在价值追求上的恢复性特质。[1]然而，《社区矫正法》中对如何开展恢复性实践却没有规定。要真正实现恢复性特质，尤其是实现对未成年人处遇的目标和目的，恐怕需要对目前的未成年人社区矫正制度进行改革。

五、我国未成年人社区矫正制度的改革

改革的一个重心是扩大社区矫正的对象范围，将附条件不起诉的未成年人纳入社区矫正的范围。受制于狭窄的对象范围，现阶段我国社区矫正对于未成年人矫正的贡献相当有限。少年司法的教育理念，贯穿了我国未成年人的处遇各个阶段，包括由公安介入的矫治教育措施（包括公安部门直接施加，以及送专门学校的矫治教育），检察阶段对附条件不起诉未成年人的监督考察，以及未成年人被判刑后社区矫正机构的监督、教育、矫正、帮教。问题是，只有在服刑阶段的处遇措施才被称之为"社区矫正"，而之前的矫治措施，即使在性质与内容上与社区矫正极其相似，也只能以其他名词来指代。这无疑凸显出我国当前社区矫正概念的狭隘性。如果社区矫正只是作为一种服刑阶段的处遇措施，那它距离真正的"非刑罚化"还太遥远。

当然，扩大社会矫正对象会遭受一定的质疑。质疑之一，这会动摇社区矫正本身被赋予的法律性质。社区矫正在我国似乎已经被限定为"部分非监禁刑的刑罚执行和缓刑、假释罪犯的监管"，[2]这在现行《刑法》和《刑事诉讼法》的框架下并无任何错误，因为两部法律目前仅仅将管制、缓刑、假

---

〔1〕　参见连春亮：《中国社区矫正制度的内在特质——以〈中国特色社区矫正基本制度问题研究〉为分析文本》，载《犯罪与改造研究》2023 年第 11 期。

〔2〕　梅义征：《社区矫正制度的移植、嵌入与重构：中国特色社区矫正制度研究》，中国民主法制出版社 2015 年版，第 43 页。

释、暂予监外执行四类对象纳入社区矫正的范畴。然而，社区矫正在 21 世纪兴起之初，经过十余年的实践，始终在"法外徘徊"。两部法律在纳入社区矫正之际，并没有经过充分的论证。因此在未来通过修订《刑法》和《刑事诉讼法》扩大社区矫正的适用，并非不可能。

质疑之二，一个泛化的社区矫正概念，容易失去特色，让社区矫正与其他法律措施的区别变得不再容易。社区矫正对象，究竟要扩大到什么程度才是边界？如果社区矫正延伸至前端，如扩大到原本由公安机关实施的矫治措施，那么它跟社会治理还有什么区别？毕竟两者都是在社会化环境中，通过一系列非刑罚手段来预防犯罪，或将犯罪消灭在萌芽阶段。此外，如果将社区矫正的适用范围移至刑事司法的前端，那么是否会加重公安机关、人民检察院、人民法院各部门的负担，让所有部门都要参与到所谓社区矫正的项目？对这些问题的担忧是正常的，但是需要在我国的犯罪治理背景下寻求问题的答案。

首先，《社区矫正法》的制定非常鲜明地体现了当前国家治理的重要目标和特色。党的十八届三中全会提出"推进国家治理体系和治理能力现代化"的改革目标并将其提升至国家顶层设计的战略高度。党的十八届四中全会做出了《中共中央关于全面推进依法治国若干重大问题的决定》，将推进国家治理体系和治理能力现代化落实到推进法治现代化上。制定《社区矫正法》，是落实法治现代化的要求之一，是尊重公民权利的时代的产物。《社区矫正法》强调社区矫正对象的重新融入社会，强调社区矫正对象亦是社会的一分子，在行为矫正、社会资源等方面需要接受来自国家的帮助。该法第 4 条第 2 款尤其明确了"社区矫正工作应当依法进行，尊重和保障人权。社区矫正对象依法享有的人身权利、财产权利和其他权利不受侵犯，在就业、就学和享受社会保障等方面不受歧视"。立法层面上治理理念的转变，也意味着社区矫正实践需要重新审视其功能和目标。作为专注于人（或者说人民群众）的矫正实践，究竟如何直面各类对象的矫正需求，并保障对象的主体性？这是对当前矫正对象较为单一的社区矫正提出的新要求。

其次，上述治理理念的转变，必然带来治理技术的改变。治理不同于管理，过去的将被告人视为"被管理者"的做法已经无法适应合作、包容型治理的时代要求。在国家的治理模式从过去的管理转变为社会（包括行为人）共治的背景下，社区矫正也越发强调公民福利和人性化的处遇，治理机制上强调制度的执行和实施能力。同时，《社区矫正法》要求社区矫正决定机关、社区矫正机构以及社区矫正监督机构之间协同合作。社区矫正作为一项专业性极强的工作，需要由专门机构负责实施，并以国家各部门之间的沟通配合作为保障。正是这样的"合作"，确保社区矫正在对矫正对象的监督管理方面具有相当的国家权威性。当前社区矫正中面临的诸多执行难题，例如社区矫正机构尚未完全建立，正是从侧面说明了社区矫正这一制度有待提升自我效能，加强制度执行能力，以更好地满足当前的社会需求。

最后，社区矫正不是一项孤零零的制度。作为我国社会治理的重要创新，社区矫正在预防犯罪方面的价值不可低估。一个很明显的例子是《预防未成年人犯罪法》将社区矫正纳入其中。在立法者看来，未成年人社区矫正最终服务于对重新犯罪的预防。公安机关、人民检察院、人民法院、司法行政机关等各部门的共同参与是我国犯罪预防的重要特色。对此，通过职能的进一步优化，将在事实上进行矫正（例如对附条件不起诉未成年人的监督考察）但未冠名为"社区矫正"的这类实践纳入社区矫正的范围，未尝不可。目前，《社区矫正法》对于社区矫正机构的设置、人员组成等作出了安排，相信不久的未来其专业性会得到不断提升。该法在第 8 条第 2 款亦规定"人民法院、人民检察院、公安机关和其他有关部门依照各自职责，依法做好社区矫正工作。人民检察院依法对社区矫正工作实行法律监督。"据此，附条件不起诉未成年人可纳入社区矫正范围，由社区矫正机构负责实施，而人民检察院可对该项工作实行法律监督。近年来的研究和实践皆表明，拥有良好而广泛的社会支持是矫正工作开展的必要条件。社区矫正机构相较于公安机关、人民检察院、人民法院等部门，更容易吸收来自社会层面矫正力量的融入，包括社会组织和专业矫正人员参与组织和具体实施。

我国的社区矫正制度需要直面新时代的治理要求，在这其中，更需要审视当前受制于矫正对象狭隘的社区矫正概念。或许，建立在对象扩大基础之上的广义社区矫正制度是值得思考的方向。

未成年人刑事和解制度

刑事和解，又称被告人—被害人和解，是我国 2012 年《刑事诉讼法》写入的特别程序。《刑事诉讼法》第 277 条规定，犯罪嫌疑人、被告人真诚悔罪，通过向被害人赔偿损失、赔礼道歉等方式获得被害人谅解，被害人自愿和解的，双方当事人可以和解。适用的案件范围有两类：因民间纠纷引起，涉嫌刑法分则第四章、第五章规定的犯罪案件，可能判处三年有期徒刑以下刑罚的；除渎职犯罪以外的可能判处七年有期徒刑以下刑罚的过失犯罪案件。刑事和解既可以用于成年人，也可以用于未成年人。本章关注未成年人刑事和解制度，窥探其之于教育矫正未成年人的制度价值。

未成年人犯罪刑事和解起初在司法实践进行探索。例如，2002 年，北京市朝阳区人民检察院出台了《轻伤害案件处理程序实施规则》，开内地适用刑事和解制度之先河。随后，北京、湖南、上海等 9 个省级政法部门制定了相关法规，很多地方都开展了对未成年人犯罪适用刑事和解的试点。[1]2005 年之后，最高人民法院和最高人民检察院相继公布了一系列的司法解释。2005 年，最高人民法院也公布了《关于审理未成年人刑事案件具体应用法律若干问题的解释》，再次强调"教育为主、惩罚为辅"的原则；2006 年最高人民检察院连续发布了《关于在检察机关工作中贯彻宽严相济刑事司法政策的若干意见》《关于依法快速办理轻微刑事案件的意见》《人民检察院办理未成年人刑事案件的规定》，以及 2011 年颁布的《关于办理当事人达成和解的轻微刑事案件的若干规定》和 2012 年出台的《关于进一步加强未成年人刑事检察

---

　　〔1〕　参见苏镜祥、马静华：《未成年人刑事和解——基于中国实践的考察和分析》，载《四川大学学报（哲学社会科学版）》2009 年第 3 期。

工作的决定》，明确了检察院在未成年人犯罪案件中适用刑事和解的方式、程序和原则。[1]这些文件从司法方面对和解效果的有效性及合法性的确认，为未成年人犯罪刑事和解的司法实践提供了法律依据。

一、未成年人刑事和解的实践模式

未成年人刑事和解在2012年《刑事诉讼法》修正前后受到很大关注。但是随着时间推移，尤其是我国自2016年开始推行认罪认罚从宽和速裁程序的改革以来，未成年人刑事和解的热度减去，少见对该制度的最新研究。未成年人刑事和解并不是一项单一的实践，虽然和解模式是重中之重，但是这一模式对实践产生多大的影响以及如何持续，却需要一系列配套制度。

跟国外的被害人—加害人和解一样，我国的刑事和解也是在当事人的参与下，由刑事司法工作人员（警察、检察官、法官）或其邀请的第三方来主持和解的过程，再由刑事司法机关审核或确认和解的结果。在实践中，根据各地情况的不同，有加害方—被害方自行和解模式、司法调解模式和人民调解委员会调解模式。[2]但这只是在"形"方面跟国外的被害人—加害人调解模式相似，在"神"方面，有学者指出我国的和解模式基本上是一种国家控制模式。[3]所谓"国家控制模式"指的是司法机关不仅负责制定相关规范，且程序的启动、运行基本由司法机关单向推进。社区的参与，往往以委托人民调解的方式进行，但参与有限。根据宋英辉等人的调查，由人民调解员主持的调解极少，绝大多数案件的调解都是由国家机关主导进行。[4]在国家机关的主导下，刑事和解程序可能一致地适用于成年人和未成年人，换句话说，这种模式可能并没有考虑未成年人的身心特点，而只是把适用于成年被告人的刑事和解运用在未成年人犯罪中而已。

不仅如此，由于我国是司法一体化的体制，尽管侦、诉、审由不同机关分

〔1〕参见张鸿巍等：《恢复性司法视野下的未成年人犯罪刑事和解探析》，载《广西大学学报（哲学社会科学版）》2014年第3期。

〔2〕参见陈瑞华：《刑事诉讼的私力合作模式——刑事和解在中国的兴起》，载《中国法学》2006年第5期。

〔3〕参见苏镜祥、马静华：《未成年人刑事和解——基于中国实践的考察和分析》，载《四川大学学报（哲学社会科学版）》2009年第3期。

〔4〕参见宋英辉等：《公诉案件刑事和解实证研究》，载《法学研究》2009年第3期。

工负责，但更讲究互相配合、协同作战，全面、深入地调查案情，了解事实真相，一旦进入诉讼领域，国家便牢牢掌握了控制权和处分权。[1]这样，在未成年人犯罪案件中，代表未成年人利益的一方或者第三方对和解的启动或过程基本没有话语权，只能在国家的监视下，"乖乖地"如履薄冰地进行和解程序，以求宽大处理。在这个过程中，对被告人的教育意义被"给予被告人宽宥处理"的程序目标所取代。程序的功利取向占据上风，且这种利益完全是由国家机关说了算。那么，和解过程是否真正实现了对被告人的教育，则打上大大的问号。

在实现了专门化的少年司法的地区，未成年人刑事和解案件由专门的检察官、专门的法官办理，但在没有设立专门少年司法机构的地方，则由指定的专门人员负责。根据学者观察，有的地方侧重于对未成年人进行教育，促进其认罪悔过，重新回归社会；而在有的地方，则侧重于以被害人保护为中心，由司法机关在处理日常案件过程中，通过刑事和解的形式解决被害人补偿问题。[2]根据宋英辉等人的调查，在绝大多数的刑事和解案件中都产生了道歉和经济赔偿。在被害人司法救助机制缺位且刑事附带民事诉讼的执行结果堪忧的情况下，只能依靠被告人的赔偿来弥补被害人的损失。被告人的贫困或无力赔偿，也直接影响和解的适用：和解不被启动或者和解失败。然而，无论是倾向于被告人保护还是倾向于被害人赔偿的实践模式中，刑事和解最终是服务于国家的"纠纷解决"的话语体系。为了应对各种社会矛盾纠纷、妥善解决矛盾，预防和减少犯罪，以最大限度地减少不和谐因素，"一切有利于解决矛盾和纠纷、维护社会稳定的纠纷解决机制都被政法机关纳入决策视野并通过刑事政策等方式体现。由此，刑事和解作为解决未成年人犯罪引发的刑事纠纷的有效途径而获得'垂青'。"[3]

由此，在我国的国家控制模式下，未成年人刑事和解相较于国外的恢复性处遇，在目标和路径上存在如下分野。在目标上，国外的恢复性处遇围绕未成年人的特点、需求，旨在让未成年人直面自己的行为和后果，通过与被

---

〔1〕 参见苏镜祥、马静华：《未成年人刑事和解——基于中国实践的考察和分析》，载《四川大学学报（哲学社会科学版）》2009 年第 3 期。

〔2〕 参见苏镜祥、马静华：《未成年人刑事和解——基于中国实践的考察和分析》，载《四川大学学报（哲学社会科学版）》2009 年第 3 期。

〔3〕 参见苏镜祥、马静华：《未成年人刑事和解——基于中国实践的考察和分析》，载《四川大学学报（哲学社会科学版）》2009 年第 3 期。

害人的交流能够深刻反省，从而改正自己的行为。在此过程中，被告人与被害人、被告人与社区、被告人与国家的紧张关系得以化解。我国则是通过刑事和解达到"纠纷解决"的社会和政治目标，缺乏恢复性的坚定内核，更容易屈于被害人一方的压力而给未成年加害人施加不恰当的负担。在路径上，国外的恢复性处遇寻求社区的参与，在恢复性司法会议中帮助被告人重建与社区的联系。而我国的刑事和解在融入社区的参与上明显不足，不仅难以有人民调解员参加，也缺乏帮助未成年人一方的社工、志愿者的参与，从主导者到监督者都由刑事司法工作人员来担任。这些大大影响了和解的效果。

如果将刑事和解看成分流器，那么分流之中和之后尚缺乏对未成年人在社区层面的监督、帮助和矫治。以起诉阶段的未成年人刑事和解为例，和解前期需要前期大量的沟通、对案件是否合适的评估，中期需要时间和精力的投入，亦要对和解过程全程把控，在后期对和解协议的履行进行监督，等等。当检察官负责起和解的所有工作，其要投入的时间、精力可想而知。在这样的情况下，和解的效果是否理想，亦是疑问。和解并非一次就能成功，更非一揽子买卖，和解之后对未成年人的履约情况、教育帮扶远未结束。检察官在刑事和解投入了大量时间、精力之后，能再投入到观护的时间非常有限。因而，单靠检察机关"单打独斗"，很难发挥观护的作用。由此，在国家—社会合作的框架下，由国家主导，由社区、非营利性组织、各社会组织代表广泛参与的刑事和解，变得具有紧迫性和可行性。

二、未成年人刑事和解对未成年人观照的缺位

(一) 缺位的表现

我国未成年人刑事和解对未成年人观照的缺位体现在如下几个方面：

首先，我国和解制度的设计并没有体现未成年人的特殊性。《刑事诉讼法》对刑事和解案件范围的规定主要以刑法分则为基础，以侵犯财产、人身犯罪和过失犯罪为主要类型，以加害方和被害方的自愿为前提。但这种制度定位将刑事和解归于轻刑案件范畴，没有从犯罪主体角度进行区分。[1] 未成

---

〔1〕 参见张鸿巍等：《恢复性司法视野下的未成年人犯罪刑事和解探析》，载《广西大学学报（哲学社会科学版）》2014年第3期。

年人犯罪较之成年人犯罪具有明显的特点，如主观恶性不大、易冲动或意气用事、初犯居多，易塑性强、可矫正性强等。这些特征决定了对未成年人适用刑事和解具有得天独厚的优势条件。然而，现行刑事和解的程序和标准没有充分考量未成年人这一主体的不同，对于成年人和未成年人都适用同一套和解制度。和解理念、和解程序、和解协议等都没有考虑到未成年人犯罪和矫正的特殊性。[1]

其次，刑事和解演化为以结果为导向的加害恢复。本来刑事和解追求的目标是一种双方满意的协商处理结果。以加害人承担责任（道歉、赔偿、公益劳动等）为前提，受害人能够从中获得一定程度的物质和精神上的弥补或恢复。然而，实践中，物质赔偿成为了加害恢复的同义词。为了获得较轻的处理结果，加害人不得不满足受害人的"要价"，尤其是在我国被害人救助制度还没有普遍建立的时候，被害人的获得赔偿的需要全部落至加害人及其家庭身上。在此过程中，加害人只要能够满足被害人的"要价"，其是否真诚悔过、是否决意改过自新已经在所不问，这使得刑事和解的教育、感化功能落空。这就造成刑事和解制度之于未成年司法理念的贯彻实则被束之高阁。

再次，被害恢复有限，帮教责任缺失。追求被害人物质补偿的目标，遮蔽了被害人的心理需求，被害恢复被限缩在"金钱赔钱"的范畴内，从而饱受"花钱买刑"的诟病。而刑事和解制度的另一重要意义，在于让未成年加害人通过与受害人的交流，认清自己行为的性质和后果，进而真诚悔过，积极承担起应负的责任。这对于教育、改造未成年人具有十分重要的意义。然而，在金钱赔偿高于一切的实践逻辑下，关注的重心已经不在未成年加害人的行为和心理，对其后续的关注、支持乃至帮助更是无人问津。

最后，社区服务缺失，对未成年人教育不足。刑事和解中社区的意义主要体现在两方面：一是作为受损社会关系的代表参与刑事和解；二是在刑事和解后续活动中作为管理主体，如社区矫正。[2]在我国的刑事和解中，由于缺乏社区利益代表的参与，加之被害人的重心在于金钱赔偿，这就致使在刑事和解过程中未成年加害人很难全面认识到自己行为所带来的社会危害。在

---

〔1〕 参见苏镜祥、马静华：《论我国未成年人刑事和解之转型——基于实践的理论分析》，载《当代法学》2013年第4期。

〔2〕 参见杜宇：《"刑事和解"：批评意见与初步回应》，载《中国刑事法杂志》2009年第8期。

和解过程之后，缺乏相应的主体对未成年人进行帮教，没有完善的社区服务持续跟进未成年人的就业就学、行为表现等情况，这也使得刑事和解成为一项光零零的制度，鲜有对未成年人持续的监管和教育。

（二）缺位的原因

苏镜祥、马静华曾撰文精辟地指出"与西方刑事和解起源于被害人学的产生及被害人保护运动的勃兴，监禁、矫正政策失败的社会背景不同，我国的刑事和解一开始就是与我国司法机关的政治功能相适应的，表现出很强的政治性和功利性。"[1]我国的刑事和解是在"为构建社会主义和谐社会提供有力司法保障"这一宏观政策指引下发展起来的，并受宽严相济刑事政策的直接指引。贯彻宽严相济刑事政策的总体要求之一，是"要根据犯罪的具体情况，实行区别对待，做到该宽则宽，当严则严，宽严相济，罚当其罪，打击和孤立极少数，教育、感化和挽救大多数，最大限度地减少社会对立面，促进社会和谐稳定，维护国家长治久安"。对于民间纠纷引起的、社会危害性不大的一类轻刑案件，通过刑事和解能够有效地化解双方矛盾，缓和紧张的社会关系，自然得到司法机关从上自下地一致青睐。而未成年人犯罪亦成为轻刑案件的重要范畴，未成年人刑事和解成为给予未成年人轻刑处理的重要通道。然而，以实现社会稳定为目的、服务于"纠纷解决"这一主题的刑事和解，忽略甚至是有意忽视了未成年人的特殊性。[2]

服务于纠纷解决的需求，刑事和解有望缓解我国刑事附带民事诉讼的执行率低下所带来的被害人上访、信访现象。刑事和解中，很容易出现被害人利用加害人渴望得到轻缓处理的心理进行漫天要价的情形，而加害人在尽量作出金钱赔偿的同时，难以形成对被害人的歉疚之情。最后，虽然在和解结果上实现了对未成年人的刑罚轻缓化，但是教育、感化未成年人的希望完全落空。

同样地，刑事和解对标宽严相济刑事政策中的"从宽处理"面向，适用于"可能判处三年以下刑罚"的轻刑案件。这一范围限缩，是我国运用刑事

---

[1]　参见苏镜祥、马静华：《论我国未成年人刑事和解之转型——基于实践的理论分析》，载《当代法学》2013年第4期。

[2]　参见苏镜祥、马静华：《论我国未成年人刑事和解之转型——基于实践的理论分析》，载《当代法学》2013年第4期。

和解办理轻微刑事案件的方针要求，而非从未成年人角度进行的制度设计。在实践中，刑事和解往往适用于那些有赔偿意愿并且有赔偿能力的未成年人犯罪案件，赔偿的主体往往是未成年人的父母或家人。未成年人往往退居二线，刑事和解成为未成年人父母与加害人一方的"讨价还价"，成为名副其实的"战场"。未成年人在目睹或亲临这一"现场"之后，很难说对其真正造成的心理影响抑或教育意义会是什么。

因而，我国的未成年人刑事和解缺乏少年司法理念的注入，也与西方的恢复性司法理念相去甚远。刑事和解依托轻刑案件快速办理机制建立起来，"既缺乏与未成年人司法制度的高度契合性，也缺乏相对成年人刑事和解而言的独立性。"[1] 在寻求重构我国未成年人刑事和解制度之时，需要反思制度理念，在理念的基础上进行制度设计。

三、我国未成年人刑事和解的制度理念与重构

上文提到，我国未成年人刑事和解在制度理念、定位和具体设计上都缺乏围绕未成年人的独特考量，有必要在理念、制度及相关机制上进行重构。少年司法理念和恢复性司法理念成为重构我国未成年人刑事和解制度的重要指引。

第一，虽然我国尚未建立独立的少年司法制度，但刑事和解在我国未成年人犯罪处理体系中的定位应当明确。在国外，未成年人刑事和解的适用目标是使未成年人远离司法的中心，使社区和家庭参与到对未成年人的矫治教育中。在我国，未成年人刑事和解不具备相较于成年人刑事和解的特殊性与独立性，但可以考虑将其定位于一种"转处"，并在未成年人犯罪处理体系中优先和最大化适用。

第二，由专业的人员负责实施刑事和解会议。参与到刑事和解会议中，谈论犯罪行为带来的伤害，让被破坏的社会关系得到修复。刑事和解会议也是对和解的自愿性和合法性的最有效的审查。刑事和解会议制度的构建，需要专业的人员完成，公安司法机关在刑事司法程序中的身份易于让未成年人产生抵触心理。在条件允许的情况下，可以参考国外少年司法小组会议的经

---

〔1〕 参见苏镜祥、马静华：《论我国未成年人刑事和解之转型——基于实践的理论分析》，载《当代法学》2013 年第 4 期。

验，由独立的第三方完成。[1]

第三，由加害恢复转变为全面恢复。重金钱赔偿、轻心理创伤修复的实践应当予以改变。不仅被害人的需求应得到重视，也要注重对未成年加害人的"教育、感化、挽救"。可以借鉴国外多元的社区服务方式，让未成年人通过自己的后续行为真诚地弥补损失。对未成年人的帮教和教育应当由专业人士跟进。

我国未成年人刑事和解制度必须在少年司法框架下建构。明确未成年人刑事和解是一项对少年犯罪人权利的特殊保护机制，应当符合"教育、感化、挽救的方针，坚持教育为主、惩罚为辅的原则"。关注未成年犯罪人本身的恢复，将其作为制度建构的出发点，逐步深化未成年人刑事和解所应具有的恢复性司法色彩。

第四，厘清公安机关刑事和解与公安矫治教育的关系。根据我国《刑事诉讼法》的规定，公安机关亦是刑事和解工作的主导一方。《预防未成年人犯罪法》第41条规定了公安机关针对有严重不良行为的未成年人可以采取多元的矫治教育措施，其中包括责令未成年人赔礼道歉、赔偿损失。这里的严重不良行为跟进入刑事司法体系的可适用刑事和解的案件虽然不同，但往往是行为是否达到刑法所规定的"量"的区别。在实践中，往往会出现根据"和解情形和结果"而不予刑事立案的情况。因而，未成年人刑事和解制度的重构亦需要考虑跟《预防未成年人犯罪法》的措施衔接问题。

第五，社会尤其是社区力量必须逐渐参与到刑事和解的过程当中。我国社会一直处于不断转型之中，进入21世纪以来，社区成为我国经济社会建设的重点。从过去的"大政府、小社会"模式向国家—社会双驱动的模式转型。虽然我国的社区在某种意义上而言是国家基层权力的延伸，但我国还同时存在地理意义上的社区和社会交往意义上的社区。同时，亦有越来越多的非政府的民间组织、企业，加入或参与到矫正的事业中。社会力量的壮大，是对我国国家主导的刑事和解制度的最好的补充。未成年人刑事和解制度恰恰需要社区力量的参与，从过程协调到结果安排，尤其在和解协议已经达成需要进一步履行的后续阶段必须借助社区力量的督促作用。[2]

---

〔1〕　参见刘悦：《澳大利亚少年司法小组会议制度及其借鉴》，载《预防青少年犯罪研究》2015年第5期。

〔2〕　参见苏镜祥、马静华：《未成年人刑事和解——基于中国实践的考察和分析》，载《四川大学学报（哲学社会科学版）》2009年第3期。

由此，未成年人犯罪的社区处遇实践代表了我国当代在轻罪治理方面的困境，主要表现在：这些处遇实践囿于方方面面的因素，并没有形成以"未成年人为中心"的制度安排。具体来说，以工读学校为代表的机构性处遇在程序和内容上并没有体现未成年人意愿、需要；针对未成年人的附条件不起诉在监督考察方面困难重重，难以落实以未成年人为中心的观护安排；未成年人社区矫正制度中难以纳进由未成年人积极履行责任的恢复性实践；而未成年人刑事和解制度亦不是针对未成年人的特别程序设计，其对被害恢复的政治性导向消解了对未成年人加害人的关注，导致对未成年人的教育、恢复和帮教没能真正落地。

结　论

一、轻罪治理的两种脉络

我国跟国外采取的是两种不同的定罪模式。我国将大量未达到《刑法》第13条所要求的社会危害性的行为纳入行政处罚的范畴。由于行政权与司法权的属性不同，学界不乏对行政处罚权过大的批判声音。这里无意对这些观点置评，相反，本书想呈现的是在刑法的前端我们如何安置那些受到规制的行为和行为人。行为被处罚了，不等于行为人得到适当的处遇，更不等于危害行为从此销声匿迹。聚焦于行为人，将轻罪治理当成一项关于"人"的实践，是本书的出发点，亦是本书的落脚点。

无论是对吸食毒品的治理实践，还是未成年人处遇，西方国家似乎有一条不变的主线，就是我们如何看待这些人。吸食毒品的治理，首先的出发点是：我们如何看待药物滥用者。西方的实践告诉我们，我们不仅要降低毒品滥用对社会的危害，也要降低毒品滥用对吸食人员及其家庭的危害。而未成年人处遇，从其百年的发展史不难看到，对未成年人的认识始终贯穿其中，并主导着治理的具象和走向。这就是未成年人犯罪不是未成年人自身的问题，而是社会、家庭和学校等系统出现问题的结果。

从我国的治理实践来看，我们对于"人"的认识是杂糅混乱的。在对待吸食毒品方面，我们的社区戒毒一方面认为吸毒人群是病人，是需要帮助的，另一方面我们认为这些人违法了，被抓起来是应该的。于是，我们无视强制隔离戒毒的负面效应，一边强调帮助吸食人员社区康复从而回归社会，一边认为"只有关起来，才能戒掉毒瘾"。同样地，在对待未成年人方面，我们亦缺乏对未成年人的正确认识，严重依赖机构性处遇，而对社会性处遇重视和运用不足。

二、回到"人"的问题上

本书一直坚持，轻罪治理是一项关于"人"的实践。这既是马克思主义人本观的体现，亦是我国丰富的基层治理经验的总结。我国社会的问题重心已经由"物"的追求转变到对"人"的价值和意义的肯定和追求上来[1]，在马克思看来，"每个人的自由发展是一切人的自由发展的条件"[2]。在我国，以"枫桥经验"为代表的基层治理模式亦是以群众为中心的模式的生动体现，通过群众的自我参与、自我管理，在社区层面将矛盾、纠纷通过调解的方式化解掉，起到了教育加害人、弥补被害人、恢复社区正常秩序的效果。"枫桥经验"亦被推广至刑事司法领域，成为检察机关、法院甚至监狱等部门转变以往工作模式、积极参与社会治理的一种指引。

然而，我国在毒品戒治、未成年人处遇方面，远远没有形成社区处遇的浓厚氛围。管控的思维占据上风，表现在通过把人关押起来的方式，起到一种社会秩序稳定的心理效应。关押或许能起到一点威慑作用，但是却忽视了对象群体的真正需要。站在毒品吸食人员的角度，或者我国未成年人的角度，要问的问题并不是"应施加何种处罚"，而应当是"什么才能真正地帮助到他们"。因而，本书赞成一种"社区处遇论"，即在最前端和基层，扩大对社区处遇的适用。

我国的轻罪治理，要落实的并非对人的惩罚，而是通过社区处遇起到预防犯罪的作用。目前我国社会治理面临的悖论是，"惩罚""预防"与"矫治"三者位阶是颠倒的，或者说我国在治理实践中并没有明确目标，而是以一种笼统的社会稳定的思维在操纵实践。而轻罪治理面临的最大困境是，我国的社区矫正没有发挥其应有的作用，制度设计的局限造成我国的社区处遇被"压缩"在方寸之间。

---

〔1〕 参见赵兴良：《马克思的人本思想及其当代价值》，载《江西社会科学》2013 年第 9 期。

〔2〕 中共中央马克思恩格斯列宁斯大林著作编译局编：《马克思恩格斯选集》（第一卷），人民出版社 1995 年版，第 294 页。

三、关于制度的建构

研究最终要落实到制度建构上，那么在本书所提倡的一种"轻罪治理"的语境下，如何具体重构吸毒戒治体系以及未成年人社区处遇体系呢？

本书聚焦于具有社会危害性的、在刑法前端（或底端）的行为，以吸毒戒治和未成年人的社区处遇为例，勾勒出我国在对这部分人群/行为的治理实践中的特点和面临的问题。在具体制度建构（或重构）方面，以下分而述之。

就吸毒戒治而言，鉴于我国目前强制隔离戒毒和社区戒毒体系不协调的特点，我国需要发挥和借助非正式的社会控制，发挥"社区"这个场域在促进吸毒人员戒治和社会回归的重要作用，给予戒治人员充分的空间和社会支持，帮助他们重新成为有益的社会成员。我国传统的管控模式，在现阶段呈现出资源利用率低、"成本—收益"并不明显、戒治效果有限等问题。为提高财政资源的利用率、提升矫正工作的有效性，我们需要正视对行为人真正起作用的非正式社会控制机制并让其发挥作用。行为人的社会关系以及行为人的自我改变的动力机制在当前的规制体系中均未得到应有的重视，而这部分力量或许是实现转变的重要基础。

政策建议方面：首先，为了提高强戒所的戒治效果——就改变行为人的行为方式和社会生活而言，可以探索半开放式的管理与治疗，充分融入和发挥家庭在戒治过程中的作用。在社工工作方面，应当在戒毒人员出所前期就对其进行筛选和实施干预。在筛选中，了解这些人员的家庭关系状况，掌握他们对于家庭关系修复的需求。这样，在帮助其回归社会的过程中，社工及社区层面可以有针对性地开展一些项目，搭建起戒治者和其家庭成员的桥梁。对于一些家庭关系并不乐观的戒治人员来说，则需要付出更多的努力和干预。当然，戒毒人员对支持的期待不仅包括家庭方面（主要期待），也包括就业、救助、医疗以及社会关爱等方面。在此，政府投入也可以适当地朝这方面努力。其次，考虑扩大社区戒毒的适用范围，建议在法律中明确"社区戒毒是强制隔离戒毒的前提条件"；国家和地方政府应加大对社区戒毒的投入力度，包括对处遇项目的支持、对禁毒社工的业务培训、对志愿者的培训；拓展同伴教育这一模式，借助同伴机制帮助戒毒人员远离过去的"毒品圈"，给戒毒人员增权。最后，禁毒宣传模式应作适当改变。禁毒宣传应向社会传达：毒品可怕，但吸毒的人不可怕；我们的社会应给予吸毒并正在戒毒的路上的人更多的接纳和关怀。

就未成年人处遇来看，我国专门学校一类的机构性处遇从决定到实施将未成年人及其监护人的观点和需要排除在外，严重背离了未成年人利益最大化的要求。从专门学校目前的运行来看，封闭的军事或半军事化的管理方式实质上剥夺了未成年人正常的亲情需要和社会交往需要，对其重新融入社会构成不利的影响。社会对专门学校的负面评价也给未成年人贴上了犯罪标签。与此同时，对于进入刑事司法系统的未成年人通过附条件不起诉、刑事和解或社区矫正等方式进行转处时，面临着考察监督落空、对未成年人教育矫正缺失等困境。这种困境的原因在于国家控制模式下给予行为人、社区的行动空间极其有限。在国家的稳定利益的驱使下，本应该"以人为中心"的和解让位于国家的"纠纷解决"的政治利益。而社区并没有真正参与进来，无论从考察监督的实施来看，还是从刑事和解的过程和对行为人的督促来看，甚至社区矫正的社会力量参与不足的事实来看均可见一斑。

因而，未成年人处遇需要建构起"以未成年人为中心"的制度安排，具体来说，从对触法行为的矫治教育到犯罪行为的教育矫正，必须以未成年人利益最大化为指导原则，充分发挥社区的优势和力量参与到矫正。应将恢复性处遇融入到我国的少年司法制度中，并明确写进法律。遗憾的是，我国目前只有《预防未成年人犯罪法》第 41 条和《刑法》第 37 条见到相关字样，但在实践中的真正操作几乎没有。未成年人刑事和解制度本可以成为我国践行恢复性理念的重要实践，但从过去十多年的观察来看，理念几乎落空。未成年人社区矫正制度虽然强调未成年人的特殊性、强调社会化处遇和社会回归，但囿于其狭隘的概念，也没有为已经被判刑的未成年人提供加害恢复，更没能够重建未成年人与社区之间的联系。我国《未成年人保护法》已经将未成年人利益最大化作为指导原则，我国《刑事诉讼法》也对未成年人的诉讼程序作了特别规定。为了真正贯彻落实未成年人利益最大化的原则以及"教育、感化、挽救"未成年人的方针，有必要在《预防未成年人犯罪法》中明确恢复性处遇的法律地位。应继续将"引入社会力量参与矫正"作为社区矫正的重要工作原则，并在适当时候将社区矫正的对象范围扩大至附条件不起诉的未成年人。

总而言之，我国在轻罪治理上还没有真正树立起社区处遇的理念。我国的实践（社区戒毒、社区矫正）虽有社会化的形式，但无"社区"的实质。所谓实质的社区处遇，应当是"以人为中心"的处遇，尊重人的主体性，以帮助、康复和恢复为目标。

正是由于社区处遇的理念的缺失，我们不难看到"针对轻罪的治理"一派的观点强调入罪，强调"严而不厉"的刑法结构；但由于社区处遇理念尚未树立，轻罪入刑的结果必然是我国刑法"又严又厉"。

四、我国的社区基础与轻罪治理的未来前景

"社区"是我国未来轻罪治理应当着力和落脚的地方。2000 年的《民政部关于在全国推进城市社区建设的意见》中将社区界定为"聚居在一定地域范围内的人们所组成的社会生活共同体"。"社区"不仅仅是一个地理名词，而是人们的居住、工作展开的各种联系和交往的空间。在后者意义上，它指的是具有相同价值观和亲密关系的群体构成的"社会共同体"，这种共同体中的人际关系依血缘、姻缘、地缘、业缘等建立起来。个人"在这种团体的道德体系中寻找他们自身利益，并且他们对其伙伴负有不能追求与政治社群联合相悖的目标这样的义务"。[1]个人之间相互关怀与尊重，并以"公共的善"为追求，个人利益应当与公共利益有机结合；当公共利益受到损害，该共同体所有成员的利益都将受损。

我国较之国外有更浓厚的"社会共同体"的观念基础。我国的法治内涵集中表现为体现多数人意志和利益的"众人之治"[2]，以反映社会最广大成员根本利益的"良法"推动共建共享共治的"善治"。可以说，以"社会共同体"为单元的治理与我国法治的根基是一致的。另外，我国的集体主义价值观和伦理观亦强调集体对个人事务的参与。

以上之于我国的轻罪治理具有重要的社会基础。首先，行为人即便犯了错，他依然是我们社会共同体的一员，因而在谴责其过错的同时，我们依然相信其可以自我纠正。我们需要的不是打击他人，而是将他们作为平等个体

---

〔1〕　［英］安东尼·达夫：《刑罚·沟通与社群》，王志远等译，中国政法大学出版社 2018 年版，第 133 页。
〔2〕　参见张华民：《现代法治视域下良法善治的基本要求及其在我国的实现》，载《南京社会科学》2018 年第 5 期。

对待。其次，行为人的错误不仅是其个人的问题，对于整个社会共同体而言更是一次内部失灵，因而社会共同体负有责任。最后，社会共同体应当参与到对行为人的行为纠正和教育矫正中来，并帮助行为人重新回归社区。

由此，对我国而言，接受这样的理念并不难，即：将违法犯罪看作是行为人对被害人和社区的侵害，会对社区成员的安全感、社区安宁和社区成员间的关系造成不良影响。因而，在违法犯罪行为发生后，动用社区的力量，对其进行谴责、教育，由行为人及其家庭成员通过自我纠错、和解恢复实现自我更新，实现行为人、受害人和社区的全面复原。

从国外的实践来看，虽然采一元化的定罪模式，但是在司法过程中通过大量的"转处"，使得行为人接受一定的社区处遇。该处遇不仅帮助行为人获得矫治、治疗，也为后面获得法院较轻处置打下基础。在司法之外，国外大量依赖社会力量，比如志愿者、社区代表小组等参与进来，一起完成对行为人的矫治治疗，实现了社区层面的犯罪预防。

因而，在我国目前刑法打击范围不断扩大、刑罚结构"又严又厉"的背景下，对不法行为采取社区处遇，对实现行为人与国家的"双向奔赴"意义重大。扩大我国的社区处遇，既是克服刑事司法制度的"惩罚主义"，抑制刑事司法制度意欲包揽一切、控制一切的思维（这种思维已经鲜明地体现在轻罪立法中）的路径，亦是对行为人采取宽缓但不纵容、严格但有温情的一种措施。可以说，在前端通过各种手段化解行为人与国家的矛盾、行为人与被害人的矛盾、行为人与社区的矛盾，在此过程中对行为人进行社区层面的帮助、教育和矫治，重建人与社区的联系，对我国的轻罪治理意义更大！

参考文献

英文文献：

1. Aertsen Daems Tom et al. , *Institutionalizing Restorative Justice*, Willan Publishing, 2006.

2. Ayres, I. , Braithwaite, J. , *Responsive Regulation: Transcending the Deregulation Debate*, Oxford University Press, 1995.

3. Belenko, S. , "Research on Drug Courts: A Critical Review", *National Drug Court Institute Review*, Vol. 1, No. 1. , 1998.

4. Birgden, A. , "A Compulsory Drug Treatment Program for Offenders in Australia: Therapeutic jurisprudence implications", *Thomas Jefferson Law Review*, Vol. 30, No. 2. , 2008.

5. Braithwaite, J. , "In Search of Restorative Jurisprudence", in L. Walgrave ed. , *Restorative Justice and the Law*, Willan Publishing, 2002.

6. Braithwaite, J. , "Types of Responsiveness", in P. Drahos ed. , *Regulatory Theory: Foundations and Applications*, Australian National University Press, 2017.

7. Braithwaite, J. , *Restorative Justice and Responsive Regulation*, Oxford University Press, 2002.

8. Cloke, K. , "Politics and Values in Mediation: The Chinese Experience", *Mediation Quarterly*, No. 17. , 1987.

9. Braithwaite, J. , *Macrocriminology and Freedom*, ANU Press, 2022.

10. Braithwaite, J. , P. Pettit, *Not Just Deserts: A Republican Theory of Criminal Justice*, Oxford University Press, 1990.

11. Bull, M. , "A Comparative Review of Best Practice Guidelines for the Diversion of Drug Related Offenders", *International Journal of Drug Policy*, Vol. 16, No. 4. , 2005.

12. Bull, M. , *Punishment and Sentencing: Risk, Rehabilitation and Restitution*, Oxford University Press, 2010.

13. Bull, M., et al., "From Punishment to Pragmatism: Sharing the Burden of Reducing Drug-Related Harm", *The Chinese Journal of Comparative Law*, Vol. 4, No. 2., 2016.

14. McDonald, D., Hughes, C., "Drug Laws and Regulations", in A. Ritter, et al., eds., *Drug Use in Australian Society*, Oxford University Press, 2013.

15. Christie, N., "Conflicts as Property", *British Journal of Criminology*, Vol. 17, 1977.

16. Chronister, J., et al., "The Relationship Between Social Support and Rehabilitation Related Outcomes: A Meta-Analysis", *Journal of Rehabilitation*, Vol. 74, No. 2., 2008.

17. Conrad G. Brunk, "Restorative Justice and the Philosophical Theories of Criminal Punishment", in Michael L. Hadley ed., *The Spiritual Roots of Restorative Justice*, State University of New York Press, 2001.

18. Coomber, R., "A Tale of Two Cities: Understanding Differences in Levels of Heroin/Crack Market-Related Violence—A Two City Comparison", *Criminal Justice Review*, Vol. 40, No. 1., 2015.

19. Coomber, R., L. Moyle, "Beyond Drug Dealing: Developing and Extending the Concept of 'Social Supply' of Illicit Drugs to 'Minimally Commercial Supply'", *Drugs: Education, Prevention and Policy*, Vol. 21, No. 2., 2014.

20. Coomber, R., P. Turnbull, "Arenas of Drug Transactions: Adolescent Cannabis Transactions in England—Social Supply", *Journal of Drug Issues*, Vol. 37, No. 4., 2007.

21. Crawford, A., *The Local Governance of Crime: Appeals to Community and Partnerships*, Oxford University Press, 1999.

22. Crawford, A., "Institutionalizing Restorative Youth Justice in a Cold, Punitive Climate", in I. Aertsen et al. eds., *Institutionalizing Restorative Justice*, Willan Publishing, 2007.

23. Dekker, J., et al., *An Evaluation of the Compulsory Drug Treatment Program (CDTP)*, NSW Bureau of Crime Statistics and Research, 2010.

24. Dignan, J., *Understanding Victims and Restorative Justice*, Open university press, 2004.

25. Elmar G. M. Weitekamp, "The History of Restorative Justice", in G. Bazamore, L. Walgrave eds., *Restorative Juvenile Justice: Repairing the Harm of Youth Crime*, Criminal Justice Press, 1999.

26. Francis T. Cullen, "Social Support as an Organizing Concept for Criminology: Presidential Address to the Academy of Criminal Justice Sciences", *Justice Quarterly*, Vol. 11, No. 4., 1994.

27. Freiberg, A., "Australian drug courts", *Criminal Law Journal*, Vol. 24, No. 4., 2000.

28. Gavin, P., MacVean, A., "Police Perceptions of Restorative Justice: Findings from a small-scale study", *Conflict Resolution Quarterly*, Vol. 36, No. 2., 2018.

29. Clamp, K., Paterson, C., *Restorative Policing: Concepts, Theory and Practice*, Routledge, 2016.

30. Green, S. , *Crime, Community and Morality*, Routledge, 2014.

31. Hora, P. , "Drug Treatment Courts and the Treatment of Persons in the Criminal Justice System", in R. K. Ries et al. eds. , *The ASAM Principles of Addiction Medicine: 5th Edition*, LWW, 2014.

32. Howard Zehr, *The Little Book of Restorative Justice*, Good Books, 2002.

33. Hu, J. , Zeng, L. , "Grand Mediation and Legitimacy Enhancement in Contemporary China—the Guang'an model", *Journal of Contemporary China*, Vol. 24, No. 91. , 2015.

34. Zhao, Y. , "Mediation in Contemporary China: Thinking About Reform", *Journal of Comparative Law*, Vol. 10, No. 2. , 2015.

35. Hughes, C. , A. Ritter, *Monograph No. 16: A Summary of Diversion Programs for Drug and Drug-related Offenders in Australia*, National Drug and Alcohol Research Centre, 2008.

36. Jeremy A. Blumenthal, "Who Decides? Privileging Public Sentiment About Justice and the Substantive Law", *UMKC L. Rev*, Vol. 72, 2003.

37. Jiang, J. , Chen, Z. , "Victim Welfare, Social Harmony, and State Interests: Implementing Restorative Justice in Chinese Environmental Criminal Justice", *Asian Journal of Criminology*, Vol. 18, No. 2. , 2023.

38. Braith waite J. , "Restorative Justice and De-Professionalization", *The Good Society*, Vol. 13, No. 1. , 2004.

39. Braith waite J. , "Setting Standards for Restorative Justice", *British Journal of Criminology*, Vol. 42, No. 3. , 2002.

40. Braith waite J. , "Shame and Criminal Justice", *Canadian Journal of Criminology*, Vol. 42, No. 3. , 2000.

41. Larry J. Siegel, Brandon C. Welsh, *Juvenile Delinquency: Theory, Practice and Law*, Cengage Learning, 2017.

42. Lenton, S. , et al. , "The Social Supply of Cannabis Among Young People in Australia", *Trends and Issues in Crime and Criminal Justice*, No. 503. , 2015.

43. Lenton, S. , et al. , "The Social Supply of Cannabis in Australia: Definitional Challenges and Regulatory Possibilities", in Bernd Werse, Christiane Bernard eds. , *Friendly Business*, Springer, vs 2016.

44. Zhang, L. , et al. , "Crime Prevention in a Communitarian Society: Bang-Jiao and Tiao-Jie in the People's Republic of China", *Justice Quarterly*, Vol. 13, No. 2. , 1996.

45. Lubman, S. , "Mao and mediation: Politics and Dispute Resolution in Communist China", *California Law Review*, Vol. 55, No. 5. , 1967.

46. Mo, J. S. , "Understanding the Role of People's Mediation in the Age of Globalization", *Asia*

Pacific Law Review, Vol. 17, No. 1., 2009.

47. Mackenzie, G et al., *Principles of Sentencing*, Federation Press, 2010.

48. Martin, J. T., Lingxiao Zhou, "Restoring Justice or Maintaining Control? Revolutionary Roots and Conservative Fruits in Chinese Police Mediation", *Asian Journal of Criminology*, Vol. 18, No. 2., 2023.

49. Messner, S. F., et al., "Neighborhood Crime Control in a Changing China: Tiao-Jie, Bang-Jiao, and Neighborhood Watches", *Journal of Research in Crime and Delinquency*, Vol. 54, No. 4., 2017.

50. Mitchell, O., et al., "Drug Courts' Effects on Criminal Offending for Juveniles and Adults", *Campbell Systematic Reviews*, Vol. 8, No. 1., 2012.

51. Mok, B., "Community Care for Delinquent Youth: The Chinese Approach of Rehabilitating the Young Offenders", *Journal of Offender Comding*, *Services and Rehabilitation*, Vol. 15, No. 2., 1990.

52. National Bureau of Statistics of China, *China Statistical Yearbook* (*2022*), China Statistics Press, 2022.

53. Pratt, J., *Penal Populism*, Routledge, 2007.

54. Price, J. R., "Birthing Out Delinquents: Alternative Treatment Options for Juvenile Delinquents", *Criminal Law Brief*, Vol. 4, No. 1., 2009.

55. Queensland Government: Police Diversion Program and Illicit Drugs Court Diversion Program Service Provider Manual, July 2014.

56. Ritter, A., et al., *Monograph No. 21: An Assessment of Illicit Drug Policy in Australia* (1985-2010): *Themes and Trends*, National Drug and Alcohol Research Centre, 2011.

57. Room, R., Hall, W., "Frameworks for Understanding Drug Use and Societal Responses", in A. Ritter, et al., eds., *Drug Use in Australian Society*, Oxford University Press, 2013.

58. Spooner, W., et al., "An Overview of Diversion Strategies for Australian Drug-related Offenders", *Drug and Alcohol Review*, Vol. 20, No. 3., 2001.

59. Stobbs, N., "Therapeutic Jurisprudence and Due Process-Consistent in Principle and in Practice", *Journal of Judicial Administration*, Vol. 26, No. 4., 2017.

60. Tardy, C. H., "Social Support Measurement", *American Journal of Community Psychology*, Vol. 13, No. 2., 1985.

61. Thomas, N., et al., "Governing Drug Use Through Partnerships: Towards a Genealogy of Government/Non-Government Relations in Drug Policy", *International Journal of Drug Policy*, Vol. 28, 2016.

62. Tonry, M., *Sentencing fragments: Penal reform in America, 1975-2025*, Oxford University

Press，2016.

62. Marshall，T. Restorative Justice：An Overview. Loudon：Home Office，1999.

63. United Nations Economic and Social Council，"Basic Principles on the Use of Restorative Justice Programmes in Criminal Matters"，*ECOSOC Resolution*，2002.

64. United Nations Office on Drugs andCrime，*Handbook on Restorative Justice Programmes*，2006.

65. United Nations Office on Drugs and Crime，*Handbook on Restorative Justice Programmes*，2020.

66. Freiberg，A.，"Drug Courts：Sentencing responses to drug use and drug-related crime"，*Alternative Law Journal*，Vol. 27，No. 6.，2002.

67. Wexler，D.，B. Winick，*Essays in Therapeutic Jurisprudence*，Carolina Academic Press，1991.

68. Wu，Z.，S. Wu，"The Past，Present，and Future of Restorative Justice in the Chinese Mainland：A Systematic Review of Chinese Literature"，*Asian Journal of Criminology*，Vol. 18，No. 2.，2023.

69. Yin，R. K.，*Case study research：Design and methods*，Sage，2009.

70. Yuan，X.，L. Liu，"Non-compliance or What? An Empirical Inquiry into the Regulatory Pyramid of Chinese Drug Users"，*Asian Journal of Criminology*，Vol. 18，No. 2.，2023.

71. Zehr，H.，*Changing Lenses：A New Focus For Crime And Justice*，Herald Press，1990.

72. Zhang，S. X.，etal.，"Therapeutic Community in a California Prison：Treatment Outcomes after 5 Years"，*Crime & Delinquency*，Vol. 57，No. 1.，2011.

73. Zhang，Y.，"Police Discretion and Restorative Justice in China：Stories from the Street-level Police"，*International Journal of Offender Therapy and Comparative Criminology*，Vol. 65，No. 4.，2021.

74. Zhang，Y.，Xia，Y.，"Can Restorative Justice Reduce Incarceration? A Story from China"，*Justice Quarterly*，Vol. 38，No. 7.，2021.

75. Zhou Guangquan，"The Thinking and Approaches of Criminal Law Legislation in a Transitional Period"，*Social Sciences in China*，Vol. 39，No. 2.，2018.

76. "Community Corrections"，at https://www. corrections. vic. gov. au/community-corrections，last visited on April 18，2023.

中文文献：

1. 安玲：《新戒毒制度帮助戒毒人员重返社会》，载《人民公安报》2008 年 6 月 2 日，第 5 版。

2. ［美］巴里·C. 菲尔德：《少年司法制度》，高维俭等译，中国人民公安大学出版社 2011 年版。

3. 包涵：《强制隔离戒毒制度研究报告》，载黄京平主编《特殊强制措施司法化研究：轻罪案件快速审理的中外实践》，法律出版社 2018 年版。

4. 姚维：《毒品成瘾者戒毒—复吸过程中的社会支持研究》，载《中国药物依赖性杂志》2017 年第 1 期。

5. 曾文远：《论社区戒毒的基本理念》，载《广西警官高等专科学校学报》2011 年第 4 期。

6. 陈瑞华：《刑事诉讼的私力合作模式——刑事和解在中国的兴起》，载《中国法学》2006 年第 5 期。

7. 陈兴良：《轻罪治理的理论思考》，载《中国刑事法杂志》2023 年第 3 期。

8. 陈兴良：《刑法的价值构造》，中国人民大学出版社 2006 年版。

9. 陈泽宪：《强制性戒毒制度及其改革》，载 iolaw.cssn.cn/zxzp/200410/t20041025_4593612.shtml，最后访问日期：2019 年 1 月 15 日。

10. 仇立平、高叶：《路径依赖：强政府体制下的上海司法社工实践——以 J 区 G 社工点为例》，载《江苏行政学院学报》2008 年第 3 期。

11. 储槐植：《刑事一体化》，法律出版社 2004 年版。

12. 储槐植：《刑事一体化与关系刑法论》，北京大学出版社 1997 年版。

13. 褚宸舸：《"戒毒和收容教育法律问题"学术研讨会发言纪要》，载《贵州警官职业学院学报》2014 年第 6 期。

14. 《跳出案件看案件 梁子湖检察推进轻罪治理现代化》，载 http://m.legalweekly.cn/zfdt/2023-09/07/content_8898101.html，最后访问日期：2023 年 11 月 30 日。

15. ［日］大谷实：《刑事政策学》，黎宏译，法律出版社 2000 年版。

16. 邓时坤、翁胜强：《广东省吸戒毒人员趋势变化调研报告》，载《犯罪与改造研究》2017 年第 4 期。

17. 狄小华：《多元恢复性刑事解纷机制研究》，载《刑事法评论》2010 年第 2 期。

18. 《江阴检察探索建设"一站式"轻罪治理中心 以轻罪治理推进社会治理》，载《法治日报》2023 年 9 月 7 日，第 3 版。

19. 董林涛：《我国附条件不起诉制度若干问题的反思与完善》，载《暨南学报（哲学社会科学版）》2015 年第 1 期。

20. 杜文俊：《论我国轻罪案件出罪机制的逻辑与路径》，载《华东师范大学学报（哲学社会科学版）》2023 年第 5 期。

21. 杜宇：《刑事和解与传统诉讼体制之关系》，载《环球法律评论》2010 年第 2 期。

22. 课题组：《国外禁吸戒毒模式述评》，载《云南警官学院学报》2010 年第 1 期。

23. 冯军、孙学军：《通过刑事司法的社会治理》，人民出版社 2016 年版。

24. 冯树梁：《中国犯罪学话语体系初探》，法律出版社 2016 年版。

25. 冯卫国：《"后劳教时代"未成年人刑事处遇制度的改革与完善》，载《山东警察学院学报》2016 年第 3 期。

26. 付立庆：《论积极主义刑法观》，载《政法论坛》2019 年第 1 期。

27. 周光权：《论通过增设轻罪实现妥当的处罚——积极刑法立法观的再阐释》，载《比较法研究》2020 年第 6 期。

28. 张明楷：《增设新罪的观念——对积极刑法观的支持》，载《现代法学》2020 年第 5 期。

29. 高欢：《社会控制理论》，载曹立群、任昕主编：《犯罪学》，中国人民大学出版社 2008 年版。

30. 高培英、潘绥铭：《信任重建与社区再融入：社区戒毒长效机制研究》，载《山西师大学报（社会科学版）》2014 年第 3 期。

31. 广东省司法厅：《三三六新模式科学戒毒淡化心瘾》，载《法制日报》2014 年 7 月 14 日，第 5 版。

32. 国务院法制办公室编：《中华人民共和国禁毒法注解与配套》，中国法制出版社 2008 年版。

33. 何静：《理性对待刑事司法过程中的民意》，载《中国刑事法杂志》2010 年第 6 期。

34. 何荣功：《轻罪立法的实践悖论与法理反思》，载《中外法学》2023 年第 4 期。

35. 何荣功：《我国轻罪立法的体系思考》，载《中外法学》2018 年第 5 期。

36. 郑丽萍等：《违法行为犯罪化对刑法体系的建构与影响》，载《人民检察》2018 年第 7 期。

37. 钱叶六：《审时度势，加快构建轻罪记录消除制度》，载《上海法治报》2023 年 5 月 26 日，第 B7 版。

38. 何荣功：《刑法与现代社会治理》，法律出版社 2020 年版。

39. 何挺：《附条件不起诉制度实施状况研究》，载《法学研究》2019 年第 6 期。

40. 何挺、李珞珈：《附条件不起诉监督考察的主体：基于参与观察的研究》，载《国家检察官学院学报》2017 年第 3 期。

41. 何增科：《政府治理现代化与政府治理改革》，载《行政科学论坛》2014 年第 2 期。

42. 胡必坚、范卫国：《社区矫正与附条件不起诉》，载《湖北社会科学》2013 年第 9 期。

43. 胡鹏：《禁毒法视角下的社区戒毒工作研究》，载《青少年犯罪问题》2008 年第 6 期。

44. 姜祖桢、李晓娥：《戒毒人员回归社会的理论选择与实践探索》，载《中国药物依赖性杂志》2017 年第 2 期。

45. 蒋涛：《吸毒人群社会支持网研究：对重庆市南岸区戒毒所的调查》，载《社会》2006 年第 4 期。

46. 蒋长顺等：《以轻罪治理为着力点提升社会治理法治化水平——专访二级大检察官，湖北省检察院党组书记、检察长王守安》，载《检察日报》2022 年 12 月 19 日，第 1 版。

47. 李迪：《恢复性司法视域中的反腐败追逃追赃国际合作》，载《法学杂志》2022 年第

3 期。

48. 李飞：《中国社区矫正制度的本土适应》，载《中国社会科学报》2014 年 2 月 7 日，第 A08 版。

49. 李昊：《论完善戒毒人员社会救助制度的法律对策》，载《河南师范大学学报（哲学社会科学版）》2014 年第 3 期。

50. 李倩：《德国附条件不起诉制度研究》，载《比较法研究》2019 年第 2 期。

51. 李翔：《论微罪体系的构建——以醉酒驾驶型危险驾驶罪研究为切入点》，载《政治与法律》2022 年第 1 期。

52. 李勇：《准确理解少捕慎诉慎押具体内涵标准》，载《检察日报》2022 年 3 月 29 日，第 3 版。

53. 李钰：《标签理论视野下的强制隔离戒毒人员回归社会问题研究》，载《中国司法》2017 年第 5 期。

54. 李忠诚：《关于恢复性司法方案中的几个问题》，载《中国律师》2002 年第 9 期。

55. 连春亮：《中国社区矫正制度的内在特质——以〈中国特色社区矫正基本制度问题研究〉为分析文本》，载《犯罪与改造研究》2023 年第 11 期。

56. 梁根林：《刑事政策：立场与范畴》，法律出版社 2005 年版。

57. 梁云宝：《我国应建立与高发型微罪惩处相配套的前科消灭制度》，载《政法论坛》2021 年第 4 期。

58. 林少真：《制度排斥与社会接纳：吸毒人员回归社会的困境与出路》，载《贵州社会科学》2015 年第 5 期。

59. 林维：《未成年人专门教育的适用难题与制度完善》，载《探索与争鸣》2021 年第 5 期。

60. 林小丹：《戒毒人员回归社会的管理研究——以福建省为例》，华侨大学 2017 年硕士学位论文。

61. 刘洪峰：《美国少年犯机构化处遇研究》，中国政法大学出版社 2018 年版。

62. 刘建昌等：《社区戒毒与社区康复》，中国人民公安大学出版社 2011 年版。

63. 刘建宏主编：《全球化视角下的毒品问题》，人民出版社 2014 年版。

64. 刘建宏主编：《中国吸毒违法行为的预防及矫治》，人民出版社 2014 年版。

65. 刘仁文：《恢复性司法与和谐社会》，载《福建公安高等专科学校学报》2007 年第 1 期。

66. 刘仁文：《美国毒品法庭参访记》，载《观察与思考》2011 年第 10 期。

67. 刘双阳：《从收容教养到专门矫治教育：触法未成年人处遇机制的检视与形塑》，载《云南社会科学》2021 年第 1 期。

68. 刘晓梅、刘晓雯：《加强社会力量参与未成年人社区矫正工作——以社会支持理论为视角》，载《预防青少年犯罪研究》2021 年第 5 期。

69. 刘晓梅、颜心茹：《社会力量参与社区矫正修复社会关系的探析》，载《天津法学》

2020 年第 3 期。

70. 刘悦：《澳大利亚少年司法小组会议制度及其借鉴》，载《预防青少年犯罪研究》2015 年第 5 期。

71. 卢建平：《轻罪时代的犯罪治理方略》，载《政治与法律》2022 年第 1 期。

72. 卢建平：《社会防卫思想》，载高铭暄、赵秉志主编：《刑法论丛》（第 1 卷），法律出版社 1998 年版。

73. 罗翔：《犯罪附随性制裁制度的废除》，载《政法论坛》2023 年第 5 期。

74. 罗瑞芳：《国外毒品相关犯罪防控的社会政策及评价》，载《社会工作》2012 年第 7 期。

75. 中共中央马克思恩格斯列宁斯大林著作编译局编：《马克思恩格斯选集》（第一卷），人民出版社 1995 年版。

76. 梅义征：《社区矫正制度的移植、嵌入与重构：中国特色社区矫正制度研究》，中国民主法制出版社 2015 年版。

77. 牛正浩：《新时代"枫桥经验"视域下诉源治理现代化路径构建》，载《学术界》2023 年第 9 期。

78. 彭文华：《犯罪附随后果制度的体系定位与本土设计》，载《中国刑事法杂志》2023 年第 4 期。

79. 彭文华：《我国犯罪附随后果制度规范化研究》，载《法学研究》2022 年第 6 期。

80. 齐岩军：《中西方未成年人社区矫正制度比较研究》，载中国犯罪学学会：《中国犯罪学研究会第十四届学术研讨会论文集（上册）》，上海大学法学院 2005 年版。

81. 沙建嵩、敬力嘉：《中德未成年人社区矫正制度之比较——以德国莱茵兰普法尔茨州与四川省为视角》，载《刑法论丛》2016 年第 1 期。

82. 石军：《中国工读教育史 60 年：回顾与反思》，载《当代青年研究》2017 年第 4 期。

83. 司法部社区矫正管理局编：《全国社区矫正发展情况与数据统计》，法律出版社 2017 年版。

84. 司法部社区矫正管理局编：《组织社会力量参与社区矫正工作的探索与实践》，法律出版社 2017 年版。

85. 宋英辉等：《公诉案件刑事和解实证研究》，载《法学研究》2009 年第 3 期。

86. 苏镜祥、马静华：《论我国未成年人刑事和解之转型——基于实践的理论分析》，载《当代法学》2013 年第 4 期。

87. 苏镜祥、马静华：《未成年人刑事和解——基于中国实践的考察和分析》，载《四川大学学报（哲学社会科学版）》2009 年第 3 期。

88. 苏新建：《程序正义对司法信任的影响——基于主观程序正义的实证研究》，载《环球法律评论》2014 年第 5 期。

89. 孙道萃：《微罪体系的构建：从依附向独立》，载《政法论坛》2023 年第 6 期。

90. 孙谦：《关于建立中国少年司法制度的思考》，载《国家检察官学院学报》2017 年第 4 期。

91. ［美］泰勒：《人们为什么遵守法律》，黄永译，中国法制出版社 2015 年版。

92. 唐斌：《禁毒非营利组织研究——以上海市 Z 社工服务机构为例》，上海社会科学院出版社 2017 年版。

93. 万艳、张昱：《我国强制隔离戒毒制度与实践的断裂与重构》，载《云南大学学报（社会科学版）》2019 年第 2 期。

94. 汪明亮：《关于"轻罪"理论研究中若干观点的商榷》，载《犯罪研究》2023 年第 6 期。

95. 汪明亮：《以一种积极的刑事政策预防弱势群体犯罪——基于西方社会支持理论的分析》，载《社会科学》2010 年第 6 期。

96. 汪世荣主编：《枫桥经验：基层社会治理的实践》，法律出版社 2008 年版。

97. 王恩海：《应毫不犹豫降低刑事责任年龄》，载《青少年犯罪问题》2020 年第 2 期。

98. 王华伟：《社会恢复视域下微罪治理的检视与重塑》，载《中国法律评论》2023 年第 4 期。

99. 王竞可、梅丽莎·布尔：《从澳大利亚的毒品分流处置谈中国毒品预防分流处置的可行性》，载《云南警官学院学报》2017 年第 1 期。

100. 王竞可、王明媚：《基于"利益相关者理论"下的中国"毒品预防分流处置"体系构建》，载李文君等主编：《禁毒研究》（第三卷），中国人民公安大学出版社 2017 年版。

101. 王平：《恢复性司法在中国的发展》，载《北京联合大学学报（人文社会科学版）》2016 年第 4 期。

102. 王瑞君：《"刑罚附随性制裁"的功能与边界》，载《法学》2021 年第 4 期。

103. 王瑞君：《我国刑罚附随后果制度的完善》，载《政治与法律》2018 年第 8 期。

104. 王守安：《以轻罪治理现代化为切入点 在推进国家安全体系和能力现代化中强化检察担当》，载《人民检察》2022 年第 23 期。

105. 王顺安、陈君珂：《中国少年收容教养制度的系统思考》，载《上海政法学院学报（法治论丛）》2020 年第 4 期。

106. 王馨锐：《社区戒毒康复人员的分类评估研究——以上海市 M 区为例》，华东理工大学 2014 年硕士学位论文。

107. 王志远：《刑事一体化思想的理论与实践效能检讨》，载梁根林主编：《刑事一体化：源流、传承与发展——储槐植先生九秩华诞祝贺文集》，北京大学出版社 2022 年版。

108. 王志远：《犯罪控制策略视野下犯罪附随后果制度的优化研究》，载《清华法学》2023

年第 5 期。

109. 吴瑜宁、孙懿贤：《社会解组与犯罪》，载曹立群、任昕主编：《犯罪学》，中国人民大学出版社 2008 年版。

110. 吴宗宪、燕永辉：《微罪的概念补正与现实批判》，载《河北法学》2023 年第 2 期。

111. 吴宗宪：《恢复性司法述评》，载《江苏公安专科学校学报》2002 年第 3 期。

112. 吴宗宪：《论未成年人社区矫正的发展方向》，载《山东警察学院学报》2012 年第 4 期。

113. 吴宗宪：《我国未成年犯罪人社区矫正的主要问题与对策》，载《贵州民族大学学报（哲学社会科学版）》2015 年第 5 期。

114. 习近平：《论坚持全面依法治国》，中央文献出版社 2020 年版。

115. 习近平：《在首都各界纪念现行宪法公布施行三十周年大会上的讲话（二〇一二年十二月四日）》，载中共中央文献研究室编：《十八大以来重要文献选编（上）》，中央文献出版社 2014 年版。

116. 《坚决打赢新时代禁毒人民战争！》，载 http://www.sohu.com/a/241800053_ 800392，最后访问日期：2019 年 5 月 6 日。

117. 习近平：《坚定不移走中国特色社会主义法治道路　为全面建设社会主义现代化国家提供有力法治保障》，载《求是》2021 年第 5 期。

118. 席小华：《国外社区预防和矫正少年犯罪的实践与启迪》，载《中国青年研究》2004 年第 11 期。

119. 肖姗姗：《少年司法之国家亲权理念——兼论对我国少年司法的启示》，载《大连理工大学学报（社会科学版）》2018 年第 4 期。

120. 谢川豫：《危害社会行为的制裁体系研究》，法律出版社 2013 年版。

121. 徐颖：《新公共管理视角下强制隔离戒毒社会化研究——以云南省为例》，云南大学 2018 年硕士学位论文。

122. 许晨夕：《青少年社区矫正与恢复性少年司法：澳大利亚和新西兰经验及启示》，载《预防青少年犯罪研究》2018 年第 2 期。

123. 许章润主编：《犯罪学》，法律出版社 2016 年版。

124. 阎鹏：《未成年人犯罪的社区矫正研究》，山东大学 2010 年硕士学位论文。

125. 杨波等：《毒品成瘾与心理康复》，中国政法大学出版社 2015 年版。

126. 杨春福：《善治：国家治理现代化的理想模式》，载《法制与社会发展》2014 年第 5 期。

127. 杨丽璇、刘洪广：《标签理论视角下未成年人再犯预防——自我形象重塑》，载《湖北警官学院学报》2020 年第 6 期。

128. 杨垚：《新时代美好生活的法理观照：理论逻辑及其展开》，载《重庆交通大学学报（社会科学版）》2023 年第 2 期。

129. 杨张乔、王翀：《枫桥经验：中国乡镇犯罪预防与矫治的社区模式》，载《社会科学》2004年第8期。

130. 姚建龙、孙鉴：《从"工读"到"专门"——我国工读教育的困境与出路》，载《预防青少年犯罪研究》2017年第2期。

131. 姚建龙：《对少年司法改革之应有认识》，载《青少年犯罪问题》2010年第5期。

132. 姚建龙：《不教而刑：下调刑事责任年龄的立法反思》，载《中外法学》2023年第5期。

133. 姚建龙：《长大成人：少年司法制度的建构》，中国人民公安大学出版社2003年版。

134. 于改之、崔龙虓：《"恢复性司法理论国际研讨会"综述》，载《华东政法大学学报》2007年第4期。

135. 于阳：《西方犯罪学社会支持理论研究及其借鉴意义》，载《犯罪研究》2012年第6期。

136. 俞育标：《新"枫桥经验"视阈下我国轻罪治理模式的现实检视与完善进路》，载《司法警官职业教育研究》2022年第4期。

137. 袁方：《从消极治罪到积极治理：中国特色轻罪治理体系的反思与转型》，2023年第六届上海政法学院"刑法论坛"论文集。

138. 张国威：《美洲地区毒品政策与毒品政治评介》，载李文君主编：《禁毒研究》（第三卷），中国人民公安大学出版社2017年版。

139. 张鸿巍等：《恢复性司法视野下的未成年人犯罪刑事和解探析》，载《广西大学学报（哲学社会科学版）》2014年第3期。

140. 张华民：《现代法治视域下良法善治的基本要求及其在我国的实现》，载《南京社会科学》2018年第5期。

141. 张军：《最高人民检察院工作报告——2022年3月8日在第十三届全国人民代表大会第五次会议上》，载 https://www.spp.gov.cn/gzbg/202203/t20220315_549267.shtml，最后访问日期：2023年4月16日。

142. 张力、李倩：《全面依法治国背景下预防法学对"枫桥经验"的创新性实践》，载《新疆社会科学》2019年第2期。

143. 张明楷：《轻罪立法的推进与附随后果的变更》，载《比较法研究》2023年第4期。

144. 张明楷：《刑事立法的发展方向》，载《中国法学》2006年第4期。

145. 张绍谦：《完善我国附条件不起诉制度的思考》，载《青少年犯罪问题》2016年第5期。

146. 张文：《坚持"刑事一体化"协力推进刑事科学研究》，载《中国检察官》2018年第3期。

147. 张文：《刑事科学思想家的魅力（代序）》，载梁根林主编：《刑事一体化：源流、传承与发展——储槐植先生九秩华诞祝贺文集》，北京大学出版社 2022 年版。

148. 张文显：《习近平法治思想的理论体系》，载《法制与社会发展》2021 年第 1 期。

149. 张文显：《中国社会治理的法治思维》，载 http://www.aisixiang.com/data/114687.html，
最后访问日期：2019 年 1 月 22 日。

150. 张昱等：《禁毒社会工作同伴教育服务模式研究——上海实践》，华东理工大学出版社
2016 年版。

151. 张芝芳、张晶：《国外青少年社区矫正制度之启示》，载《北京政法职业学院学报》
2010 年第 4 期。

152. 赵兴良：《马克思的人本思想及其当代价值》，载《江西社会科学》2013 年第 9 期。

153. 郑丽萍：《互构关系中社区矫正对象与性质定位研究》，载《中国法学》2020 年第
1 期。

154. 《习近平法治思想概论》编写组编：《习近平法治思想概论》，高等教育出版社 2021
年版。

155. 中国犯罪学学会组织编纂：《中国犯罪治理蓝皮书：犯罪态势与研究报告：2019》，法
律出版社 2020 年版。

156. 中国国家禁毒委员会办公室：《2012 中国禁毒报告》。

157. 周林刚、冯建华：《社会支持理论——一个文献的回顾》，载《广西师范学院学报
（哲学社会科学版）》2005 年第 3 期。

158. 贺寨平：《社会经济地位、社会支持网与农村老年人身心状况》，载《中国社会科学》
2002 年第 3 期。

159. 周强：《最高人民法院、最高人民检察院关于在部分地区开展刑事案件认罪认罚从宽
制度试点工作情况的中期报告——2017 年 12 月 23 日在第十二届全国人民代表大会常
务委员会第三十一次会议上》，载 http://www.npc.gov.cn/zgrdw/npc/xinwen/2017-12/
23/content_ 2034499.htm，最后访问日期：2023 年 4 月 16 日。

160. 周佑勇：《推进国家治理现代化的法治逻辑》，载《社会科学文摘》2020 年第 9 期。

161. 周长康：《枫桥学派是怎么形成的——三评冯树梁先生新著〈中国犯罪学话语体系初
探〉》，载《犯罪与改造研究》2018 年第 2 期。

162. 朱崟丰：《未成年人附条件不起诉制度研究——以高安市检察院为例》，江西财经大学
2016 年硕士学位论文。

163. 《未成年人检察工作白皮书（2020）》，载 https://www.spp.gov.cn/spp/xwfbh/wsfbt/
202106/t20210601_519930.shtml#2，最后访问日期：2024 年 6 月 15 日。

164. 《最高人民检察院第二十七批指导性案例情况通报》，载 https://www.chinanews.com/
gn/2021/03-03/9423363.shtml，最后访问日期：2021 年 3 月 3 日。

165. 《最高检发布生态环境保护检察公益诉讼典型案例 高质效办好生态环境保护公益诉

讼案件》，载 https://www.spp.gov.cn/xwfbh/wsfbt/202307/t20230707_620946.shtml#1，最后访问日期：2023 年 10 月 23 日。

166.《未成年人检察工作白皮书（2014—2019）》，载 https://www.spp.gov.cn/xwfbh/wsfbt/202006/t20200601_463698.shtml#2，最后访问日期：2023 年 2 月 26 日。

167. ［美］Curt R. Bartol，Anne M. Bartol：《犯罪心理学》，杨波等译，中国轻工业出版社 2009 年版。

168. ［英］安东尼·达夫：《刑罚·沟通与社群》，王志远等译，中国政法大学出版社 2018 年版。

169.《"迎两会·新时代检察这五年"首场新闻发布会！关于刑事检察，信息量很大》，载 https://www.spp.gov.cn/spp/zdgz/202302/t20230215_601791.shtml，最后访问日期：2023 年 5 月 23 日。

170.《湖北：能动履职奏响轻罪治理和谐乐章》，载《检察日报》2023 年 2 月 26 日，第 3 版。

171. 江朝丽、张家齐：《社区戒毒不是直接作出强制隔离戒毒的前提条件——重庆江北法院判决袁麒麟诉重庆江北公安分局强制隔离戒毒决定案》，载《人民法院报》2015 年 1 月 22 日，第 6 版。

172. 何显兵、郝方昉：《恢复性司法理论与实践在中国的发展》，载《犯罪与改造研究》2006 年第 12 期。

附　录

社区戒毒人员社会支持状况调查

您好！

我们是上海政法学院戒毒研究课题组。您所填的任何资料和信息都将严格保密。我们在今后的刊物发表或报告中都将使用化名，任何涉及您的个人信息都将经过模糊处理，任何人将不能以任何方式将这些信息与您本人关联起来。

感谢您的支持和配合！

A. 个人情况

姓名：_____ 性别：_____ 年龄：_____岁

文化程度：_____ 职业：_____ 婚姻状况：_____

住址或工作单位：_____

填表日期：　　　年　　　　月　　　　日

有过_____次劳教经历（若没有，则填0）

起讫时间：　年　　月　　日　　至　　　年　　月　　日

起讫时间：　年　　月　　日　　至　　　年　　月　　日

起讫时间：　年　　月　　日　　至　　　年　　月　　日

有过_____次强制隔离戒毒所的经历（若没有，则填0）

起讫时间：　年　　月　　日　　至　　　年　　月　　日

起讫时间：　年　　月　　日　　至　　　年　　月　　日

起讫时间：　年　　月　　日　　至　　　年　　月　　日

自_____年开始接触毒品

吸食种类：_____

有过＿＿＿＿＿＿次社戒/社康经历

最近一次社戒/社康开始时间：　　　年　　　月　　　日

B. 社会支持状况

下面的问题用于反映您在自（最近一次）社戒、社康以来所获得的支持，请按各个问题的具体要求，根据您的实际情况写。谢谢您的合作。

1. 您有多少关系密切，可以得到支持或帮助的朋友？（只选一项）

（1）一个也没有

（2）1-2个

（3）3-5个

（4）6个或6个以上

2. 近一年来您：（只选一项）

（1）远离家人，独居一室

（2）住处经常变动，和陌生人住在一起

（3）和同学，朋友，同事住在一起

（4）和家人住在一起

3. 您与邻居：（只选一项）

（1）相互之间从不关心，只是点头之交

（2）遇到困难可能稍微关心

（3）有些邻居很关心您

（4）大多数邻居都很关心您

4. 您与同事：（只选一项）

（1）相互之间从不关心，点头之交

（2）遇到困难可能稍微关心

（3）有些同事很关心您

（4）大多数同事关心您

5. 从家庭成员得到支持和照顾（在合适的框内打√）

	无	很少	一般	全力支持
A 夫妻（恋人）				
B 父母				

	无	很少	一般	全力支持
C 儿女				
D 兄弟姐妹				
E 其他成员（如嫂子）				

6. 过去，在您遇到紧急情况时，曾经得到经济支持和解决实际问题的帮助来源有：

（1）无任何来源

（2）有下列来源（可多选）

A. 配偶　B. 其他家人　　C. 朋友　D. 亲戚　E. 同事　　F. 工作单位

G. 居委会、街道及各级政府组织

H. 社工、志愿者和各种社会团体等非官方组织

I. 其他（请列出）_____

7. 过去，在您遇到急难情况时，曾经得到的安慰和关心来源有：

（1）无任何来源

（2）有下列来源（可多选）

A. 配偶　B. 其他家人　　C. 朋友　D. 亲戚　E. 同事　　F. 工作单位

G. 居委会、街道及各级政府组织

H. 社工、志愿者和各种社会团体等非官方组织

I. 其他（请列出）_____

8. 您遇到烦恼时的倾诉方式：（只选一项）

（1）从不向任何人倾诉

（2）只向关系极为密切的 1~2 人倾诉

（3）如果朋友主动询问会说出来

（4）主动倾诉自己的烦恼，以获得理解和支持

9. 您遇到烦恼时的求助方式：（只选一项）

（1）只靠自己，不接受别人帮助

（2）很少请求别人帮助

（3）有时请求别人帮助

（4）有困难时经常向家人、亲友、组织求援

10. 对于团体（如党团组织、宗教组织、工会、学生会等）组织活动，您：（只选一项）

（1）从不参加

（2）偶尔参与

（3）经常参与

（4）主动参加并积极活动

访谈提纲——社区戒毒人员

1. 个人情况部分

1）您什么时间开始社戒、社康的？社戒、社康都干些啥

2）现在的工作、婚姻、家庭状况

3）吸毒、戒毒史（次数、原因）

4）如何看待毒瘾或吸毒者

2. 经历的社会排斥

都有哪些方面，可否分享几个感触最深的方面或故事

3. 跟警察打交道

怎么被警察抓捕的，警察怎么处理的，怎么看待警察执法以及对吸毒、贩毒的执法，一些感受和想法；有无强戒的经历

4. 跟社工打交道

平时跟社工接触频率，如何接触，社工提供的帮助等，如何看待社工和社工的戒毒工作

5. 社会支持

在社戒、社康中有没有获得过一些支持和帮助；来源、形式；力度大不大；认为哪些方面的支持应当加强，或应当予以提供哪些方面的支持

致　谢

　　本书的写作是一种偶然，也是一种必然。偶然的是，当下国内学界皆热衷于讨论轻罪治理，鉴于自己的学科和研究背景，我对轻罪治理有一番不同的认识，因此"有话要说"。必然的是，过去几年来，尤其是2016年回国工作之后，零星地做了一些调研，写了几篇零星的文章，但从来没有形成系统的认识。是时候做一次学术梳理了！

　　本书的写作，既要感谢那些为我过去的调研无私提供帮助和支持的朋友、同仁，也要感谢这段时间以来在我打磨文稿过程中提供了各种资料的朋友、同仁和我的学生。

　　首先，感谢研究的初始。在我2016年刚刚回国不久，有幸与华东政法大学的邱格凭教授一同前往市戒毒管理局进行调研。我对当时调研的内容记了笔记。而后，得益于她的牵线，我有机会参与了毒品戒治的同伴小组的一次"庆生"活动。这些最初的调研，促成我完成了上海市哲学社会科学青年课题的申报并有幸获中。没有最初的机会，便不会有本书的"个案"的产生。

　　在项目的实施过程中，我受到了无数人的帮助。很多实务部门的人士为我牵线搭桥，提供许多研究便利和宝贵的研究资料。与此同时，很多受访者热忱帮助，"开诚布公"，并抽出宝贵时间和我分享戒毒过程和心路。因恪守伦理，我无法在此列下你们真实的名字；但正是这些"社会支持"，促成了本书中第一手的宝贵资料。另外，我要感谢上海市禁毒协会的叶雄女士，给予了充分的支持和帮助。感谢上海市禁毒委和公安缉毒的同志，愿意与我侃侃而谈；还有其他活跃在禁毒第一线的社工、志愿者们。感谢同仁南京大学刘柳教授、华东政法大学井世洁教授，经常和我分享她们宝贵的研究技巧和研究发现。

感谢我所在的刑事司法学院的同事们，或是关切年轻学者的研究需要并给予极大的帮助，或是投入很多的时间和精力协助我完成调研，有求必应、有疑必答。

本书的内容也远远超过了当时的课题研究，将视角拓展至社区矫正、青少年处遇。由于自己的博士研究背景，我一直对社区矫正对象、未成年人的社会回归抱有极大的兴趣。英文里的"reintegration"一词，这里翻译成社会回归。

在本书写作过程中，很多同仁给予了关心、帮助。我要感谢浙江财经大学的周翎霄博士跟我分享了他研究中的枫桥经验的资料，感谢正在剑桥大学攻读博士学位的史淑婧给定量数据一章提出的宝贵建议，感谢我的两个硕士生刘凌洁、李若琳帮忙搜集资料。当然，限于研究时间和研究水平，本书在很多地方还存在不足，期待在以后的研究中进一步深入。

家人的陪伴和支持亦是我写作此书的无穷的动力。作为一名女性学者，没能逃脱家庭—工作平衡的怪圈，但好在这个过程有来自父母的无穷无尽的支持。尤其感谢我的母亲，这三年的辛苦付出让她头发花白，但她精气神很足，总是鼓励我完成本书的写作。仅以此书献给我的母亲！